수석교사와 함께하는

학교생활 길라잡이

충북중등수석교사회

| 충북중등수석교사회

김관림	광혜원고등학교
김기준	충주고등학교
김자영	솔강중학교
김정아	내토중학교
김종미	율량중학교
남기엽	오창고등학교
류중현	흥덕고등학교
박계순	솔밭중학교
박은주	단양고등학교
배현영	중앙탑고등학교
성연동	충주여자고등학교
송혜영	충주중학교
윤경옥	괴산고등학교
안대영	청주농업고등학교
안준영	무극중학교
이복섬	제천고등학교
이영실	영동산업과학고등학교
이정순	수곡중학교
임혜란	제천여자고등학교
임홍순	옥천중학교
정도일	충북과학고등학교
정동진	제천중학교
조옥선	보은여자고등학교
최소연	진천중학교
한상민	대소중학교

수석교사와 함께하는 학교생활 길라잡이

저 자	충북중등수석교사회
발행일자	2025년 11월 30일
I S B N	9791194145363
발 행 처	지오북스
등 록	2016년 3월 7일 제395-2016-000014호
전 화	02)381-0706 / 팩스 02)371-0706
이 메 일	emotion-books@naver.com
홈 페 이 지	www.geobooks.co.kr
정 가	22,000원

이 책은 저작권법으로 보호받는 저작물입니다.
이 책의 내용을 전부 또는 일부를 무단으로 전재하거나 복제할 수 없습니다.
파본이나 잘못된 책은 바꿔드립니다.

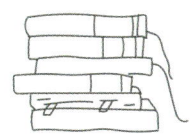

책을 내며

앞당겨진 미래 교육, 인공지능과 디지털 전환의 가속화, 4차 산업혁명으로 인한 기술 발전, 기후 위기와 같은 전 지구적 과제들은 교육의 근본적인 변화를 요구하고 있습니다. 교육과정의 성격, 수업의 방식, 평가의 형태까지도 빠른 속도로 달라지고 있습니다. 교사는 단순한 지식 전달자를 넘어, 학생의 삶을 이끄는 안내자이자 서로 배우고 성장하는 동반자로서의 역할이 더욱 확장되고 있습니다. 변화의 시대일수록 교사의 전문성과 교육적 사명은 더 큰 의미를 지닌다고 하겠습니다.

2011년부터 도입된 수석교사제는 이러한 맥락에서 출발하였습니다. 수석교사는 학교의 구성원으로서 다년간의 교직 경험을 바탕으로 교사의 교수·연구 활동을 지원하고 있습니다. 교사의 하루 일과 대부분이 수업인 만큼 수업은 학생 교육의 핵심이며 교사와 대화를 해보면 가장 큰 바람 또한 '수업을 잘하고 싶다.'는 것입니다. 따라서 수석교사의 활동은 교사의 수업 전문성을 높이고, 학생 교육의 본질을 강화하는 데 중요한 역할을 하고 있습니다.

물론 교사의 역할은 수업에만 머물지 않습니다. 학급 운영, 학생 생활교육, 학교폭력 예방과 처리, 상담 등 생활교육 또한 교사에게 중요한 책무입니다. 더불어 한 해를 마무리하는 시점이 되면 다음 해 학교 업무 조직이 편성되고, 교사들은 수업과 생활교육에 더해 다양한 학교 행정 업무까지 담당하게 됩니다. 이처럼 복잡하고 방대한 임무 속에서 때로는 학생 교육이 우선인지, 학교 업무가 더 중요한지 혼란을 느끼기도 하는 것이 현실입니다.

충북중등수석교사회는 이러한 고민에 공감하며, 교사의 성장을 지원하기 위해 다양한 노력을 기울여 왔습니다. 수업 컨설팅, 교사 학습공동체 지원, 협의회 및 연구회 운영 등을 통해 현장의 교사와 함께 호흡해 왔습니다. 다만 현재 충북 수석교사는 26명으로 26개 학교에 근무하고 있어 인원의 한계로 인해 모든 교사가 체감할 만한 직접적 지원을 제공하기에는 어려움이 있습니다. 이러한 한계를 보완하고 더 폭넓은 지원을 제공하기 위해 이번 도서를 발간하게 되었습니다.

  이 책은 교직 생활에서 마주하는 궁금증과 고민을 문답 형식으로 담아냈습니다. 디지털 전환과 미래 사회의 변화 속에서 학교 현장의 교사가 겪는 어려움과 해결책, 그리고 교사가 꿈꾸는 교육의 모습을 함께 살펴보고자 하였습니다. 책에 실린 사례들은 대부분 충북의 경우를 기반으로 제시하였음을 밝혀 둡니다. 내용은 행복한 수업과 평가 전략, 함께 성장하는 학급 운영, 학교생활 지도 방법, 건강한 관계 형성, 협업을 통한 학교 업무 수행, 교사의 성장과 역량 개발 등을 주제로 다루었습니다. 부록에서는 수석교사제 도입 배경과 역할, 활동 내용, 충북 중등 수석교사회의 역사와 발자취를 기록하여 수석교사에 대한 이해를 높이고, 가르치는 일의 소중함과 수업 전문성을 존중하는 교직 문화를 확산하고자 하였습니다.

  오늘날 교사의 손길이 필요한 곳은 교실, 학교, 나아가 지역 사회 전반으로 점점 넓어지고 있습니다. 그만큼 교사의 역할은 더욱 다양해지고 있으며, 교사는 끊임없는 성찰과 도전을 통해 스스로 성장해야 합니다. 어제보다 나은 내가 되려는 노력이 결국 교직의 보람을 키우고, 학생과 학교, 나아가 사회를 변화시키는 힘이 될 것입니다.

  충북 수석교사회에서 발간한 이 도서가 교단에 첫발을 내딛는 신규 교사, 방향을 찾고 있는 저경력 교사, 새로운 변화를 추구하는 중·고경력 교사 모두에게 든든한 동반자가 되기를 바랍니다. 또한, 교사들의 고민을 덜어주고, 갈등을 줄이며, 교직 생활을 더욱 행복하게 만드는 과정에 길라잡이 역할을 하기를 기대합니다.

2025년 11월

충북중등수석교사회

추천하며

충북수석교사회로부터 추천서를 부탁받아 첫 번째 글을 보았을 때 '아하!'라는 생각이 들었습니다. 두 번째 글을 보면서는 '오호?'라는 느낌이었습니다. 세 번째 글을 보면서는 서서히 빨려 들어가는 느낌을 받았습니다. 수석교사 본연의 업무는 신규 및 저경력 교사의 수업 컨설팅 및 학생 생활 지도 등을 도와주는 것입니다.

충북 수석님들께서는 행복한 수업과 평가 전략에서 평가와 수업 14개 사례를 통해 저경력 교사들뿐만 아니라 모든 선생님들이 교실에서 수없이 갈등하고 고민하는 문제에 대한 해답을 제시해 주셨습니다.

함께 성장하는 학급 운영으로 12개 사례, 학교 생활교육 꿀팁으로 12개 사례, 모두 아름답게, 관계 형성에서는 학생과의 관계, 동료교사와의 관계, 관리자와의 관계의 12개 사례, 분업과 협업, 학교 업무, 마음 회복의 13개 사례, 교사의 성장과 역량 개발의 9개 사례까지 세세하게 정리해 주셨습니다.

사례를 읽는 동안 계속해서 고개가 끄덕여졌습니다. 이건 정말 현장에서 기다려온 자료였습니다. 만약 이런 자료집이 지역의 특수성과 현실까지 반영된 형태로 만들어진다면, 방향을 잃고 헤매기 쉬운 교실 현장의 불안을 덜어주고, 한 줄기 길을 밝혀주는 빛이 될 것이라 확신이 들었습니다.

많은 분들이 '수석교사와 함께하는 학교 생활 길라잡이'를 보면서 왜? 수석교사가 존재해야 되는지의 필요성을 느끼는 소중한 계기가 되기를 바랍니다. 충북 수석님들의 자료를 보면서 많은 배움이 있었고 오늘 수업을 되돌아보면서 반성을 할 수 있는 시간도 되었습니다. 앞으로 길라잡이가 2탄, 3탄 계속 제작되어서 대한민국 교육이 한 단계 발전할 수 있기를 진심으로 바랍니다. 고맙습니다.

전국중등수석교사회 회장 권혁선

차례

1. 행복한 수업과 평가 전략

- 수 업 -

Q1. 수업 설계가 꼭 필요해요?	14
Q2. 학생의 삶과 연계된 수업 설계, 도와주세요.	16
Q3. '역량'을 키우는 수업이 뭐예요?	19
Q4. 학생 간 성취도 차이가 많이 나서 수업이 어려워요.	22
Q5. 모둠 수업, 필요하지만 진행하기가 어려워요.	25
Q6. 수업 중 생활지도 어디까지 해야 할까요?	28
Q7. 수업 중 반응이 없거나, 몇몇 학생들만 참여해요.	31
Q8. 수업에 자신이 없어져요.	35

- 평 가 -

Q1. 표절 없는 수행평가, 어떻게 하면 될까요?	38
Q2. 좋은 평가 문항을 만들기가 어려워요.	41
Q3. 수행평가의 공정성과 신뢰성을 높이는 방법이 있을까요?	45
Q4. 과도한 수행평가에 힘들어하는 학생들이 안쓰러워요.	48
Q5. 수행평가 기준을 어떻게 안내할까요?	50
Q6. '피드백'을 실제로 어떻게 하는지 모르겠어요	54

2. 함께 성장하는 학급 운영

Q1. 스스로 거리를 두는 학생, 어떻게 어울리게 도울까요? 58
Q2. 산만한 학급, 어떻게 기본 분위기를 잡을까요? 61
Q3. 서로를 배려하는 반, 어떻게 만들 수 있을까요? 64
Q4. 리더가 존중받는 학급, 어떻게 만들 수 있을까요? 67
Q5. 규칙을 무시하는 학생, 어떻게 대응할까요? 70
Q6. 부드러운 교사도 학급을 잘 이끌 수 있을까요? 73
Q7. 친밀감과 통제 사이, 어떻게 균형 잡을까요? 76
Q8. 이유 있는 따돌림, 어떻게 다뤄야 할까요? 79
Q9. 작은 사건들, 학부모에게 어디까지 알려야 할까요? 82
Q10. 가정 돌봄이 부족한 학생, 어떻게 보살펴야 할까요? 85
Q11. 특정 교과 불만 확산, 담임 교사는 어떻게 조율해야 할까요? 88
Q12. 학생들과 특별한 활동, 눈치 보지 않고 해도 될까요? 91

3. 학교 생활교육 꿀팁

Q1. 친한 듯 괴롭히는 듯 애매해 보이는 관계의 학생들에게 무엇을
    알려주면 좋을까요?   96
Q2. 교사에게 욕설한 아이와의 체험학습, 어떻게 하면 좋을까요?   101
Q3. 패드립이 일상인 아이들을 어떻게 교육하면 좋을까요?   106
Q4. 친구를 사귀는 요령이 좀 부족하여 친구들과의 관계를 맺는 것에
    어려움을 느끼는 학생에게 해줄 수 있는 조언은 무엇일까요?   111
Q5. 규칙을 자주 어기며 교사의 지도를 가벼이 여기고
    "그냥 벌점 주세요."라고 말하는 학생 교육법을 알려주세요.   115
Q6. 지각과 결석이 잦은 학생, 어떻게 지도할까요?   119
Q7. SNS 단체방에서 벌어진 갈등과 그 여파, 어떻게 지도해야 할까요?   123
Q8. 고학년이 되며 학업 스트레스로 무기력해진 학생, 어떻게 할까요?   127
Q9. 학급에서 특정 학생이 지속적으로 수업 분위기를 흐리거나 교사의 지시를
    따르지 않을 때, 어떤 방식으로 개입하고 지도해야 할까요?   131
Q10. 학생 간 다툼이나 갈등 상황에 개입할 때, 중립성과 공정성을 지키면서
     문제를 효과적으로 해결하려면 어떤 점을 유의해야 하나요?   136
Q11. 민원이나 법적 소송, 대응 방법이 무엇일까요?   141
Q12. 거짓말이 습관화된 학생, 어떻게 접근해야 할까요?   145

4. 모두 아름답게, 관계 형성

- 학생과의 관계 -

Q1. 학생들이 다른 반과 비교하면서 "우리도 그렇게 해주세요!"라고
　　자꾸 요구합니다. 152

Q2. 교육활동 침해로 인해 학생을 지도한 후, 해당 학생뿐만 아니라
　　다른 학생과의 관계 개선이 고민입니다. 155

Q3. 학생들의 성향과 배경이 너무나 다양하다 보니 누구에게 어떤 방식으로
　　접근해야 하는지 매 순간 고민이 됩니다. 158

Q4. 교사와 학생의 바람직한 관계 형성을 위해 어디까지 가까워져야 할까요? 161

- 학부모와의 관계 -

Q1. 상담 중 일부 학부모가 교사보다 더 잘 안다는 듯이 이야기하며,
　　저의 전문성을 무시하는 듯한 태도를 보입니다. 164

Q2. 최근에 학생의 생활 습관이나 친구 관계까지 간섭하는 학부모가
　　있어서 어려움을 겪고 있습니다. 167

Q3. 학생에게 문제가 발생한 상황에서의 학부모 상담이 진행될 때
　　어떻게 대처해야 할까요? 170

Q4. 담임 학급의 학생끼리 학교폭력 사안이 발생했어요. 173

- 동료교사와의 관계 -

Q1. 교사와 학생 간의 관계를 바라보는 시각이 다른 동료 선생님이 계십니다. 177

Q2. 교과 담당 선생님께서 학급 학생들과의 갈등을 담임 교사인 저에게
　　책임 지우는 상황이 힘들어요. 180

- 관리자와의 관계 -

Q1. 중요한 학교 사안이 사전 협의 없이 일방적으로 통보되어 당황스럽습니다. 183

Q2. 교내 업무 및 학생 지도에 집중하기를 바라는 관리자와의 갈등이 고민입니다. 186

5. 분업과 협업, 학교 업무

− 학교 업무 이해와 시작 −

Q1. 발령 첫 주, 무엇부터 해야 하나요? ······ 190
Q2. 업무 관련 용어가 어색하고 어려워요. ······ 193
Q3. 행사 담당이 되었는데 너무 막막해요. ······ 196
Q4. 사업계획서, 어떻게 써야 할까요? ······ 199
Q5. 가정통신문은 어떻게 써야 하나요? ······ 203
Q6. NEIS(나이스), 어디까지 익혀야 할까요? ······ 206

− 협업과 관계 맺기 −

Q1. 동료 선생님들과 어떻게 어울려야 할까요? ······ 209
Q2. 회의 때 말이 너무 없다는 이야기를 들었어요. ······ 212
Q3. 업무 파트너와 갈등이 생기면 어떻게 해야 하나요? ······ 215
Q4. 불공정한 업무 배정, 어디까지 감내해야 할까요? ······ 218

− 업무로 인한 스트레스 및 마음 회복 −

Q1. 제가 왜 교사가 되었을까요? ······ 221
Q2. 밀려드는 업무, 무엇부터 해야 할까요? ······ 224
Q3. 업무 실수를 했을 때 어떻게 대처해야 하나요? ······ 227

6. 교사의 성장과 역량 개발

Q1. 교사의 성장 로드맵 어떻게 그려야 할까요?   232
Q2. 학교 이동, 안정과 성장을 위해 어떤 길을 택해야 할까요?   236
Q3. 슬럼프에 빠졌을 때, 어떻게 극복하시나요?   239
Q4. 보수가 낮아 이직하고 싶어요.   243
Q5. AI 활용 능력, 어떻게 키울 수 있을까요?   246
Q6. 가정과 학교, 두 영역의 균형을 잘 맞추려면 어떻게 해야 하나요?   249
Q7. 어떤 연수가 교사 성장에 도움이 될까요?   252
Q8. 교직 생활을 오래 지속하려면 어떻게 나를 관리해야 하나요?   256
Q9. 슬기로운 교직생활을 보내기 위한 수석선생님의 조언을 구해요.   259

〈부록〉 수석교사에 대하여   263

1. 행복한 수업과 평가 전략

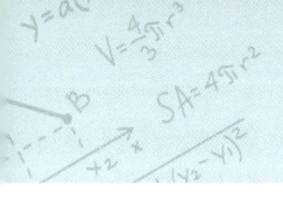
수 업

Q1. 수업 설계가 꼭 필요해요?

> 저는 3년 차 중학교 역사 교사입니다. 최근 연수에서 '백워드 수업 설계'를 배웠습니다. 대학 시절에도 여러 수업 설계 방법을 접했지만, 여전히 성취기준을 중심에 두고 설계해야 한다는 이유가 명확히 와닿지 않습니다. 그냥 교과서 순서 대로 진행해도 되는 것 아닌가 하는 생각이 들 때도 있습니다. 선생님은 수업을 준비할 때 성취기준을 어떻게 활용하며, 그것이 수업에 어떤 변화를 준다고 느끼시는지 궁금합니다. 예를 들어, 중학교 3학년 역사에서 '[9역11-03] 왜란과 호란의 성격을 동아시아 국제 정세 속에서 분석한다.' 같은 성취기준이 있으면, 이를 수업에 어떻게 녹여낼 수 있을까요?

A1. 성취기준은 목표 지점이자 수업 설계의 나침반

성취기준을 중심에 두고 수업을 설계해야 한다는 말은, 단순히 형식적인 지침을 따르라는 뜻이 아니라 수업의 목표 지점을 명확히 하라는 의미입니다. 교과서 순서대로 진행하는 것은 안전하지만, 교과서는 학습 경로를 제시할 뿐, 우리가 반드시 도달해야 하는 성취의 기준을 보장하지 않습니다. 예를 들어, 성취기준이 '[9역11-03] 왜란과 호란의 성격을 동아시아 국제 정세 속에서 분석한다.'라면, 학생이 단순 사건 나열을 넘어 '왜란과 호란을 당시 동아시아 국제 질서 속에서 비교·분석'할 수 있어야 합니다. 교과서에는 사건 전개, 인물, 결과 등 다양한 정보가 있지만, 성취기준이 요구하는 것은 '맥락 분석 능력'입니다. 따라서 수업 설계 시 이 능력을 기르기 위한 활동을 계획하는 것이 핵심입니다. 예를 들어, 학생들이 조별로 조선·명·청의 입장에서 전쟁을 바라보는 시각을 조사·정리하고, 각 입장에서의 이해관계와 국제 정세 변화를 토론하도록 할 수 있습니다. 성취기준을 알면, 불필요한 주변 지식에 시간을 빼앗기지 않고, 꼭 필요한 핵심 역량에 집중할 수 있습니다. 이는 곧 평가와도 연결되어, 수업-평가-피드백이 하나의 연장선으로 이어지게 만듭니다.

A2. 백워드 설계로 '평가-활동-내용'의 역순 연결

　백워드 수업 설계의 핵심은 '평가부터 거꾸로 설계'하는 것입니다. 성취기준을 목표로 삼고, 그 목표 달성 여부를 확인할 수 있는 평가 과제를 먼저 설정한 뒤, 이를 위해 필요한 학습 활동과 내용을 계획하는 방식입니다. 예를 들어, [9역11-03] 성취기준에 맞춰 '왜란과 호란의 공통점·차이점을 국제 정세 맥락에서 비교 분석하는 글쓰기' 과제를 평가 과제로 정합니다. 그러면 그 과제를 잘 수행하기 위해 학생들이 무엇을 배우고, 어떤 자료를 다루고, 어떤 분석 틀을 익혀야 하는지가 역으로 보입니다. 이때 활동은 단순 정보 전달이 아니라, 평가 과제 수행에 직접적으로 연결되는 것이어야 합니다. 예를 들어, 전쟁 원인·결과 비교표 만들기, 각국의 외교 정책 시뮬레이션, 17세기 동아시아 지도 분석 등이 가능합니다. 이런 방식은 수업과 평가의 불일치를 막아줍니다. 목표·평가·활동이 분리되지 않고 하나의 맥락 안에서 설계되기 때문에, 학생들도 '왜 이걸 배우는지'와 '어디에 쓰는지'를 명확히 이해하게 됩니다. 성취기준이 단순 지침에서 '평가 설계의 출발점'으로 바뀌는 순간, 수업의 방향성이 달라집니다.

A3. 성취기준을 학생 언어로 재해석하고 공유하기

　성취기준은 교육과정 문서 속 전문 용어로 표현되기 때문에, 학생들에게는 다소 추상적이고 멀게 느껴질 수 있습니다. 하지만 수업의 목적은 결국 학생이 해당 성취기준을 달성하도록 돕는 것이므로 학생이 이해할 수 있는 언어로 변환하여 공유하는 과정이 필요합니다. 예를 들어, [9역11-03]을 '왜란과 호란이 조선만의 사건이 아니라 동아시아 나라들이 서로 영향을 주고받은 전쟁이라는 걸 설명할 수 있다.' 정도로 풀어 설명합니다. 수업 첫 시간에 오늘의 학습 목표를 이렇게 제시하면, 학생들은 배울 내용이 단순한 사건 암기가 아니라 '관계와 맥락 이해'임을 알게 됩니다. 이후 활동 설계도 이 목표와 연결되도록 합니다. 예를 들어, 모둠별로 각국의 입장에서 사건 브리핑을 하게 하거나, 전쟁 전후의 외교·무역 변화를 시각화하게 할 수 있습니다. 수업이 끝난 후에는 다시 성취기준을 학생 언어로 확인하며 "오늘 배운 내용을 국제 정세 속에서 설명할 수 있는가?"라는 자기 점검을 하게 합니다. 이런 과정은 학생들이 학습 목표를 자기 언어로 내면화하게 만들고, 교사에게도 수업이 목표에 맞게 진행됐는지 점검하는 기회를 제공합니다. 성취기준은 교사만이 보는 것이 아니라, 학생과 함께 공유하고 확인해야 할 '공동의 목표'입니다.

Q2. 학생의 삶과 연계된 수업 설계, 도와주세요.

> 5년 차 중학교 교사입니다. 2022 개정 교육과정에서 '학생의 삶과 연결되는 수업'을 하라는 말을 자주 듣는데요, 막상 수업을 설계하려고 하면 그게 구체적으로 어떤 모습이어야 하는지 잘 모르겠어요. 예를 들어, 교과서에 나오는 내용은 대부분 학습 개념이나 지식 중심인데, 이걸 학생들의 실제 삶이나 경험과 어떻게 연결시켜야 할지 감이 잘 안 와요. 그냥 사례 하나 소개하고 끝내는 건 너무 얕은 것 같고, 학생들이 '아, 이게 내 이야기구나.' 하고 자신의 삶과 연결하여 학습하게 하려면 어떤 접근이 필요할까요?

A1. 학습 개념을 '생활 맥락' 속에 심는 시나리오형 설계

'학생의 삶과 연결되는 수업'은 단순히 사례를 하나 던져주는 것을 넘어, 수업 전체가 학생의 경험 세계 속에서 전개되도록 설계하는 것을 의미합니다. 이를 위해서는 학습 개념을 '생활 맥락' 속에 녹여내는 시나리오형 설계가 효과적입니다.

예를 들어, 수업에서 '산업혁명'을 다룬다고 합시다. 교과서에는 기술 발달, 사회 변화, 노동 문제 등이 개념 위주로 제시됩니다. 이를 학생의 삶과 연결하려면, '우리 마을이 산업혁명 시기 영국의 한 도시라면?'이라는 가상의 상황을 부여하고, 학생들에게 각자 역할(노동자, 공장주, 발명가, 신문 기자 등)을 맡겨 변화의 과정을 체험하게 할 수 있습니다. 이렇게 하면 학생들은 단순히 '증기기관이 발명됐다'는 사실을 아는 것이 아니라, 기술 변화가 생활과 직업, 사회 관계에 어떤 영향을 미치는지를 피부로 느끼게 됩니다.

시나리오 설계 시 핵심은 학생의 현재 경험과 평행 구조를 만드는 것입니다. 즉, 학생이 평소 접하는 현상(스마트폰 보급, 자율주행차, 온라인 쇼핑 확대 등)과 역사 속 변화를 비교하게 하면, 배움의 맥락이 명확해집니다. 이 접근은 과목과 상관없이 적용 가능합니다. 과학에서는 기후 변화 단원을 다룰 때, '우리 학교의 에너지 사용량'을 측정해 보고 이를 세계 기후 변화 데이터와 연결하는 방식이 가능합니다. 중요한 것은 개념을 먼저 주고 사례를 찾는 것이 아니라, 학생이 몰입할 수 있는 삶의 이야기나 현상을 먼저 제시하고, 그 속에서 개념이 필요해지도록 유도하는 것입니다.

A2. 경험 확장을 돕는 '학생 참여형 자료 변환'

삶과 연결되는 수업을 위해서는 교사가 학생 세계로 내려가는 동시에, 학생이 교과 세계로 올라올 수 있는 '다리'를 놓아야 합니다. 이를 위해 추천하는 방법이 학생 참여형 자료 변환입니다. 교과서의 개념이나 자료를 학생들이 '자기 언어와 경험'으로 다시 가공하게 만드는 것입니다.

예를 들어, 국어 수업에서 '비판적 읽기'를 다룬다면, 교과서의 글을 읽고 비판하는 것에서 끝내지 않고, 학생이 평소 보는 SNS 글, 광고, 뉴스 기사 중 하나를 가져와 수업에서 배운 비판 기준으로 분석하게 합니다.

과학 수업에서 '물의 순환'을 배울 때는, 단순 모형 실험 후 끝내지 않고, 학생이 사는 지역의 강·하천 사진이나 날씨 데이터를 활용해 순환 과정을 설명하게 합니다. 이렇게 하면 교과서 개념이 학생 개인의 경험 세계 속에서 재해석됩니다.

이 방법의 장점은 학생이 수동적으로 '연결된 사례'를 듣는 것이 아니라, 직접 연결 과정을 만드는 주체가 된다는 것입니다. 교사 입장에서는 활동 설계 시 '어떤 학생 경험과 연결할 수 있을까?'를 먼저 고민하고, 그 경험을 담아낼 수 있는 자료 수집·활용 과제를 포함하면 됩니다.

경험상, 학생 참여형 자료 변환은 단순 흥미 유발을 넘어, 개념 이해의 깊이를 크게 높입니다. 왜냐하면 학생이 스스로 자신의 생활 속에서 개념이 작동하는 모습을 찾고 설명해야 하므로, 개념을 단순 암기하는 것이 아니라 맥락 속에서 익히게 되기 때문입니다.

A3. 삶과 연결성을 평가와 피드백까지 확장하기

수업에서 학생의 삶과 연결성을 고민할 때, 많은 교사가 '수업 활동 설계'까지만 생각하고, 평가와 피드백은 여전히 전통적인 방식으로 운영하는 경우가 많습니다.

그러나 진정한 삶 연계 수업은 평가와 피드백까지 확장되어야 합니다. 예를 들어, 환경 문제 단원을 수업에서 다루었다면, 평가 과제는 '학교나 지역에서 실행할 수 있는 환경 개선 방안 제안서 작성'으로 설계할 수 있습니다. 이 과제는 학생이 배운 내용을 자기 환경에 적용하고, 현실적인 대안을 고민하게 만드는 기회를 줍니다.

피드백 역시 '잘했어요, 더 노력하세요.' 수준이 아니라, 학생의 제안이 실제 적용 가능성 측면에서 어떤 강점과 한계를 가지는지를 구체적으로 짚어주는 것이 중요합니다.

이를 위해 '삶 연계 평가 루브릭'을 만들어 사용합니다. 예를 들어, '적용성(현실 반영 여부)', '창의성(새로운 시도 여부)', '타당성(근거와 논리)' 등을 항목으로 삼습니다.

이렇게 하면 학생은 교과서에서 배운 개념이 자기 세계와 직접 연결되고, 교사의 피드백을 통해 '내 생각이 실제 세상에서 어떤 의미가 있는지'를 확인할 수 있습니다. 궁극적으로 삶과의 연결은 활동 중 흥미를 주는 것에서 끝나는 것이 아니라, 학생이 배운 것을 실제 맥락에 적용하고, 그 결과를 되돌려 받는 경험까지 포함되어야 완성됩니다. 이것이 장기적으로 학습 동기와 자기 주도성을 높이는 핵심입니다.

Q3. '역량'을 키우는 수업이 뭐예요?

> 선생님, 요즘 연수나 회의에서 '학생의 역량을 키우는 수업'을 자주 강조하시잖아요? 근데 솔직히 말하면, 그 '역량'이라는 게 정확히 뭘 의미하는지 아직도 좀 헷갈려요. 창의력, 의사소통, 문제해결력 등이 중요한 역량이라고 들었지만, 수업 시간에 그것을 어떻게 길러줘야 하는지 모르겠어요. 교과 수업에서 역량 중심 수업을 할 때 단순히 지식 전달을 넘어서 뭘 해야 하는 걸까요? 학생들이 활동을 많이 하면 역량이 자란다고들 하시는데, 그냥 활동만 많다고 되는 건 아닌 것 같아요. '역량'을 키우는 수업이란 무엇인가요?

A1. 역량 요소를 명확히 한 수업 목표 설정

'역량'은 학생이 단순히 지식을 아는 수준을 넘어, 실제 상황에서 이를 활용하여 문제를 해결하고, 타인과 협력하며, 자기 주도적으로 성장할 수 있는 능력을 말합니다. 그러나 수업 목표가 추상적이면, 학생도 교사도 그 역량이 실제로 길러지고 있는지 판단하기 어렵습니다. 저는 수업 설계 단계에서 반드시 '이번 수업에서 키울 역량'을 1~2가지로 명확하게 설정합니다. 예를 들어, 사회 교과에서 '문제 해결력'과 '의사소통 능력'을 목표로 한다면, 단순 지식 전달에 그치지 않고 '문제 상황 분석→대안 제시→토론 및 발표'의 구조를 설계합니다.

또한, 목표와 평가를 일관되게 연결하는 것이 중요합니다. '의사소통 능력'을 키우겠다고 했다면 발표 점수에서 논리성뿐 아니라, 경청 태도, 타인의 의견 반영 여부 등을 평가 항목에 포함시킵니다. 목표가 구체적일수록 학생은 '무엇을 배우고, 어떻게 성장하는지'를 명확히 인식하게 됩니다.

수업 초반에 학습 목표와 함께 역량 요소를 학생과 공유하면, 학생 스스로 학습 활동에서 어떤 행동이 요구되는지 파악할 수 있습니다. 예를 들어, "오늘 수업에서는 문제 해결 과정에서 제시된 자료를 해석하고, 근거를 들어 설득하는 것이 중요하다."라고 안내하면, 학생은 단순 정답이 아니라 근거 제시와 자료 활용에 집중하게 됩니다.

마지막으로, 역량 목표를 장기적으로 관리하기 위해 단원별 역량 기록지를 만들어, 학생의 성취 수준과 변화 과정을 추적합니다. 이렇게 하면 교사도 성장 데이터를 기반으로 피드백을 제공할 수 있어, '역량 함양'이 추상적인 구호가 아닌 구체적 실천이 됩니다.

A2. 실제 맥락에서 적용하는 학습 경험 제공

역량은 교과 지식을 실제 맥락에서 적용할 때 강화됩니다. 저는 학생들이 단순히 개념을 배우는 것을 넘어, 실제 사례나 문제 상황에 지식을 활용하는 활동을 반드시 포함시키려고 합니다. 예를 들어, 사회 교과에서 인구 문제를 다룰 때, 학생들이 직접 지역 인구 통계를 조사하고, 그 결과를 토대로 고령화 대책을 제안하게 합니다. 이를 위해 시·군청 홈페이지, 통계청 자료 등 실제 데이터 활용을 안내하고, 정책 제안서나 포스터 제작 같은 실물 산출물로 결과를 표현하게 합니다.

또한, 역할극이나 모의 토론을 통해 다양한 관점에서 문제를 바라보게 합니다. 예를 들어, '정책 입안자'와 '지역 주민' 역할을 나누어 토론하게 하면, 학생은 상대방 입장을 고려한 의사소통과 협상 능력을 기르게 됩니다. 이러한 활동은 교과 지식을 넘어, 비판적 사고력과 협력적 문제해결력을 함께 키워 줍니다.

수업에서 활동만 많다고 역량이 자동으로 길러지는 것은 아닙니다. 활동 전에는 목표와 맥락을 충분히 설명하고, 활동 후에는 성찰 시간을 반드시 두어야 합니다. '이번 활동에서 어떤 역량을 사용했는지', '다음에는 어떻게 더 잘할 수 있을지'를 적게 하면 학생은 경험을 단순 과제로 소비하지 않고 학습 자산으로 전환하게 됩니다.

결국, 지식이 실제 맥락에서 반복적으로 사용될 때 학생의 역량은 체계적으로 강화됩니다. 이를 위해 교사는 학습 주제와 연계된 실생활·사회 문제를 발굴하고, 학생이 스스로 의미를 찾을 수 있는 과제를 설계해야 합니다.

A3. 과정 중심의 성찰과 피드백 구조 마련

역량은 짧은 기간에 완성되지 않으며 지속적인 성찰과 피드백을 통해 서서히 강화됩니다. 저는 수업과 활동 전반에서 '과정 중심 평가'를 적용해 학생이 학습 과정에서 발휘한 역량을 스스로 점검하도록 합니다. 예를 들어, 토론 수업 후 학생이 자신의 발언 횟수, 근거 제시의 질, 타인 의견 수용 여부를 체크리스트로 평가하게 합니다. 이렇게 하면 학생은 단순히 발표를 '잘했다, 못했다.'가 아니라 어떤 역량 요소에서 강점과 약점이 있는지를 인식하게 됩니다.

피드백은 가능한 한 구체적으로 제공해야 합니다. "발표를 잘했어." 대신 "사례를 들어 설명한 점이 설득력 있었고, 반박 시 상대 주장 중 하나를 인정한 점이 인상적이었다." 처럼 행동 중심으로 제시합니다. 이렇게 하면 학생은 자신이 역량을 발휘한 순간과 그 방법을 명확히 이해합니다.

또한, 피드백이 '받고 끝나는 정보'가 되지 않도록, 다음 활동에 반영하는 구조를 설계합니다. 예를 들어, 이전 발표 피드백을 토대로 이번에는 목소리 크기와 시선 처리 개선을 목표로 삼게 하거나, 피드백 항목을 달성했는지 스스로 체크하도록 합니다.

동료 평가도 과정 중심 성찰에 효과적입니다. 서로의 강점과 개선점을 발견해 주는 경험은 학생이 다양한 관점을 배우게 하고, 상호 존중의 문화를 형성합니다.

결국, 역량을 키우는 수업은 목표 설정→맥락 적용→과정 성찰의 세 축이 긴밀히 연결될 때 완성됩니다. 교사는 학생이 '내가 무엇을, 어떻게 성장했는지'를 스스로 설명할 수 있도록 설계해야 하며, 그 과정이 반복될수록 역량은 생활 속 행동으로 정착됩니다.

Q4. 학생 간 성취도 차이가 많이 나서 수업이 어려워요.

> 저는 2년 차 수학 교사로 한 학급 안에서도 학습 수준 차이가 커 수업과 평가 운영에 어려움을 겪고 있습니다. 일부 학생은 수업 내용을 쉽게 이해해 지루해하지만 다른 학생은 개념 이해와 문제 풀이에서 버거움을 느껴 좌절하는 경우가 많습니다. 이런 상황에서 모든 학생이 도전의 즐거움은 느끼되 학습 의욕은 잃지 않도록 하려면 어떤 수업 설계와 평가 방식을 적용해야 할까요? 특히 난이도 조절, 맞춤형 피드백, 개별·협력 학습의 균형 등 수준 차이를 효과적으로 반영한 구체적인 수업·평가 운영 노하우를 알고 싶습니다.

A1. 다층적 과제 설계와 선택권 부여

수준 차이가 큰 학급에서 모든 학생이 도전의 즐거움을 느끼도록 하려면, 한 가지 난이도의 수업만으로는 한계가 있습니다.

저는 같은 학습 목표를 기반으로 하되, 난이도와 사고 수준이 다른 2~3단계 과제를 설계하여 '다층형 학습지' 또는 '선택형 과제'로 제공합니다. 예를 들어, 수학의 함수 단원에서는 모든 학생이 풀어야 하는 기초 문제(핵심 개념과 기본 공식 적용)를 필수 과제로 두고, 심화 문제(복합 개념 응용), 탐구 과제(실생활 문제 모델링)를 선택 과제로 추가합니다.

이렇게 하면 하위권 학생은 필수 과제를 완수하며 성취감을 느끼고, 상위권 학생은 선택 과제로 자신의 수준에 맞는 도전을 경험할 수 있습니다. 선택 과제에는 추가 점수, 발표 기회, 포트폴리오 반영 등 보상 요소를 넣어 학생 스스로 도전하도록 유도합니다.

또한, 학생이 어떤 과제를 선택할지 스스로 결정하도록 하되 선택 기준을 명확히 안내합니다. 예를 들어, '필수 과제를 90% 이상 완수한 경우에만 선택 과제 도전 가능'과 같이 조건을 설정하면, 하위권 학생이 무리하게 도전하다가 좌절하는 것을 막을 수 있습니다.

과제 구성에서도 모든 유형을 한 장에 섞기보다, 기본·확장·도전 순으로 나누어 제시하면 학생이 자신의 위치를 파악하기 쉽습니다.

수업 시간에는 전체 설명 후 개별·모둠별로 난이도에 맞는 과제를 수행하게 하고, 교사는 순회 지도하며 하위권 학생을 보조하고, 상위권 학생에게는 탐구 과제 피드백을 제공합니다.

이렇게 하면 동일한 수업 속에서도 개별화된 도전 기회를 제공할 수 있고, 상위권의 지루함과 하위권의 좌절감을 동시에 줄일 수 있습니다.

A2. 맞춤형 피드백과 학습 경로 지도

성취도 차이를 완화하려면 '무엇을 잘했는지, 무엇을 보완해야 하는지'를 학생 개개인에게 구체적으로 알려주는 맞춤형 피드백이 핵심입니다.

저는 평가 이후 반드시 공통 피드백과 개별 피드백을 병행합니다. 공통 피드백에서는 학급 전체의 주요 오답 유형과 오개념을 정리해 전체 설명 시간을 갖고, 개별 피드백에서는 학생별 오류 원인을 분석해 제시합니다. 예를 들어, 같은 문제를 틀렸더라도 A학생은 계산 실수, B학생은 오개념이 원인이라면, 피드백 문구도 각각 다르게 제공합니다.

또한, 학생별 학습 경로표를 작성해 현재 수준과 다음 목표, 추천 학습 활동을 제시합니다. 예를 들어, '다항식 곱셈 개념 완벽 이해 → 인수분해 기초 5문제 해결 → 실생활 응용 1문제 도전'처럼 세부 단계로 나누어 주면, 학생이 자신의 위치와 다음 단계를 명확히 알 수 있습니다. 이 과정에서 상위권은 심화 과제·탐구 프로젝트를, 하위권은 보충 문제·기초 개념 영상을 안내받습니다.

피드백은 가능하면 행동 지침을 포함해야 합니다. "풀이 과정을 더 꼼꼼히 쓰자."보다 "계산식에서 부호 변화를 색깔 펜으로 표시하자."처럼 구체적 전략을 제시하면 학생이 바로 적용할 수 있습니다. 온라인 플랫폼을 활용해 개별 코멘트를 남기면 반복 확인이 가능하고, 누적 피드백 관리에도 유리합니다.

마지막으로, 중간 점검과 재도전 기회를 제공합니다. 한 번의 피드백으로 끝내지 않고, 일정 기간 후 동일 유형 문제를 다시 풀게 하여 개선 여부를 확인하면, 학생은 피드백이 실제 성장을 위한 과정임을 체감하게 됩니다. 이렇게 하면 성취도 차이가 단순한 격차가 아니라, 개인별 성장 경로의 차이로 전환됩니다.

A3. 개별 학습과 협력 학습의 균형 운영

성취도 차이가 큰 학급에서 모든 학생이 성장하려면 개별 학습과 협력 학습의 장점을 전략적으로 결합해야 합니다. 개별 학습 시간에는 각자 수준에 맞는 과제를 해결하게 하여 자기 주도성을 높이고, 교사는 이 시간에 소규모 그룹 또는 1:1 지도를 통해 하위권 학생을 집중적으로 지원합니다. 상위권 학생에게는 심화 문제 풀이, 개방형 탐구 과제, 또는 다른 학생의 질문을 해결하는 '학생 튜터' 역할을 맡깁니다. 이는 상위권 학생의 개념 설명 능력을 강화하고, 하위권 학생이 또래를 통해 친근하게 도움받을 수 있는 환경을 만듭니다.

협력 학습에서는 이질 집단을 구성해 수준이 다른 학생들이 함께 문제를 해결하게 하되, 무임승차를 방지하기 위해 역할 분리와 기여도 기록을 필수화합니다. 예를 들어, '자료 조사·풀이 작성·발표 준비'로 역할을 나누고, 산출물에 각자의 기여도를 명시하게 합니다. 또한, 협력 활동 전·중·후에 짧은 개별 점검 과제를 부여해 모든 학생이 학습 내용을 개인적으로도 소화하도록 합니다. 상위권 학생이 하위권 학생을 가르치는 구조만으로는 한계가 있으므로, 역할을 순환시켜 하위권 학생도 발표·설명 기회를 갖도록 합니다. 발표 내용이 미흡하더라도, 교사가 긍정적 피드백과 보완점을 즉시 제시하면 점차 자신감을 얻게 됩니다.

마지막으로 개별 학습과 협력 학습의 비율은 단원·학급 특성에 따라 조정합니다. 예를 들어, 개념 학습 초기에는 개별 학습 비중을 높여 기초를 다지고, 응용·탐구 단계에서는 협력 학습을 확대합니다. 이렇게 하면 학생들은 각자의 속도에 맞춰 기초를 다지면서도 협력을 통해 더 넓은 사고와 다양한 풀이 전략을 경험하게 됩니다.

Q5. 모둠 수업, 필요하지만 진행하기가 어려워요.

> 저는 중학교에서 근무하는 2년 차 교사입니다. 수업에 모둠활동을 자주 활용하려고 하지만, 구성과 운영에서 어려움이 많습니다. 우선 모둠을 어떻게 구성해야 하는지 기준이 애매합니다. 무작위로 하자니 실력이 비슷한 학생끼리 몰려 수업 효과가 떨어지는 경우가 있고, 수준별로 나누자니 분위기나 친분 때문에 갈등이 생기기도 합니다. 또 모둠 내 역할을 정해도 일부 학생만 주도하고 나머지는 수동적으로 따라가거나 참여를 회피해 기여도 차이가 큽니다. 모둠활동의 구성 기준과 역할 분담, 시간 운영에 대해 구체적인 조언을 듣고 싶습니다.

A1. 모둠 철학 세우기

모둠협력수업에 대한 고민을 하고 계시는군요. 모둠은 운영 기간에 따라 '일회성 모둠'과 일정 기간 '지속적으로 운영되는 모둠', 이 두 가지로 구분할 수 있습니다. '일회성 모둠'의 경우 과목의 특성과 단원, 그리고 교사의 목적에 따라 다양하므로 여기서는 한 학기 동안 지속적으로 운영되는 모둠 구성 및 운영 방법에 대해 말씀드리겠습니다.

모둠을 구성하기 전, 먼저 교사는 '왜 모둠협력수업을 운영하는가?'에 대한 철학적 고민을 할 필요가 있습니다. 그 고민의 결과에 따라 자신만의 모둠협력수업이 만들어지기 때문입니다. 지금부터 안내하는 방법은 '가르침과 배움이 살아있는 모둠협력수업 연구회'(가배수업 연구회[1])에서 운영하는 모둠 운영 철학(5가지 규준)을 기준으로 말씀드리겠습니다.

첫째, 교사가 가르치는 보람을 느끼는 수업: 교사는 교육과정 재구성 및 PCK[2]를 활용한 수업을 운영하였는가?

둘째, 학생들에게 즐거운 배움이 일어나는 수업: 학생 개인별 수준에 맞는 배움이 일

---

[1] 충청북도교육청 중등 수학교과 연구회
[2] PCK(교수내용지식, Pedagogical Content Knowledge)는 교사가 교과 내용을 효과적으로 가르치기 위해 반드시 갖추어야 하는 전문적 지식과 교수법

어났음을 확인할 수 있는가?

셋째, 수업 중 교사의 주도적 언어 사용을 최소화한 수업: 교사의 주도적 언어 사용 시간은 1회 5분 내외(길어도 10분 이내), 전체의 40% 내외로 운영하였는가?

넷째, 학생들이 활동적으로 몸을 움직이며 참여하는 수업: 학생들이 활발하게 몸을 움직일 수 있도록 수업을 구조화하였는가?

다섯째, 나눔, 배려, 협력, 책임감, 리더십 등 인성을 함양하는 수업: 친구를 배려하고 협력하며, 함께 이끌어가는 모습을 관찰할 수 있는가?

A2. 모둠 구성하기

여기에서 제안하는 모둠 구성 방법은 학생들이 모둠 안에서 작은 사회를 경험할 수 있도록 하는 것입니다.

첫째, 모둠장의 자격

모둠장은 기초 학습 능력이 있는 학생이라면 누구나 가능합니다. 또한, 한 학기 동안 친구들을 위해 봉사할 마음을 가진 학생들을 대상으로 선정합니다. 주의해야 할 점은 성적순으로 모둠장을 선별하지 않는다는 것입니다. 성적순으로 모둠장을 선별하면 본인의 의사와 관계없이 모둠장이 되어 자신의 역할에 충실하지 않은 학생이 나타날 수 있습니다. 또한, 모둠장은 혜택이 없는 봉사직이라는 점을 강조해야 합니다. 성적 가산점도 없고, 학교생활기록부에는 '4명 모둠의 모둠장으로 활동함.'이라고만 기록해 준다고 공지해야 합니다. 그래야 이기적인 학생들이 모둠장이 되는 것을 방지할 수 있습니다.

둘째, 모둠 구성 인원

모둠은 3명 또는 4명으로 구성합니다. 2명은 모둠이라고 보기 어렵습니다. 5명 이상은 인원이 많아 소외되는 학생이 발생할 수 있으므로 될 수 있는 대로 만들지 않습니다. 그러나 부득이하게 5명 이상 모둠을 만들어야 한다면, 모둠장에게 부모둠장을 우선 선택할 권한을 줍니다. 그리고 부모둠장은 모둠장의 대각선 방향에 자리를 잡습니다.

셋째, 모둠 자리(책상) 배치 방법

4명 모둠은 티(T) 자형으로, 3명 모둠은 일(一) 자형으로 자리를 배치합니다. 이때 인원이 적은 모둠은 될 수 있으면 앞쪽에, 인원이 많은 모둠은 뒤쪽에 배치합니다. 책상 배치는 각 교실의 기존 위치에서 이동을 최소화하도록 구성하는 것이 중요합니다.

넷째, 모둠 구성 방법

모둠장이 선출되면, 모둠장들은 교실 앞쪽으로, 나머지 학생들은 뒤쪽으로 이동합니다. 그 후 모둠장들이 인원수에 맞게 책상을 배치합니다. 교사와 가위바위보를 하여 이긴 순서대로 자신이 원하는 자리에 앉습니다. 모둠장들이 모두 자리를 잡으면 눈을 감고 책상에 엎드립니다. 뒤쪽에 있던 학생들도 선생님과 가위바위보를 하여 이긴 순서대로 자신이 앉고 싶은 자리에 앉습니다. 마지막에 남은 4명 내외의 학생들은 자신들끼리 가위바위보를 하여 앉을 자리를 정합니다. 이제 모둠장은 눈을 뜨고 모둠원들과 환영의 박수를 칩니다.

다섯째, 관계 형성하기

모둠이 구성되었으면 아이스브레이킹 활동을 통해 모둠원들이 서로에게 마음을 열 기회를 마련해 주어야 합니다. 이것을 '관계 형성하기'라고 합니다. 이 활동은 학기 초에 서로 서먹한 친구들이 학교생활에 기억에 남을 만한 절친이 될 수 있도록 돕는 과정입니다. 상상 카드나 이미지 카드 등을 활용해도 좋고, 간단한 보드게임을 이용해도 됩니다. 주의할 점은 활동이 재미있어야 하며, 교실 돌기, 박수 치기, 크게 말하기 등 몸을 움직이는 요소를 포함해야 한다는 것입니다.

위에서 언급한 다섯 가지 활동을 통해 만들어진 모둠은 한 학기 동안 학생들에게 정서적 안정감을 제공하는 애착 형성 기제가 될 것입니다.

Q6. 수업 중 생활지도 어디까지 해야 할까요?

> 중학교 2학년 학생들을 가르치는 5년 차 교사입니다. 첫 발령지였던 시골의 ○○중학교에서 4년을 근무하고, 올해 도시의 ○○중학교로 오게 되었습니다. 이전 학교는 한 반에 학생이 13명 내외였고, 한부모·다문화·기초생활수급 가정 등 어려운 환경의 학생들이 많았지만, 수업 분위기는 좋았습니다. 그런데 도시 학교에 오니 다문화 학생들이 친구들과 어울리는 데 어려움을 겪는 모습이 보이고, ADHD(주의력결핍 과잉행동장애) 성향을 보이는 학생도 거의 반마다 한 명씩 있는 것 같습니다. 수업을 방해하거나 예상치 못한 행동을 하는 학생들을 신경 쓰다가 수업을 제대로 마친 건지 떠드는 학생들을 지도하다 끝난 건지 모를 만큼 정신이 하나도 없습니다. 수업을 이끌어 가기가 많이 힘들어서 도움이 필요합니다.

A1. 다문화 학생 지도

다른 학생들과 어울리지 못하는 다문화 학생의 경우입니다. 모든 다문화 학생이 학교생활에 어려움을 겪는 것은 아닙니다. 수업 중 학교 적응에 어려움을 겪는 학생을 관찰하셨다면 학업 성취도가 매우 낮거나 친구들과의 대화를 꺼리고 극도로 소극적인 모습을 보이기 때문일 가능성이 큽니다.

이런 학생들은 억지로 다른 학생들과 짝이나 모둠으로 묶는다고 갑자기 좋아지지는 않습니다. 오히려 그 안에서 더 큰 소외감을 느끼거나 상처를 받을 수 있습니다. 이처럼 소외되는 학생이 보이면 먼저 담임선생님과 상담하여 그 학생이 평소 누구와 대화하는지 정보를 얻고, 친한 친구와 짝이나 모둠을 구성해 편안한 분위기에서 수업에 참여할 수 있는 환경을 조성하시길 권합니다.

또한, 아주 기초적인 수준이거나 눈높이에 맞는 별도의 과제를 내주고 꾸준히 관심을 보여주는 것이 좋습니다. 이때 과제는 단순히 학업 성취 향상을 위한 것이 아니라 학생이 편안한 마음으로 교무실에 찾아올 기회를 만드는 수단입니다.

성적 향상을 1차 목표로 삼기보다 학생과 자연스럽게 이야기할 계기를 만드는 데 집중하시면 분명 학생의 표정이 조금씩 밝아지는 것을 보실 수 있을 것입니다.

A2. ADHD 성향 학생 지도

ADHD 성향이 있는 학생 지도에 대한 조언입니다. 먼저 인터넷 검색을 하거나 도움반, 상담 선생님과 대화하여 해당 학생의 특징과 지도 시 주의할 점을 파악하시길 바랍니다.

많은 선생님께서 이런 유형의 학생을 지도하기 어려워하며 혼자 앉도록 자리를 배치하곤 합니다. 다른 친구들과의 대화를 막아 외부 자극을 차단하려는 목적이지만, 이 방법은 인지적, 인성적, 교육학적으로 결코 바람직하지 않습니다.

수업 방식에 먼저 변화를 주는 것이 좋습니다. 만약 주로 교탁 앞에서 판서하며 설명하는 방식으로 수업하셨다면 PPT 자료를 활용해 학생에게 다가가거나 교실을 순회하며 설명하는 방식으로 바꿔보시길 권합니다.

또한, 학생이 수업에 더 잘 집중할 수 있도록 개별 과제를 내주는 것도 좋은 방법입니다. 이때 아주 작은 성공일지라도 반드시 칭찬해 주는 것을 잊지 마세요. 마지막으로 도움반 선생님과 상담하여 그 학생에게 도움반 수업이 필요한 상태인지 공식적으로 확인하는 과정도 필요합니다.

어려움을 겪는 학생이 다른 친구들과 자연스럽게 어울리도록 돕는 일은, 마치 화초를 정성껏 가꾸는 것과 같습니다. 선생님의 따뜻한 관심과 사랑으로 아이들은 비로소 행복하게 성장합니다.

A3. 아동학대 의심 상황 확인하기

아동학대 의심 상황과 대처 방안입니다. 친구들과 어울리지 못하고 소외되는 학생들은 여러 가지 원인이 있지만 그중 대표적인 두 가지 유형을 소개하고 대처 방법을 안내해 드리겠습니다.

- 옷에서 냄새가 나는 경우(방임)

  부모의 이혼, 조손가정, 경제적 어려움 등으로 부모로부터 사랑을 받지 못하는 학생들은 자주 씻지 않으며, 부모가 집에서 담배를 피우는 경우 학생의 몸에서 담배 냄새가 날 수 있습니다. 선생님께서는 "학교에 올 때는 세수하고 오렴.", "옷을 깨끗이 빨아 입으렴."과 같은 청결 교육을 넘어 조금 더 적극적으로 학생을 관찰할 필요가 있습니다.

- 여름에 긴 옷을 입고 몸에 자주 멍 자국이 보이는 경우(신체적 학대)

  부모가 알코올 중독이 있거나 부모가 아닌 보호자의 집에서 학교를 다니는 경우 등 몇몇 상황에서 신체적 폭력을 당하는 사례가 있습니다. 선생님께서는 "친구와 다투었니?", "운동 중 다쳤니?"라고 스치듯 물어보는 것을 넘어 지속적으로 관찰할 필요가 있습니다. 이런 유형의 학생들은 보호자가 무섭기 때문에 사실대로 이야기하지 않는 경우가 많습니다. 마음을 열 수 있도록 라포르(rapport)를 형성하는 것이 중요합니다.

- 대처 방법(교사는 아동학대 신고 의무자)

  먼저 담임선생님, 상담선생님과 상의하여 해당 학생의 가정환경을 파악합니다. 개별 학습 지도나 과제 검사 등의 이유를 만들어 학생과 자연스럽게 상담할 수 있는 환경을 조성한 뒤, 옷에서 냄새가 나는 이유, 멍이 생긴 이유, 도벽이 있는 이유, 친구 없이 혼자 다니는 이유 등을 조심스럽게 물어봅니다. 만약 아동학대 정황이 의심되면 교장선생님께 보고하고 112에 신고할 수 있도록 합니다. 아동보호전문기관과 담당 경찰관이 학생의 집을 방문하여 상황을 파악하고, 재발 방지를 위한 조치를 취할 것입니다. 이후 선생님은 학생의 변화 과정을 면밀하게 관찰하며, 재발 여부를 확인해야 합니다. 이러한 과정을 거치면 학생의 학교생활이 이전보다 훨씬 좋아지는 모습을 보실 수 있을 것입니다.

Q7. 수업 중 반응이 없거나, 몇몇 학생들만 참여해요.

> 저는 2년 차 고등학교 교사로 학생들이 흥미를 느낄 수 있도록 다양한 활동과 쉬운 설명을 준비하지만, 막상 수업이 시작되면 학생들이 산만해져 흐름이 자주 끊기고 준비한 내용을 끝까지 진행하기 어렵습니다.
>
> 수업 중 질문을 던지면 학생들이 고개를 숙이거나 시선을 피하고, 손을 드는 학생이 거의 없습니다. 여러 차례 말로 격려하거나 소소한 보상을 걸어보았지만, 분위기가 바뀌지 않아 수업이 일방적으로 흘러갑니다. 생명과학 수업에서는 모둠별 실험 설계와 발표를 통해 학생 주도형 수업을 시도하고 있지만, 일부 학생만 적극적으로 참여하고 다수는 수동적으로 따라가거나 발표에만 참여하는 경우가 많습니다. 협동학습이나 프로젝트 수업에서도 겉보기에는 활발해 보이지만 실제로는 소수 인원에 의존하는 경우가 많아 고민입니다.
>
> 수업에서 참여도와 학습 효과를 동시에 높일 수 있는 구체적인 개선 방안과 운영 노하우가 궁금합니다. 모든 학생이 균형 있게 참여하며 개별학습 효과를 높일 수 있는 방법이 절실합니다.

A1. 학생의 답변을 유도하는 효과적인 방법

교사의 발문은 단순한 질문을 넘어서 학생과의 관계 형성에 깊은 영향을 미치는 교육적 도구입니다. 발문의 방식과 목적에 따라 학생의 참여도, 사고력, 그리고 교사에 대한 신뢰감이 크게 달라질 수 있어요. 그러나 교사가 질문을 던졌을 때 교실이 조용해지는 순간, 교사는 고민에 빠지게 됩니다. 학생들이 답변에 참여할 수 있는 효과적인 방법을 제안해 봅니다.

첫째, 학생에게 선택권 주기입니다. 교사는 먼저 "이 내용을 발표할 수 있는 사람?"이라고 질문한 뒤, 손을 든 학생 중 한 명을 선택하여 발표시킵니다. 손드는 학생이 소수여도 발표를 강요하기보다는 자발적인 참여를 존중합니다. 만약 아무도 손을 들지 않았다면, 교사가 부연 설명을 통해 자연스럽게 다음 단계로 넘어갑니다. 이러한 접근은 학생에게 선택권을 주고, 교실 분위기를 보다 안전하고 개방적으로 만듭니다.

둘째, 학생이 답변하지 않는 이유 이해하기입니다. 학생들이 발표를 꺼리는 이유는 단순히 질문이 어려워서가 아닙니다. 다수의 학생들은 수업 시간에 학습 내용을 처음 접하게 되죠. 예습하지 않은 상태에서 질문을 받으면 당연히 답변이 어렵습니다. 따라서 교사는 수업 중에 학습한 내용을 기반으로, 질문의 난이도는 하에서 상으로, 점진적으로 수준을 높이는 질문을 하는 것이 효과적입니다.

셋째, 교사는 질문을 위한 사전 준비를 합니다. 교사가 수업 전에 '상상 수업'을 진행하며 학생들이 어떤 반응을 보일지, 어떤 질문이 적절할지 고민해 보는 것입니다. 그에 대한 다양한 학생 반응을 시뮬레이션해 보면 실제 수업에서 훨씬 유연하게 대응할 수 있습니다.

학생의 답변을 끌어내는 것은 단순한 기술이 아니라 학생의 마음을 여는 과정입니다. 교사는 그 마음의 문이 열릴 수 있도록 기다려주는 배려가 필요합니다. 학생이 "나도 말할 수 있어요."라고 느낄 수 있도록, 교사의 질문은 언제나 따뜻하고 열린 마음에서 출발하면 좋겠습니다.

A2. 협동학습에서 참여도를 높이는 전략

협동학습은 교사의 수업 전략이 필요합니다. 학생들이 '함께 한다'는 의미를 진정으로 느끼고, 각자의 역할과 책임을 인식할 수 있도록 수업을 설계해야 해요. 예를 들면, 발표자, 기록자, 자료 수집자, 시간 관리자 등의 역할을 부여합니다. 구체적 역할이 부여되면 책임감이 생깁니다. 역할은 순환시키면 다양한 경험을 할 수 있습니다.

개인 과제와 모둠 과제를 병행합니다. 협동학습은 집단의 성공이 개인의 노력에 달려 있다는 구조가 중요합니다. 개별 과제를 통해 학생은 자신의 기여가 중요하다는 것을 인식하며, 자신도 공동체의 구성원이라는 것을 인식하면서 무임승차를 줄일 수 있습니다.

교사의 실시간 관찰과 피드백도 필수입니다. 교사는 수업 중에 모둠을 순회하며 참여 태도를 관찰하고 메모합니다. 필요하다면 사진이나 동영상 기록을 남겨 평가 근거로 활용할 수 있습니다. 이때 '지금 집중하고 있는 학생'을 칭찬하는 언어를 자주 사용하면 다른 학생들도 긍정적으로 참여하게 됩니다.

흥미 있는 과제를 설계하는 것이 중요합니다. 학생들이 몰입할 수 있는 주제나 문제를 제시하면 자발적인 참여가 늘어납니다. 실생활의 삶과 연결된 프로젝트, 창의적 해결이 필요한 과제 등이 좋습니다.

협동학습에서 교사는 학생들이 안정된 분위기를 조성하고, 조화롭게 문제를 해결할 수 있도록 질문으로 사고를 촉진하며, 관찰과 피드백으로 학생의 참여를 유도합니다.

A3. 프로젝트 수업에서 학생 선택권과 과정 중심 평가

프로젝트 수업의 몰입도와 효과는 학생이 주도권을 가지고 있는지 여부에 따라 크게 달라집니다. 교사가 모든 과정을 설계해 주는 구조에서는 학생이 '수행자'에 머물지만, 주제와 진행 방식을 학생이 선택하게 하면 탐구 의욕이 높아집니다. 다만 주제 선택의 자유가 무질서로 이어지지 않도록 평가 기준을 사전 제시하는 것이 중요합니다.

과정 중심 평가를 도입하면 일부 학생에게 의존하는 구조를 완화할 수 있습니다. 프로젝트를 시작할 때부터 중간 점검, 최종 발표까지 전 과정을 점수에 반영하는 것입니다. 단계별 제출물(계획서→초안→수정본→최종)을 받고 단계별 피드백을 제공하면, 학생들은 '마지막 발표'만 잘하면 된다고 생각하지 않고 지속하여 참여하게 됩니다.

또한, 역할 분담 후 상호 평가를 필수 요소로 포함하여 기여도 차이를 줄일 수 있습니다. 모둠원 간 상호 평가에서 '시간 준수', '아이디어 제안 빈도', '자료 조사 충실도' 등을 평가하게 하여, 결과물 외에 '과정에서의 성실성'이 반영되도록 합니다.

프로젝트 활동에서 발표 방식의 다양화도 중요합니다. 반드시 PPT 발표만 하는 것이 아니라, 영상 제작, 실물 모형 제작, 포스터 세션, 공개 부스 운영 등 다양한 방식 중 선택하게 하면 학생 개개인의 강점을 살릴 수 있고, 다른 학생들에게도 신선한 자극을 줍니다.

마지막으로 프로젝트 종료 직후에 성찰 활동을 포함하는 것이 좋습니다. 학생들이 '이번 프로젝트에서 배운 점'과 '다음에 보완할 점'을 적게 하거나, 과제 수행의 과정을 성찰 발표하면, 경험이 단순 과제로 소모되지 않고 다음 학습의 발판이 됩니다.

A4. 활동 중심 수업의 체계적 운영과 효과적 피드백

활동 중심 수업은 자칫 '산만하고 효율이 낮다.'는 비판을 받을 수 있습니다. 이를 방지하려면 명확한 목표, 단계별 구조와 시간제한을 갖춘 운영이 필요합니다. 모든 활동은 시작 전에 활동 목표, 시간, 산출물 형태를 안내하며, 모델이 되는 예시를 보여 주면 학생들이 빠르게 집중할 수 있습니다.

진행 중에는 교사의 순회 관찰과 즉각 피드백이 이루어져야 합니다. 학생들이 활동 도중 길을 잃거나 잡담으로 흐르면 개입하여 방향을 잡아주는 것이 중요합니다. 피드백은 지시보다 제안 형식이 효과적입니다.

자기평가와 동료 평가를 반영하여 활동 집중도를 높입니다. 매 활동 종료 후 2~3분 동안 자신과 팀원의 기여도를 간단히 기록하게 하면, 학생들은 타인의 평가에 신경 쓰게 되고, 이는 자연스러운 참여 유도로 이어집니다.

활동 후에는 반드시 구체적인 피드백을 제공합니다. 피드백은 강점과 개선점을 균형 있게 담고, 가능한 한 행동·성과 중심으로 작성합니다. '발표 시 목소리가 작음'보다 '앞줄에서도 잘 들리지 않아 설득력이 떨어짐, 발음을 또렷하게 하고 시선은 좌우로 분산'처럼 구체적으로 제시하면 학생이 스스로 개선 행동을 예측할 수 있습니다.

또한, 피드백의 활용 구조를 교사와 학생이 함께 설계하면 좋습니다. 다음 활동에서 이전 피드백을 반영하도록 과제를 부여하거나, 피드백 체크리스트를 만들어 학생이 스스로 반영 여부를 표시하게 합니다. 이렇게 하면 피드백이 '받고 끝나는 정보'가 아니라 '다음 성장을 위한 가이드'가 됩니다.

Q8. 수업에 자신이 없어져요.

> 저는 고등학교 교사로 3년 차를 맞이하며, 최근 수업에 대해 깊은 고민을 하고 있습니다. 발령 초기 1~2년 차에는 학생들이 수업을 즐기고 적극적으로 참여하는 모습이 많았지만, 요즘은 수업 중 졸고 있는 학생들이 늘고 방과 후 수업 신청자도 줄어들면서 '내가 과연 수업을 잘하고 있는 걸까?' 하는 의문이 들곤 합니다. 수업이 끝난 뒤에는 답답함과 우울함이 밀려와 자책하는 마음이 반복되기도 합니다. 동료 교사에게 수업 참관을 부탁하고 싶지만 모두 바쁜 일정 속에 여유가 없어 쉽지 않고, 혼자서 수업을 되돌아보며 개선점을 찾는 것도 막막하게 느껴집니다. 이런 상황에서 스스로 수업을 점검하고, 교사로서의 역량을 키워나갈 수 있는 구체적이고 효과적인 방법이 있다면 알고 싶습니다.

A1. 자기 성찰과 '수업 일지' 활용으로 수업 점검을 체계화하기

수업에 대한 만족감이 낮아지고 학생들의 참여가 줄어들 때, 가장 먼저 시도해 볼 수 있는 방법은 '정기적인 수업 자기 진단'입니다. 바쁜 학교 현장에서 혼자 수업을 점검하는 일이 쉽지는 않지만, 자신만의 루틴을 만들어 꾸준히 실천하다 보면 생각보다 큰 변화를 경험할 수 있습니다.

그 핵심은 '수업 경험을 구체적으로 기록하는 습관'을 들이는 데 있습니다. 매 수업이 끝난 뒤 또는 하루를 마무리하며 짧은 메모 형식의 수업 일지를 작성해 보세요. 일지에는 다음 네 가지 항목을 빠짐없이 담는 것이 좋습니다:

(1) 오늘 수업의 목표와 실제 진행 상황
(2) 학생들의 반응(집중도, 참여도, 질문 유도, 졸음 등 구체적인 관찰 등)
(3) 수업 중 스스로 뿌듯했던 부분과 아쉬웠던 점
(4) 즉각 떠오른 개선 아이디어

매일 5분 정도를 투자하여 기록이 쌓이면 막연한 자책이 아닌, 근거 있는 문제 인식과 패턴 분석으로 이어져 강력한 성장의 도구가 됩니다.

또한, 학기 중 일정한 간격(예: 2주 또는 월 1회)으로 '수업 목표 점검표'를 만들어 체크리스트처럼 활용하는 것도 도움이 됩니다. 체크리스트 항목은 예를 들어, '학생 참여 유도 방식의 다양성', '질문을 이끌어낸 시도 여부', '피드백 제공 빈도', '수업 흐름의 안정성', '학생 수준에 맞춘 설명 여부' 등 본인이 중요하게 생각하는 요소들로 구성해 보세요. 눈에 띄는 개선점이 발견되면, 다음 수업에서 그 중 한 가지라도 바꿔보는 작은 실험을 해보는 것이 효과적입니다.

혼자 피드백을 만드는 일이 막막하게 느껴질 때는 우수 수업 사례나 공개된 수업 관찰표, 교원 연수자료에 포함된 체크리스트를 참고해 응용해 보는 것도 좋은 방법입니다. 익명이 보장된 온라인 교사 커뮤니티에서 다른 교사들의 수업 기록 사례를 살펴보며 자신에게 맞는 피드백 방식이나 기록 양식을 찾아보는 것도 큰 도움이 됩니다. 이러한 정리와 점검 과정을 반복하다 보면, 슬럼프 속에서도 수업을 냉정하고 효과적으로 되돌아볼 수 있는 힘을 얻게 되고, 교사로서 점진적인 성장을 이어갈 수 있습니다.

A2. 학생 의견과 참여 데이터를 활용한 '현장 진단'

혼자 수업을 점검하다 보면 자칫 '학생의 입장'이나 '실제 수업 분위기'를 놓치기 쉽습니다. 객관적인 피드백을 얻기 어려운 상황에서는 학생들의 직접적인 의견과 참여 데이터를 활용하는 것이 가장 신뢰도 높은 방법이 될 수 있습니다.

먼저 학생을 대상으로 한 '익명 자유 피드백'을 정기적으로 도입해 보세요. 미니 설문, 한 줄 감상, 포스트잇 의견 게시 등 간단한 방식으로 진행할 수 있습니다. 모든 학생이 솔직하게 작성하지는 않더라도 반복하다 보면 지나치기 쉬운 수업의 문제점이나 학생들의 관심도 변화, 숨겨진 학습 어려움을 발견할 수 있습니다.

또한, 수업 참여 데이터를 정리해보는 것도 좋은 방법입니다. 질문 빈도, 과제 제출률, 방과 후 수업 신청률, 졸고 있는 학생 수 등 다양한 지표를 표나 그래프로 시각화해 보세요. 단순한 수치보다 '변화의 흐름'에 주목하는 것이 중요합니다.

학생들의 의견이나 참여 데이터에서 반복적으로 등장하는 키워드(예: 지루함, 속도가 빠르다/느리다, 활동이 부족하다, 설명이 어렵다 등)를 따로 모아보는 것도 도움이 됩니다. 이 중 하나를 골라 활동 중심 수업, 짧은 영상 활용, 게임형 과제 등 작지만 의미 있는 변화를 시도해 보세요. 그리고 그 결과를 학생들과 공유한 뒤 다시 피드백을 받으면, 학생들은 '수업 변화에 직접 참여했다.'는 만족감을 느끼고, 교사도 현실적인 개선 방향을 점차 확보해 나갈 수 있습니다.

A3. 자기 성장 루틴과 교사 네트워크 활용

동료 교사의 참관이 어렵고 외부 조언을 얻기 힘든 상황에서도 교사가 스스로 전문성을 꾸준히 키워나갈 방법은 다양합니다.

첫 번째로 추천하는 방법은 '마이크로 러닝(micro learning)' 또는 '짧은 주제별 자기 연수 루틴'을 만드는 것입니다. 하루 10분, 일주일 1시간 정도의 짧은 시간을 활용해 교육과정 해설, 교수법 관련 유튜브 영상, 교사 전문 서적, 교육 기사 등을 하나씩 읽고 간단한 정리 노트를 남겨 보세요. 이렇게 쌓인 작은 학습 경험을 수업 일지와 연결해 보면 자연스럽게 나만의 교수법 성장 지도가 만들어집니다.

두 번째는 온라인 교사 네트워크를 적극적으로 활용하는 것입니다. 직접 만나기 어려운 상황이라도 교육청 연수, 에듀넷, 수업 전문 커뮤니티 등에 참여하면 원격으로 피드백을 주고받거나 과제를 공유하고, 수업 사례를 교환하는 일이 훨씬 수월해집니다. 같은 고민을 가진 전국의 교사들과 슬럼프 극복 경험 등을 나누다 보면 '혼자가 아니다'라는 심리적 안정감과 함께 전문성 향상도 함께 이루어질 수 있습니다.

마지막으로 구체적인 단기 목표를 세워 실천해 보는 것도 큰 도움이 됩니다. 예를 들어, '이번 학기에는 단원별 질문식 수업을 도입해 보기', '한 학기 동안 수업 전문서 한 권 읽기', '과정 중심 피드백 루브릭 만들기' 같은 목표를 설정하고, 그 결과를 학생이나 동료, 커뮤니티에 공유하는 실행 과정을 도입해 보세요. 실천 중 생긴 어려움이나 부족했던 부분은 기록으로 남겨두고, 시도한 변화와 그 결과를 학기 말에 성찰 노트로 정리하면 다음 학기 수업의 질이 눈에 띄게 향상될 수 있습니다.

평 가

Q1. 표절 없는 수행평가, 어떻게 하면 될까요?

> 저는 고등학교 1학년 영어 교사입니다. 최근 수행평가로 '내가 소개하고 싶은 인물'이라는 주제로 프레젠테이션을 하게 했는데, 다수 학생이 인터넷 자료를 그대로 옮기거나 유튜브 영상 대사를 거의 그대로 베껴 오는 문제가 발생했습니다. 표절이 일어난 부분을 지적하면 학생은 억울해하거나 당황해하고, 저는 평가의 공정성뿐만 아니라 과제의 의미 자체가 흐려지는 것 같아 속상합니다.
> 이런 경우 어떻게 과제 설계를 바꾸고, 평가 기준을 안내해야 할까요?

A1. 과제 설계 방식과 평가 기준 안내 개선

고등학교 1학년 영어 수행평가에서 표절 상황이 반복되는 경우, 해결의 핵심은 과제 설계 방식과 평가 기준 안내를 구조적으로 개선하는 것입니다.

첫째, 과제의 초점을 단순 정보 전달이 아닌 학생의 해석과 창의적 재구성에 두어야 합니다. '내가 소개하고 싶은 인물'이 과제라면, 인물의 생애와 업적을 나열하는 대신 '이 인물의 어떤 점이 나의 가치관과 연결되는가?', '오늘날 우리 사회에 던지는 메시지는 무엇인가?'처럼 개인적 관점과 해석이 필수적으로 들어가도록 지시합니다. 또한 '가상 인터뷰', '인물의 시점으로 쓰기' 등 변형된 형식을 활용하면 그대로 베끼는 것을 줄일 수 있습니다.

둘째, 과제 수행 과정을 단계화합니다. 주제 선정 이유서, 발표 구성안, 최종 자료를 순차적으로 제출하게 하고, 중간 점검에서 출처와 표현을 확인합니다.

셋째, 평가 기준에서 '창의성·독창성' 비중을 높이고, '출처 표기'와 '자기 의견 비율' 등을 명확히 안내합니다. 이를 통해 학생이 복사·붙여넣기만 해서는 높은 점수를 받을 수 없음을 직관적으로 알게 합니다.

넷째, 표절에 대한 인식 교육이 필요합니다. 수업 중 간단한 사례를 들어, 인터넷 문장이나 영상 대사 무단 사용도 표절임을 설명하고, URL·저자·연도 정도의 간단한 출처 표기법을 안내합니다. 마지막으로 표절 지적 시 "이 부분은 ○○ 자료와 동일합니다."처럼 구체적 사실로 설명하고, 루브릭에 따른 감점 이유를 명확히 제시해 학생이 억울함을 느끼지 않도록 합니다.

A2. 자료 무단 사용에 대한 표절 예방 교육 실시

표절에 대한 인식 교육은 단순히 규칙 위반을 막는 차원을 넘어 학생이 학문적 정직성과 창작 윤리를 내면화하도록 돕는 중요한 교육과정입니다. 이를 위해서는 표절의 개념과 유형, 문제점, 예방 방법을 체계적으로 안내하고, 학생 스스로 성찰과 실천을 병행하도록 해야 합니다.

첫째, 표절의 개념과 유형을 명확히 이해시킵니다. 단순 복사·붙여넣기뿐 아니라 문장 일부 변형, 번역 후 무출처 사용, 이미지·영상 무단 활용 등도 표절에 해당함을 사례와 함께 구체적으로 설명합니다. 이를 통해 학생이 '어디까지가 표절인지' 경계를 분명히 인식하게 합니다.

둘째, 표절이 학문과 사회에 미치는 부정적 영향을 다룹니다. 창작자의 권리 침해, 학습 기회의 상실, 신뢰도 하락 등 장기적 결과를 이해시켜 학생이 표절을 단순한 처벌 사안이 아닌 윤리적 문제로 인식하도록 합니다.

셋째, 올바른 자료 활용법과 인용·출처 표기 방법을 실습합니다. 기본 인용 형식을 간단히 소개하고, 실제 과제에 적용해 보는 시간을 갖습니다. 글뿐 아니라 사진, 영상, 음악 등 다양한 매체의 저작권 표기 방법도 안내합니다.

넷째, 표절 없는 창작 경험을 제공합니다. 자신의 생각을 구조화하는 방법, 메모·초안 작성법, 아이디어 발전 과정 기록 등 창작의 전 단계를 실습하여 '자신의 언어로 표현하는 것'의 가치를 체득하게 합니다.

다섯째, 토론과 피드백을 통한 윤리의식 강화를 권장합니다. 표절 사례를 놓고 토론하거나 동료 평가에서 인용 적절성·창의성을 함께 점검하게 하면 학생들은 서로의 작업을 통해 학문적 정직성을 학습하게 됩니다. 마지막으로, 교사는 표절에 대해 일관된 기준과 절차를 적용하되, 처벌보다 개선과 학습의 기회를 제공하는 태도를 유지해야 합니다. 이를 통해 학생들은 규제를 피하기 위해서가 아니라, 학습자와 창작자로서 책임감을 가지고 표절을 경계하는 태도를 기르게 됩니다.

A3. 과정 중심 평가를 실천하여 문제 해결

수행평가에서 표절을 예방하고 학생의 진정한 학습 성장을 이끌기 위해서는 결과물 중심에서 과정 중심 평가로의 전환이 필요합니다. 과정 중심 평가는 과제 준비와 완성까지의 전 단계를 세분화하여 평가에 반영하는 방식으로, 학생이 자신의 생각과 언어로 작업하도록 유도하고 표절 가능성을 줄이는 효과가 있습니다.

첫째, 과제를 시작하기 전 주제 탐색 및 자료 조사 계획서 작성을 필수화합니다. 학생이 어떤 자료를 참고할지, 어떤 방향으로 발표를 구성할지를 미리 문서화하게 하여 준비 과정을 기록하게 합니다. 이 단계에서 출처 표기와 저작권 준수 방법도 함께 안내합니다.

둘째, 초안 작성과 중간 점검을 포함합니다. 발표 원고나 슬라이드 초안을 제출받아 피드백을 주고, 수정 사항을 반영하도록 하여 단순 복제보다는 점진적 완성을 경험하게 합니다. 이를 통해 교사는 학생의 작업 과정을 파악하고 표절 가능성을 조기에 발견할 수 있습니다.

셋째, 자기평가와 동료 피드백 절차를 도입합니다. 학생이 자신의 작업에서 창의적 요소와 참고 자료 사용 여부를 점검하게 하고, 동료의 작업을 평가하며 올바른 자료 활용 습관을 학습하도록 합니다.

넷째, 루브릭에 과정 참여도와 개선 노력 비중을 높입니다. 단순히 완성도나 발표력만 평가하는 것이 아니라, 자료 조사, 초안 제출, 수정 반영, 피드백 수용 등 전 과정에서의 성실성과 주도성을 반영합니다.

마지막으로 모든 과정은 교사와 학생 간 지속적 소통 속에서 진행되어야 합니다. 수업 시간마다 진행 상황을 간단히 공유하거나 점검하는 시간을 두면 학생은 자신의 학습이 관리되고 있다는 인식을 갖게 되어 표절보다 자기 작업에 집중하게 됩니다.

이러한 과정 중심 평가 체계는 학생에게 '완성품'이 아니라 '성장 과정'이 평가의 핵심임을 인식시키고, 표절 대신 자기 언어로 표현하는 습관을 길러줄 수 있습니다.

Q2. 좋은 평가 문항을 만들기가 어려워요.

> 저는 고등학교 1학년 수학 교사입니다. 첫 지필평가 문제를 출제하는데, 교과서나 문제집을 참고하면 너무 쉬운 문제 같고, 조금 변형하면 학생들이 어려워할까 봐 고민됩니다. 적절한 난이도와 문항 구성 원칙을 정하는 것이 막막합니다. 좋은 평가 문항은 어떤 구조를 가져야 하고, 출제 시 어떤 과정을 거치는 것이 바람직할까요?

A1. 성취기준 중심의 체계적 평가 설계

평가 문항을 출제할 때 가장 먼저 생각해야 할 것은 '무엇을 평가할 것인가?'입니다. 우리는 흔히 시험을 점수 산출의 도구로만 여기지만 사실 평가는 교육과정 성취기준이 학생에게 얼마나 도달했는지를 확인하는 과정입니다. 따라서 단순히 계산 능력이나 암기 여부만 확인해서는 안 됩니다. 학생이 개념을 이해했는지, 그리고 그 개념을 어떤 사고 과정을 통해 적용할 수 있는지를 살펴보는 문항이 되어야 합니다.

특히 고등학교 1학년 수학은 중학교에서 고등학교로 넘어가는 시점에 있습니다. 이 시기의 학생들에게는 기초를 확인하는 동시에 새로운 사고의 틀을 마련해 주는 평가가 필요합니다. 예를 들어, 단항식 전개를 그대로 계산하게 하기보다는 전개 결과에서 특정 항의 계수를 찾거나 실제 상황에 연결하는 문제가 더 적절합니다. 이는 단순한 계산 연습이 아니라 수학적 개념의 의미를 이해하는지를 확인하는 평가가 됩니다.

문항의 난이도는 하·중·상을 적절히 배합하는 것이 중요합니다. 저는 보통 하 수준을 30%, 중 수준을 40%, 상 수준을 30% 정도로 유지하려고 합니다. 하 수준은 기본 개념과 정의 확인, 중 수준은 개념 응용과 절차적 사고, 상 수준은 새로운 문제 상황에 대응하는 능력을 측정합니다. 이렇게 하면 모든 학생이 기본적인 문제를 통해 자신감을 얻고, 일정 수준 이상의 학생은 중간 난이도 문제로 성취감을 느끼며, 상위권 학생은 도전적 문제를 통해 사고를 확장할 수 있습니다.

출제 과정에서는 성취기준과 문항이 어떻게 연결되는지를 먼저 정리하는 것이 필요합니다. 성취기준-문항 매트릭스를 작성하면 특정 단원이나 영역이 지나치게 강조되거나 빠지는 것을 예방할 수 있습니다. 이후에는 예비 문항을 여러 개 만들고, 직접 시간을 재면서 풀어 보거나 동료 교사와 협의하는 과정을 거칩니다. 이때 불필요하게 복잡한 계산이나 지엽적인 지식에 의존한 문제는 과감히 버리는 것이 바람직합니다.

좋은 평가는 결국 수업과 분리된 것이 아니라 교사가 수업에서 강조했던 사고 과정이나 학습 경험이 그대로 녹아 있는 문제입니다. 학생이 시험지를 풀면서 "아, 이건 선생님이 수업에서 강조하던 부분이구나." 하고 떠올릴 수 있다면 이미 성공적인 평가라 할 수 있습니다.

A2. 학생 경험을 반영한 난이도 조절과 맥락화

후배 교사들이 가장 많이 고민하는 부분은 문항 난이도입니다. 너무 쉽게 출제하면 학생들의 학습 의욕이 떨어지고, 반대로 지나치게 어렵게 출제하면 좌절감이 커집니다. 따라서 학생들이 실제로 체감하는 난이도를 잘 조절하는 것이 중요합니다.

이때 효과적인 방법 중 하나가 '맥락화'입니다. 학생들이 실제로 경험할 만한 상황 속에 수학 문제를 녹여내는 것입니다. 단순히 이차방정식을 풀게 하기보다는 학교 축제 부스 배치 문제나 동아리 인원 조정 문제 속에서 이차방정식이 자연스럽게 등장하도록 만드는 것입니다. 학생들은 이렇게 맥락화된 문제를 만나면 '이 수학이 왜 필요한지'를 쉽게 이해하고, 문제 해결에도 더 적극적으로 참여합니다.

난이도 조절은 풀이 과정의 단계 수로도 가능합니다. 같은 성취기준을 반영하더라도 기본 문제는 1~2단계 절차로 해결되도록 하고, 심화 문제는 3~4단계 과정을 거쳐야 풀리도록 설계할 수 있습니다. 이렇게 하면 단순히 계산량을 늘려 난이도를 높이는 것이 아니라 사고의 깊이를 요구하는 방식으로 조정할 수 있습니다. 중요한 것은 불필요한 복잡성을 피하는 것입니다. 문제 해결 과정을 통해 사고를 평가해야지 단순한 연산 능력을 시험해서는 안 됩니다.

또한, 좋은 문제는 학생에게 피드백 기능을 제공합니다. 중간 단계에서 선택지를 주어 부분적으로 이해를 점검하게 하거나, 풀이 과정 속의 오류를 찾도록 하는 문항은 학생들이 시험 자체를 학습 과정으로 경험하게 합니다. 평가를 단순히 점수 산출이 아니라 자기 성찰의 기회로 인식하게 만드는 것이지요.

이 과정에서 동료 교사와 협업하는 것도 매우 중요합니다. 함께 문제를 검토하고, 직접 풀어 보면서 예상 소요 시간을 확인하면 학생의 실제 경험과 가까운 평가가 만들어집니다. 협업은 출제자의 의도와 학생의 실제 경험 사이에 존재하는 간극을 줄이는 가장 좋은 방법입니다. 결국, 학생의 실제 경험을 반영해 맥락화하고, 단계적 난이도 조절과 피드백 기능을 담은 문제를 출제하는 것이 바람직합니다. 이를 통해 시험은 학생들에게 도전과 성취, 성찰을 모두 경험하게 하는 과정이 됩니다.

A3. 수업과 평가의 일체화, 출제자의 전문성

문항 출제는 단순한 기술이 아니라 교사의 수업 철학을 드러내는 작업입니다. 어떤 교사는 수업에서 개념 간 연결을 강조하고, 어떤 교사는 정의와 증명의 엄밀성을 중시합니다. 평가 문항은 이런 철학을 그대로 반영해야 합니다. 수업에서 강조하지 않았던 방식으로 문제를 내면 학생들은 시험을 '낯선 벽'으로 느끼게 됩니다. 반대로 수업에서 다룬 사고 과정과 자연스럽게 이어지는 문항을 만나면 시험은 수업의 연장으로 경험됩니다.

출제 과정은 네 단계로 생각할 수 있습니다. 먼저 성취기준을 분석하여 이번 시험에서 반드시 평가해야 할 개념과 기능을 도출합니다. 다음으로 기본 지식 확인에서 응용, 고차적 사고로 이어지는 계열성을 고려해 문항을 설계합니다. 이후 직접 시간을 재면서 풀어 보고 불필요한 난관을 수정하는 검토 과정을 거칩니다. 마지막으로 학생의 입장에서 시험지를 풀어 보면서 실제 시험장에서의 체감을 예측합니다. 이 네 단계는 평가의 질을 담보하는 기본 절차입니다. 좋은 평가에는 서술형 문항이 일정 부분 포함되어야 합니다. 단답형과 객관식만으로는 학생의 사고 과정을 확인하기 어렵습니다. 서술형은 학생이 자신의 풀이 과정을 정리하게 하고, 교사가 학생의 이해와 오해를 동시에 파악하게 합니다. 단순히 정답을 맞히는 것보다 훨씬 풍부한 학습 효과를 가져옵니다.

좋은 평가는 수업의 연장이면서 동시에 새로운 학습의 출발점입니다. 시험지를 통해 학생은 자신의 학습 상태를 돌아보고, 교사는 그 결과를 바탕으로 다음 수업을 준비합니다. 이렇게 수업과 평가가 선순환 구조를 이루어야 교육의 본래 목적이 실현됩니다. 출제자는 문항을 통해 자신의 수업 철학을 드러내고, 학생에게는 도전과 성찰의 기회를, 교사 자신에게는 수업을 반성할 자료를 제공해야 합니다. 이것이 수석교사로서 후배 교사들에게 꼭 전하고 싶은 메시지입니다.

Q3. 수행평가의 공정성과 신뢰성을 높이는 방법이 있을까요?

> 저는 교직 경력 3년 차의 교사로, 수행평가의 공정성과 신뢰성을 높이는 방법에 대해 고민하고 있습니다. 최근 발표·팀 활동 형태의 수행평가를 진행했는데, 평가 기준이 모호하다는 학생과 학부모의 민원을 받았습니다. 특히 팀 활동에서 기여도가 낮은 학생이 다른 구성원과 비슷한 점수를 받는 등 주관적인 요소가 많아, 공정성을 의심할 수 있는 상황이 발생했습니다.
>
> 앞으로 발표나 서술형처럼 정량화가 어려운 수행평가에서 평가 결과에 대한 이의 제기를 최소화하고, 학생·학부모 모두가 납득할 수 있는 명확하고 신뢰할 수 있는 평가 기준을 마련하고 싶습니다. 실제 현장에서 적용 가능한 구체적인 사례나 팁이 필요합니다.

A1. 명확한 평가 루브릭 작성

수행평가에서 공정성과 신뢰성을 확보하기 위해서는 무엇보다 명확한 평가 루브릭을 사전에 마련하고 이를 학생과 학부모에게 충분히 안내하는 것이 핵심입니다. 루브릭은 '평가 항목', '세부 기준', '점수 구간'을 구체적으로 제시해 주관적 해석의 여지를 최소화해야 합니다. 예를 들어, 발표 평가라면 내용의 정확성(자료 조사·사실성), 논리 전개(서론-본론-결론 구조, 연결성), 표현력(목소리 크기, 발음, 시선 처리), 태도(시간 준수, 경청 태도) 등 세부 항목을 설정하고, 각 항목을 우수·보통·미흡과 같이 3~4단계로 나눠 각각의 기준을 구체적으로 기술합니다. 팀 활동의 경우 개별 기여도를 반영할 수도 있습니다. 이를 위해 사전·사후 활동 보고서, 팀원 간 상호평가, 교사의 관찰 기록을 종합하여 반영하면 기여도가 낮은 학생이 동일 점수를 받는 문제를 방지할 수 있습니다. 또한, 평가 전 학생들에게 루브릭을 충분히 설명하고, 평가 예시를 제시해 '기준에 따른 평가'라는 인식을 공유해야 합니다.

평가 후에도 피드백 기록지를 제공해 학생이 점수의 근거를 이해하도록 돕고, 이 과정을 통해 학부모의 이의 제기 가능성을 낮출 수 있습니다. 명확한 루브릭은 단순히 채점 도구가 아니라, 학생의 자기 성찰과 학습 방향 제시에 기여하는 '학습 도구'가 된다는 점에서 교육적 효과도 큽니다.

A2. 과정 중심 평가와 다원적 평가를 결합해서 실시

수행평가의 공정성 문제는 종종 '결과 한 번으로 모든 점수를 매기는 방식'에서 비롯됩니다. 이를 보완하려면 과정 중심 평가와 다원적 평가를 결합하는 전략이 효과적입니다. 예를 들어, 발표나 프로젝트형 과제라면 최종 발표일뿐 아니라 중간 점검(자료 조사 진척도, 초안 작성 상태)과 준비 과정(회의 참여도, 역할 수행 기록)을 점수에 반영합니다. 이렇게 하면 특정 학생이 마지막 순간에만 형식적으로 참여하고도 동일 점수를 받는 문제를 줄일 수 있습니다.

또한, 교사 한 명이 모든 점수를 매기기보다, 가능하다면 다수의 평가자를 활용하는 방법도 있습니다. 교사 공동 평가, 동료 평가, 자기 평가 등을 일부 반영하면 점수의 객관성이 강화됩니다. 이 과정에서 중요한 것은 평가자의 시각 차이를 줄이기 위한 평가자 훈련입니다. 채점 전 루브릭을 함께 검토하고 시범 과제를 채점해 '기준 맞추기'를 하면 평가의 일관성이 높아집니다. 학생·학부모에게는 '단일한 교사의 주관'이 아니라 '다수의 관점이 반영된 점수'라는 점이 신뢰를 줍니다.

결과적으로 평가가 한 번의 발표나 제출물로 끝나지 않고, 준비부터 발표까지의 전 과정을 기록·점수화하는 구조가 되면, 학생은 과정에 더 성실히 임하고, 교사는 공정성 논란을 최소화할 수 있습니다.

A3. 피드백 중심의 평가 운영과 동료 교사와의 협의가 필수

평가 기준을 아무리 정밀하게 만들어도, 학생과 학부모가 이해하지 못하거나 납득하지 못하는 경우에는 불신이 생길 수 있습니다. 이를 예방하려면 피드백 중심의 평가 운영과 동료 교사와의 협의 문화가 필수입니다.

첫째, 평가 전·중·후에 걸쳐 소통 과정을 강화해야 합니다. 평가 전에는 기준과 예시를 설명하고, 평가 중에는 중간 피드백을 제공하며, 평가 후에는 점수와 함께 구체적인 피드백(잘한 점·개선점)을 문서화해 제공합니다. 이때 '몇 점'보다 '왜 그 점수인지'를 설명하는 것이 핵심입니다.

둘째, 교사 혼자 평가 구조를 설계하지 말고 동료 교사와의 사전 협의를 통해 기준을 점검받는 것이 좋습니다. 같은 교과나 유사 유형의 수행평가 경험이 있는 교사와 기준의 모호함, 채점 단계의 불일치 가능성을 미리 검토하면 실수를 줄일 수 있습니다.

셋째, 사후에도 동료와 채점 결과를 검토하고, 필요시 점수 조정이나 기준 수정안을 마련하면 다음 학기에 더 완성도 높은 평가를 할 수 있습니다. 이렇게 협의·검토 과정을 거쳤음을 학생·학부모에게 투명하게 안내하면, '혼자 결정한 점수'가 아니라 '공동 검증을 거친 점수'라는 인식을 심어줄 수 있습니다. 나아가 학기 중에 수행평가의 일부를 형성평가 성격으로 운영해, 점수가 아니라 성장을 위한 기회라는 메시지를 주면 학생·학부모 모두 평가를 부담이 아닌 학습 과정의 일부로 받아들이게 됩니다

Q4. 과도한 수행평가에 힘들어하는 학생들이 안쓰러워요.

> 저희 학교는 프로젝트 평가의 일환으로 4월, 5월, 6월 3회차에 걸쳐 수행평가를 실시합니다. 각각 5점 만점으로 총 15점 만점인 수행평가입니다. 학기 초에 선생님들과 협의하여 각 회차별로 5단계 루브릭을 만들고, 각각의 평가 근거도 명확하게 만들었습니다. 그런데 교직 경력이 점점 쌓이면서 '과연 이것이 올바른 수행평가인가?'라는 회의감이 듭니다. 방법은 같고 내용(3개 단원)만 다른 똑같은 평가를 왜 세 번이나 실시하는 것일까? 과도한 수행평가에 힘들어하는 학생들을 보면 마음이 아픕니다.

A1. 회차별로 목표와 역량을 명확하게 정하기

현재의 3회차 수행평가가 단원만 다를 뿐 방식이 유사하다면 학생들은 이를 단순 반복으로 인식할 수 있고, 교사는 학습 효과에 의문을 가질 수 있습니다. 이런 상황을 개선하려면 각 회차의 평가 목표와 역량을 명확히 구분해야 합니다.

예를 들어, 1회차(4월)는 '기초 자료 조사와 기획 능력'을 평가하고, 2회차(5월)는 '협업과 심화 분석 능력', 3회차(6월)는 '최종 결과물의 완성도와 자기 성찰'을 평가하는 식입니다. 이렇게 하면 세 번의 평가가 단순히 주제를 바꾼 반복 과제가 아니라, 학생의 성장 경로를 따라가며 점진적으로 심화되는 구조가 됩니다.

또한, 형식에도 변화를 주어야 합니다. 예를 들어, 1회차는 포스터 제작과 간단 발표, 2회차는 토론과 자료 분석, 3회차는 최종 보고서와 종합 발표로 구성하면, 학생들이 다양한 형태의 의사소통 능력을 발휘할 수 있습니다. 이렇게 회차별로 기능과 형식을 달리하면 학생 부담은 유지하더라도 평가가 주는 학습 경험이 다채로워지고, 교사는 각 평가에서 측정하고자 하는 역량을 보다 선명하게 확인할 수 있습니다.

A2. 횟수 축소와 과정 평가 비중 확대하기

지금처럼 3회차에 걸쳐 총 15점 만점의 평가를 진행하면 학생들은 학기 내내 수행평가 준비에 시달리고, 교사는 평가와 채점 부담이 커집니다. 이러한 부담을 줄이기 위해서는 평가 횟수를 줄이고 과정 평가를 강화하는 방식이 효과적입니다. 1회차는 형성평가 성격으로 가볍게 운영해 학생들이 과제에 익숙해지도록 하고, 2회차와 3회차에서 실질적 성취를 평가하면 부담은 줄고 완성도는 높아집니다. 과정 점수를 반영하면 학생들은 '평가'만을 목표로 하지 않고, 평소 학습 태도와 지속적인 참여에 신경 쓰게 됩니다. 교사 입장에서도 모든 회차를 대규모로 운영하지 않아도 되므로 수업 운영이 여유로워지고, 피드백 제공에 더 집중할 수 있습니다. 이와 같이 운영하면 학생의 전반적인 학습 태도와 결과물의 질을 동시에 관리할 수 있습니다.

A3. 장기 누적형 프로젝트로 통합 운영하기

반복적인 단기 과제 대신 3회의 수행평가를 하나의 장기 프로젝트로 설계하는 방법도 있습니다. 4월에는 주제를 선정하고 자료를 조사해 기획안을 발표(1차 평가)하고, 5월에는 초안을 제작해 중간 점검 발표(2차 평가), 6월에는 완성본을 발표하고 자기 평가 및 성찰 보고서를 제출(3차 평가)하는 구조입니다. 이렇게 구성하면 각 회차의 평가 점수가 프로젝트 전체 과정에 연속적으로 반영되어, 학생들이 '한 번의 완성'을 위해 세 번의 노력을 기울이게 됩니다.

이 방식의 장점은 학생이 매 회차마다 동일한 주제를 다루어서 내용의 심화와 완성도 향상이 가능하다는 점입니다. 또한, 교사는 학생의 성장 과정을 눈으로 확인할 수 있고, 중간 단계에서 충분한 피드백을 제공해 최종 결과물의 질을 높일 수 있습니다.

다만 프로젝트 주제를 선정할 때 학생들의 흥미와 난이도를 충분히 고려하고, 장기 프로젝트 특성상 중도 포기나 흥미 저하를 방지하기 위한 단계별 동기 부여가 필요합니다. 이러한 방식은 평가의 연속성과 교육적 가치를 높여, 학생과 교사 모두의 만족도를 향상시킬 수 있습니다.

Q5. 수행평가 기준을 어떻게 안내할까요?

> 저는 중학교 영어 교사로, 최근 '광고 만들기' 프로젝트 수행평가를 진행했습니다. 학생들은 영어로 특정 제품이나 서비스를 선정해 광고 대본을 작성하고, 이를 영상 또는 프레젠테이션 형식으로 제작·발표하는 과제를 수행했습니다.
>
> 사전에 평가 기준표를 제시했지만, 학생들이 어떤 요소가 높은 점수를 받는지 구체적으로 이해하지 못했고, 학부모들도 결과의 근거와 세부 피드백을 요구하며 혼란이 있었습니다. 특히 창의성·표현력·팀워크처럼 정성적 요소가 많은 평가에서는 학생의 자기평가와 교사의 평가가 크게 달라 점수 조율이 쉽지 않았습니다. 일부 학생은 자신의 기여도나 완성도를 과대평가하거나 반대로 과소평가하는 경향이 있었고, 교사는 이를 객관화하기 위해 근거 자료와 관찰 기록을 준비했으나, 사후 설명 과정에서 여전히 의문이 제기되었습니다.
>
> 이런 상황에서 학생이 평가 기준을 명확히 이해하고, 자기평가와 교사 평가가 조화를 이루도록 하려면 어떤 사전 안내, 실습, 협의 절차를 포함한 운영 방식을 적용하는 것이 좋을까요?

A1. 평가 기준의 공통 언어화

수행평가에서 가장 중요한 출발점은 평가 기준을 명확히 이해시키는 일입니다. 교사가 작성한 기준표는 종종 추상적이거나 교사의 시각에만 머물러, 학생과 학부모가 실제로 어떻게 적용되는지 체감하지 못하는 경우가 많습니다. 따라서 기준표를 단순히 배포하는 수준에서 끝내지 않고, 학생이 직접 이해할 수 있는 언어로 구체화해야 합니다.

예를 들어, '창의성'이라는 항목은 모호하게 들릴 수 있습니다. 이를 '기존 광고와 차별화되는 새로운 아이디어를 제시했는가?', '광고 주제와 연결된 독창적 시도가 있었는가?'와 같이 세부 질문으로 풀어 주면 학생이 구체적으로 무엇을 해야 하는지 알 수 있습니다. 또한, 기준표 해석 활동을 수업에 포함해 샘플 자료를 함께 평가하거나, 실제 사례를 루브릭에 적용해 보는 시간을 마련하면 학생들이 기준을 실제 맥락 속에서 이해할 수 있습니다.

또한, 자기평가 사전 실습을 활용하는 것도 효과적입니다. 간단한 예시 자료를 제시하고 학생이 평가 기준에 따라 점수를 매겨 보게 한 뒤, 교사 평가와 비교하면 자기평가와 교사평가 사이의 시각 차이를 줄일 수 있습니다. 이 과정은 학생들이 흔히 범하는 과대·과소평가 경향을 스스로 인식하게 하고, 실제 수행평가에서 자기평가와 교사평가가 조화를 이루도록 돕습니다.

평가 기준은 단순한 안내 문서가 아니라 학생과 교사가 공유하는 공통 언어로 기능해야 합니다. 교사가 이를 구체화하고 체득할 수 있는 기회를 제공할 때, 학생은 과제의 방향을 명확히 인식할 수 있고, 학부모 역시 평가 결과를 수용할 수 있는 근거를 확인하게 됩니다.

A2. 과정 중심 평가 내용의 기록

수행평가에서는 학생이 결과만을 근거로 점수를 받아들이기 어려워하는 경우가 많습니다. 학생들은 "열심히 수행 과제를 완성하여 제출했는데 왜 점수가 낮은가요?"와 같은 의문을 제기할 수 있습니다. 이때 교사가 과정에서의 참여와 기여도를 명확히 기록하지 않았다면 평가의 근거를 충분히 설명하기 어렵습니다. 따라서 수행평가에서는 과정 중심 기록을 체계적으로 남기는 운영 방식이 필요합니다.

과정 중심 기록은 수행평가의 각 단계를 구분하고, 단계별 점검을 실시하는 방식으로 이루어질 수 있습니다. 예를 들어, 대본 작성 단계에서는 아이디어의 독창성과 내용의 타당성을, 영상 초안 단계에서는 구성의 적절성과 자료 활용을, 리허설 단계에서는 발표 태도와 팀워크를 중점적으로 살펴보는 것입니다. 각 단계에서 학생이 자기 점검표를 작성하고, 교사가 간단한 피드백을 덧붙이면 학습자 스스로 자신의 학습 상황을 점검할 수 있고, 교사도 평가의 근거 자료를 확보할 수 있습니다.

특히 협업이 중요한 프로젝트형 수행평가에서는 팀워크와 개인 기여도를 기록하는 절차가 필요합니다. 모둠 활동 참여 태도, 역할 분담의 균형, 회의 과정에서의 발언이나 협력 수준 등을 간단히 기록해 두면, 사후 설명 과정에서 객관적 자료로 활용할 수 있습니다.

이러한 기록은 평가 결과를 설명할 때 중요한 역할을 합니다. 교사는 학생에게 "이 부분을 보완했더라면 더 높은 성취를 거둘 수 있었을 것이다."라는 구체적 피드백을 제공할 수 있고, '발표 장면만으로는 보이지 않는 준비 과정의 모습'을 근거로 제시할 수 있습니다. 과정 중심 기록은 단순히 채점 자료가 아니라, 학생의 학습을 지원하고 학부모와의 신뢰를 쌓는 매개가 됩니다.

따라서 수행평가는 결과만으로 충분히 설명되지 않으며, 과정 속의 관찰과 기록이 반드시 병행되어야 합니다. 작은 기록의 습관이 곧 평가의 공정성과 투명성을 보장하는 기반이 됩니다. 후배 교사들은 수행평가 운영에서 과정 기록을 중요한 원칙으로 삼아야 하며, 이를 통해 학생과 학부모 모두에게 신뢰받는 평가를 실현할 수 있습니다.

A3. 사후 협의와 성장 이야기

수행평가가 끝난 뒤에는 단순히 점수를 전달하는 것으로 마무리하지 않고, 사후 협의와 피드백을 통한 성찰 과정을 거친다면 학생들의 성장을 위해 큰 도움이 됩니다. 학생들은 자기평가와 교사평가 간의 차이를 경험할 수 있으며, 이를 조율하는 과정에서 학습의 의미를 다시 확인하게 됩니다.

가장 효과적인 방법은 자기평가표와 교사평가표를 나란히 놓고 비교하는 것입니다. 점수 차이가 큰 항목을 중심으로 학생에게 '왜 이렇게 평가했는지'를 먼저 묻고, 교사가 기록한 근거를 제시하면 학생은 자신의 판단을 교정할 수 있습니다. 이렇게 하면 점수는 단순한 결과가 아니라 학습 성찰의 출발점이 됩니다.

이 과정에서 핵심은 피드백의 구체성입니다. '잘했다.', '노력이 필요하다.'는 것과 같은 포괄적 표현은 학생에게 도움이 되지 않습니다. 대신 루브릭에 근거해 강점과 보완점을 구체적으로 짝지어 제시하는 방식이 효과적입니다. 예를 들어, "발표 태도에서 목소리 전달은 명확했으나, 시선 처리가 부족했다."라고 말하면 학생은 무엇을 유지하고 무엇을 개선해야 할지 분명히 이해할 수 있습니다.

또한, 피드백은 미래 지향적 관점을 담아야 합니다. 과거 수행의 부족함을 지적하는 데 그치지 않고, 다음 과제나 활동에서 적용할 수 있는 발전 방향을 제시해야 합니다. 예컨대 "이번에는 자료 활용이 단순했지만, 다음 발표에서는 예시 자료를 다양화하면 더 설득력이 있을 것이다."와 같이 구체적인 개선 방향을 알려 주면 학생의 학습 동기를 높일 수 있습니다.

따라서 수행평가의 사후 단계는 점수를 설명하는 절차가 아니라, 학생의 성장을 위한 다음 걸음을 안내하는 과정으로 운영되어야 합니다. 점수에 집중하던 학생도 이러한 피드백을 통해 자기 발전의 가능성을 확인하고, 교사는 평가가 학습을 확장하는 출발점이 되도록 만들어야 합니다.

Q6. '피드백'을 실제로 어떻게 하는지 모르겠어요.

> 저는 고등학교에서 근무하는 1년 차 교사입니다. 수업과 평가에서 '피드백'이 중요하다는 말을 자주 듣지만, 실제로 어떻게 해야 하는지 잘 모르겠습니다. 시험이나 수행평가 후에는 점수만 제공하는 경우가 많습니다.
>
> 하지만 학생들에게 구체적으로 잘한 점과 개선할 점을 어떻게 안내해야 할지는 여전히 과제로 남아 있습니다. 구두로 피드백을 하자니 수업 시간 내에 모든 학생에게 개별적으로 말해 줄 여유가 없고, 글로 작성하자니 시간이 너무 오래 걸립니다. 또 피드백을 해도 학생들이 이를 학습에 어떻게 활용해야 하는지 몰라 금방 잊어버리는 것 같아 허탈할 때도 있습니다.
>
> 피드백을 통해 학생이 성취를 인식하고 다음 학습으로 이어지게 하려면 어떤 방식과 절차가 효과적일까요? 또, 교사의 시간과 노력을 효율적으로 쓰면서도 효과적인 피드백을 주는 방법은 무엇일까요?

A1. 피드백은 '점수 해설'이 아니라 '다음 단계 안내'

교직 초기에는 시험이나 수행평가 후 점수를 알려주는 것을 피드백으로 여기기 쉽습니다. 그러나 진정한 피드백은 학생이 다음 학습의 방향을 인식하도록 돕는 데 있습니다. 예를 들어, 수학 시험에서 학생이 함수 문제를 틀렸다면 단순히 '계산 실수'라고 적는 것보다, '문제 풀이 전 그래프의 변화 추이를 먼저 점검하는 습관을 들이면 계산 실수를 줄일 수 있다.'와 같이 구체적인 행동 지침을 주어야 합니다.

수행평가에서도 마찬가지입니다. '발표 미흡'이라는 피드백 대신 '자료를 제시할 때 핵심 문장만 남기고 시각 자료를 더 활용하면 전달력이 좋아진다.'처럼 구체적이고 실행 가능한 방향을 제시해야 합니다. 이렇게 하면 학생은 피드백을 비판이 아니라 다음 단계의 학습 지도로 받아들입니다.

시간 절약을 위해서는 공통 피드백 문구를 미리 만들어 놓고, 거기에 개별 학생의 상황을 1~2줄 추가하는 방식을 추천합니다. 즉, 점수 설명 → 강점 확인 → 개선 방향 제시의 3단계 구조를 습관화하는 것이 핵심입니다.

A2. 효율적인 피드백을 위한 '템플릿' 활용하기

피드백이 어렵고 부담스러운 이유 중 하나는 모든 학생에게 완전히 개별화된 내용을 작성하려 하기 때문입니다. 경험상 일부 내용은 공통 피드백으로 묶고, 핵심만 개별화하는 것이 훨씬 효율적입니다.

예를 들어, 서술형 시험의 경우 '내용 이해 부족', '논리 전개 미흡', '표현 오류' 등 주요 오류 유형별로 미리 예시와 개선 방법을 작성해 둡니다. 채점 후 학생별로 해당 유형을 표시하고, 여기에 그 학생만을 위한 1~2줄의 짧은 코멘트를 덧붙입니다. 이렇게 하면 모든 학생이 공통된 학습 방향을 공유하면서도, 개별적인 상황이 반영된 피드백을 받을 수 있습니다. 이 방식은 개별성은 살리면서도 작성 시간을 크게 줄여, 피드백 부담을 완화하는 효과가 있습니다.

A3. 학생이 피드백을 활용하도록 만드는 구조 설계

아무리 좋은 피드백을 주어도, 학생이 읽기만 하고 행동으로 옮기지 않으면 효과가 없습니다. 추천하는 방법은 피드백을 활용하는 과제를 함께 부여하는 것입니다. 예를 들어, 글쓰기 과제 피드백 후에는 다음 과제 시작 전에 이전 피드백을 체크리스트로 확인하고, 해당 부분을 반영한 예시 문장을 제출하게 하는 방식입니다. 수학이나 과학 문제 풀이 피드백의 경우, 틀린 유형의 문제를 3문제 재풀이하여 제출하게 하면 피드백이 바로 연습으로 이어집니다. 또한, 피드백을 학생 스스로 기록하고 관리하게 하는 방법도 좋습니다. 피드백 노트를 만들어, 교사가 제시한 강점·개선점·다음 목표를 학생이 직접 정리하게 하거나, 모둠별로 서로의 피드백을 공유하고 논의하게 하면 학습 의지가 높아집니다.

이러한 구조를 통해 학생은 피드백을 단순히 '받는 정보'가 아니라 '학습 도구'로 인식하게 됩니다. 결국, 피드백은 주는 것에서 끝나는 것이 아니라, 학생이 그것을 쓰게 만드는 장치를 함께 설계할 때 진짜 효과가 발휘됩니다.

2. 함께 성장하는 학급 운영

Q1. 스스로 거리를 두는 학생, 어떻게 어울리게 도울까요?

> 우리 반에 한 학생이 있습니다. 급식도 거의 먹지 않고, 체험학습이나 반 단체 활동은 참여 의사를 묻기도 전에 거부합니다. 모둠 수업을 하면 조 편성조차 거부하거나 자리에 앉지 않으려 해 결국 혼자 있게 됩니다. 일부 학생들은 "쟤 원래 저래요."라며 관심을 끊었고, 그 학생은 점점 더 교실에서 고립되고 있습니다.
> 직접 다가가면 부담스러워하는 눈치고, 학급 전체 분위기에도 영향을 주고 있어 걱정입니다. 억지로 끌어들일 수도 없고, 그렇다고 계속 외롭게 둘 수도 없는 상황에서 교사로서 어떤 접근이 필요할까요?

A1. 작은 역할을 맡겨 자연스럽게 연결하기

교실에서 스스로 거리를 두고 고립되는 학생을 보면 담임 교사로서 참 안쓰럽고, 한편으로는 어떻게 도와야 할지 막막해지기도 합니다. 억지로 끌어들일 수도 없고, 그렇다고 계속 외롭게 둘 수도 없는 상황이 교사에게 큰 고민이 되지요. 하지만 작은 다리를 놓아주고, 천천히 기다려 주는 과정 속에서 분명히 변화가 찾아옵니다.

스스로 거리를 두는 학생을 교실 속에 참여시키려 할 때, 가장 조심해야 할 것은 억지로 무리에 끌어들이는 방식입니다. 모둠 활동에 강제로 배치하거나 단체 활동을 무조건 참여하도록 하면 학생은 오히려 더 위축되고, 자신이 '문제를 일으키는 아이'라는 인식을 강화하게 됩니다. 따라서 학생이 혼자서도 부담 없이 수행할 수 있으면서 반 전체와 연결감을 경험할 수 있는 작은 역할을 제안하는 것이 효과적입니다. 예를 들어 체험학습에서는 사진 촬영을 맡기고, 수업 중에는 발표 자료 정리나 교구 준비를 부탁하는 식입니다. 이는 학생이 직접 무리에 섞이지 않아도 자연스럽게 공동체의 일부로 자리 잡도록 도와줍니다.

작은 역할이 중요한 이유는 학생에게 '부담 없는 성취'를 제공하기 때문입니다. 이때 교사가 "이 친구가 이런 걸 잘했어요."라며 공개적으로 칭찬하기보다, 조용히 다가가 "고맙다, 네가 있어서 수업이 원활했어."라고 말하는 편이 훨씬 효과적입니다. 학생은 스스로 존중받고 있다고 느끼지만, 과도한 주목으로 인한 불안을 경험하지 않습니다. 이런 과정이 반복되면 학생은 '나도 반에 기여하고 있다'는 확신을 갖게 되고, 이는 자신감을 높여 또래 관계에 한 발짝 다가설 수 있는 힘이 됩니다.

결국, 교사의 목표는 단기간에 학생을 활발하게 만드는 것이 아닙니다. 오히려 혼자 있는 시간을 존중하되, 교실과의 연결을 잃지 않도록 다리를 놓아주는 것이 핵심입니다. 작은 역할 하나가 쌓이고 반복될수록 학생은 고립되지 않는 상태를 경험하며, 언젠가 스스로 무리에 들어가려는 시도를 하게 됩니다. 교사는 그 과정에서 조급해하지 않고, 학생의 속도를 존중하며 기다려 주어야 합니다.

A2. 짧고 가벼운 개별 면담으로 신뢰 쌓기

스스로 거리를 두는 학생은 대개 교사와의 관계에서도 방어적 태도를 보입니다. 따라서 교사가 진심으로 다가가려면 신뢰 형성이 무엇보다 중요합니다. 신뢰는 갑작스러운 긴 면담으로 얻어지기 어렵습니다. 오히려 쉬는 시간, 점심시간처럼 부담 없는 상황에서 짧고 가벼운 대화를 여러 번 이어가는 편이 더 효과적입니다. "요즘 힘들지 않니?", "선생님은 네가 걱정돼."와 같은 따뜻한 관심 표현은 학생의 마음을 조금씩 열게 합니다. 중요한 것은 학생을 "왜 참여하지 않니?"라고 추궁하기보다 '네 마음이 궁금하다.'라는 태도로 접근하는 것입니다.

이런 작은 대화가 누적되면 학생은 교사가 자신을 문제로 보지 않고 진심으로 이해하려 한다는 사실을 느끼게 됩니다. 동시에 학생의 흥미와 강점을 파악하려는 노력이 필요합니다. 그림, 글쓰기, 컴퓨터 등 학생이 잘하는 영역을 알아내고 그것을 학급 활동과 연결하면, 학생은 존중받고 있다는 감정을 얻게 됩니다. 이는 점차 학급 속에서 자기 존재감을 회복하게 하는 중요한 발판이 됩니다. 예를 들어 그림을 잘하는 학생에게 학급 게시판 꾸미기를 부탁하거나, 컴퓨터에 능숙한 학생에게 프레젠테이션 제작을 맡기는 방식이 있을 수 있습니다.

결국, 짧은 면담과 가벼운 대화는 단순한 대화가 아니라 '신뢰와 자존감 회복'의 통로입니다. 학생은 이러한 과정을 통해 자신이 교사에게 중요한 존재라는 사실을 깨닫게 되고, 교사는 점차 더 깊은 이야기를 나눌 수 있는 기반을 마련할 수 있습니다. 작은 대화가 반복될수록 교사와 학생 사이의 신뢰가 공고해지고, 이는 장기적으로 학생이 교실에서 스스로 더 적극적으로 움직일 수 있는 힘이 됩니다.

A3. 가정과 연계하고 학급 구조를 세심하게 설계하기

학생의 행동에는 교실 안에서 보이지 않는 가정 배경과 개인적 경험이 큰 영향을 미칩니다. 따라서 교실에서만 문제를 해결하려는 접근은 한계가 있습니다. 교사는 학부모와의 협력을 통해 학생의 성장 과정과 집에서의 생활 모습을 이해해야 합니다. 단순한 알림 차원을 넘어서 "최근 활동에 소극적인데, 집에서도 비슷한 모습이 있나요?"처럼 가볍게 묻는 것만으로도 새로운 단서를 얻을 수 있습니다. 보호자를 파트너로 인식하고 함께 해결 방안을 모색하면 학생에 대한 이해가 깊어지고, 교사와 가정이 같은 방향으로 학생을 지지할 수 있습니다.

교실 안에서는 학생이 무리와 직접 어울리지 않아도 소속감을 경험할 수 있는 구조를 마련해야 합니다. 관심사 중심의 짝 활동, 짧은 편지 쓰기, 익명 칭찬 카드, 하루 미션 등은 학생에게 부담 없이 관계 맺음을 경험하게 합니다. 소소한 학급 역할도 효과적입니다. 예를 들어 시간표 알리미, 교구 정리, 정보기기 도우미와 같은 업무는 학생이 혼자서도 감당 가능하면서 학급에 기여한다는 감각을 키울 수 있습니다. 이런 경험은 작은 성취로 이어져 자신감을 높이고, 차츰 더 넓은 활동으로 확장할 수 있는 발판이 됩니다.

무엇보다 중요한 것은 강요하지 않는 태도입니다. "이건 네가 꼭 해야 해."라는 말은 학생을 다시 위축시키지만, "혹시 네가 도와줄 수 있을까?"라는 제안은 학생에게 선택권을 줍니다. 선택권이 주어질 때 학생은 스스로 참여를 결정했다고 느끼며 자율성과 자신감을 얻게 됩니다. 교사의 세심한 구조 설계와 가정의 협력이 어우러질 때, 학생은 차츰 심리적 안전감을 회복하고 교실 공동체 안에서 자기 자리를 찾아가게 됩니다.

Q2. 산만한 학급, 어떻게 기본 분위기를 잡을까요?

> 우리 반은 수업 시간에 집중력이 매우 떨어집니다. 학생들은 자주 딴짓을 하거나 장난을 치고, 교과 선생님에게 말대꾸하거나 수업 흐름을 끊는 경우도 있습니다. 쉬는 시간에는 복도나 교실에서 큰소리를 내거나 뛰어다니며 소란을 피우고, 타 교과 선생님들께서 "이 반이 제일 산만하다."라는 말씀을 하십니다. 생활지도를 하면 그 순간은 조용해지지만, 금세 원래대로 돌아옵니다. 지시가 반복되다 보니 아이들과의 신뢰도 걱정되고, 교사로서 점점 지치고 위축됩니다. 어떻게 하는 것이 좋을까요?

A1. 명확하고 일관된 규칙 세우기

담임 교사를 맡아 아이들의 산만한 모습과 매일 씨름하다 보면 '내가 잘하고 있는 걸까?' 하는 불안과 지침이 몰려옵니다. 순간 제지는 가능하지만 금세 원래대로 돌아가 버리는 상황은 누구라도 좌절감을 느낄 수 있지요. 저 역시 같은 경험을 했던 적이 있고, "이 반이 제일 산만하다."라는 말에 마음이 무거워진 기억이 있습니다. 그래서 먼저 말씀드리고 싶은 건, 선생님의 어려움이 결코 능력 부족 때문이 아니라는 점입니다. 교실의 분위기를 잡는 일은 누구에게나 쉽지 않으며, 오히려 담임 교사의 작은 시도가 쌓여야 비로소 눈에 띄는 변화가 만들어집니다. 지금 선생님이 느끼는 고민 자체가 이미 학급을 제대로 돌보고 있다는 증거입니다.

산만한 학급을 안정시키는 첫걸음은 분명한 규칙을 세우고 그것을 일관되게 지켜내는 것입니다. 학생들이 시끄럽고 산만하게 행동하는 것은 단순히 버릇이나 성격의 문제가 아니라, 교실 안에서의 질서와 경계가 모호해졌다는 신호입니다. 따라서 담임 교사는 학기 초부터 학생들과 함께 학급 규칙을 만들고, 어떤 행동은 허용되고 어떤 행동은 용납되지 않는지를 구체적으로 제시해야 합니다. 예를 들어 '수업 시작 전 1분 안에 자리에 앉기'와 같은 간단한 규칙은 누구나 지킬 수 있고, 교사가 확인하기도 쉽습니다.

중요한 것은 규칙을 정하는 과정에 학생들이 참여하도록 하는 것입니다. 학생 스스로 정한 규칙은 강압적 지시보다 훨씬 더 잘 지켜지고, 교실에서의 책임감을 높여 줍니다.

규칙을 지킬 때는 즉시 긍정적 피드백을 주고, 어겼을 때는 일관되게 대처하는 태도가 필요합니다. 오늘은 봐준다는 식의 변동은 곧바로 빈틈으로 해석되어 지도력이 약화됩니다. 반대로 규칙을 어긴 학생에게 단호하게 대응하고, 규칙을 잘 지킨 학생에게는 작은 칭찬 스티커나 자유 시간처럼 눈에 보이는 보상을 제공하면 긍정적 행동이 강화됩니다. 교실은 점점 '지키면 좋은 일이 생긴다.'는 학습을 통해 질서를 회복해 갑니다.

궁극적으로 규칙은 학생을 억누르는 장치가 아니라 안전하고 예측 가능한 환경을 보장하는 최소한의 장치입니다. 교사가 일관되게 규칙을 집행하면 학생들은 교실을 혼란스러운 공간이 아니라 신뢰할 수 있는 공간으로 인식하게 됩니다. 작은 규칙이 하나둘 정착되면서 교실은 차츰 질서를 되찾고, 담임 교사는 학생들과 더 안정적인 관계를 형성할 수 있습니다.

A2. 학급 루틴과 생활 습관 잡기

학급 전체가 예측 가능한 생활 루틴을 가지면 교실 분위기는 훨씬 안정됩니다. 루틴은 반복되는 습관을 통해 자연스럽게 차분함을 만들어내며, 학생들이 특별한 의식적인 노력 없이도 교실의 질서를 유지할 수 있도록 도와줍니다. 예를 들어 '종 치기 1분 전에 자리 앉기, 책상 정리, 교과서 펴두기'와 같은 간단한 준비 루틴을 만들어 두면 교과 선생님이 교실에 들어오기 전 이미 수업 준비가 된 상태가 됩니다. 이러한 루틴은 시간이 지나면 학생들에게 습관처럼 몸에 배어, 지시하지 않아도 자동적으로 실행됩니다. 이런 루틴은 학기 초에 잘 만들어가야 합니다.

쉬는 시간의 소란도 생활 습관과 연결하여 지도할 수 있습니다. 모든 행동을 통제하려 하기보다 반드시 지켜야 할 최소한의 규칙을 정해두는 편이 효과적입니다. 예를 들어 '복도 뛰지 않기, 타 교과 방해하지 않기' 정도만 확실히 관리하면 학생들은 비교적 자유로우면서도 기본 질서를 이해하게 됩니다. 동시에 담임 교사는 산만한 학생을 교사의 시야가 잘 닿는 자리에 배치하거나 긍정적 영향을 줄 수 있는 학생 옆에 앉히는 자리 배치를 통해 교실 분위기를 조율할 수 있습니다.

담임 교사의 중요한 역할은 교과 수업을 직접 운영하는 것이 아니라 수업이 원활히 이루어질 수 있는 기본 분위기와 생활 습관을 마련해 주는 것입니다. 생활 루틴이 안정되면 교과 선생님들도 수업을 훨씬 원활하게 진행할 수 있고, 교실 전체는 자연스럽게 차분함을 유지하게 됩니다.

A3. 관계와 협력으로 지속적 변화 만들기

규칙과 루틴이 잘 지켜지려면 교사와 학생 간의 관계가 함께 뒷받침되어야 합니다. 이름을 자주 불러 주고, 작은 긍정적 행동을 즉시 인정하며, 공개적인 칭찬을 아끼지 않으면 학생들은 교사의 기대를 의식하게 됩니다. 또한, 학급 회의, 월별 이벤트(생일 파티, 무지각 주간 추첨) 같은 활동은 학생들 사이의 배려와 존중을 북돋우어 교실을 하나의 공동체로 만들 수 있습니다.

담임 교사는 다른 교과 선생님들과 긴밀히 소통하면서 지도 방향을 일치시킬 필요가 있습니다. 학생의 생활 습관이나 문제행동에 대해 정보를 공유하고, 학부모와도 협력해 집에서도 일관된 지도가 이루어지도록 하면 효과가 훨씬 커집니다. 필요하다면 학년 차원의 캠페인이나 또래 상담 프로그램 등 학교 전체의 지원을 활용하는 것도 좋은 방법입니다.

교실이 단기간에 달라지기는 어렵지만, 담임 교사가 꾸준히 규칙과 루틴을 유지하고 관계를 통해 학생들을 지지한다면 교실은 반드시 변합니다. 무엇보다 교사가 혼자 지쳐 무너지지 않도록 동료와 협력하며, 작은 변화를 인정하고 차근차근 쌓아가는 과정이 중요합니다. 그렇게 할 때 산만한 교실은 서서히 안정된 학습 공동체로 성장할 수 있습니다.

Q3. 서로를 배려하는 반, 어떻게 만들 수 있을까요?

> 저는 모두가 하나되는 반을 만들겠다는 학급경영관을 가지고 학기 초부터 모든 학생이 소외되지 않고 어울리게 만들고자 노력했습니다. 하지만 일부 학생들은 늘 같은 무리끼리만 어울리고, 무리들끼리 사이가 좋지 않아 반 분위기가 좋지 않습니다. 아무리 섞어보려 해도 다시 원래대로 돌아오고, 짝을 바꿔주는 것만으로는 한계가 있습니다.
> 학생들의 자발적인 배려와 참여를 이끌어내기 위한 분위기 조성에 어려움을 느끼고 있습니다. 서로 배려하며 지낼 수 있는 방법이 있을까요?

A1. 공동 목표와 작은 다리 놓기

처음에는 모두가 어울리고 소외 없는 반을 만들고 싶지만, 시간이 지나면 학생들끼리 자연스럽게 무리가 생기고 그사이에 갈등도 드러나기 마련입니다. 선생님께서 겪고 계신 어려움은 매우 자연스러운 과정입니다.

자리 바꾸기나 모둠 섞기만으로는 무리 간 벽을 근본적으로 허물기 어렵습니다. 학생들이 서로 어울려야만 완성할 수 있는 공동 목표를 설정하면 자연스럽게 협력의 경험이 생깁니다. 예를 들어 학급 신문 만들기, 교실 환경 개선 프로젝트처럼 여러 학생의 손길이 모여야 결과물이 나오는 과제를 설정하는 것입니다. 글을 잘 쓰는 학생은 기사 작성, 발표에 강한 학생은 인터뷰, 그림에 소질 있는 학생은 삽화 담당으로 배치하면, 평소 대화가 없던 친구들끼리도 협력하지 않으면 과제를 완성할 수 없게 됩니다. 이렇게 의도된 협력은 억지 섞기보다 훨씬 자연스럽게 새로운 관계를 만들어 줍니다.

공동 목표는 반드시 '우리 반 전체의 성공'을 경험하게 해야 합니다. 예를 들어 학급 축제 기획, 운동회 응원단 준비처럼 조별 성과가 합쳐져야 최종 결과물이 완성되는 활동을 주면, 무리의 경계는 흐려지고 '함께해야 한다.'라는 경험이 쌓입니다. 더 나아가 배려 챌린지처럼 학급 전체가 참여해야 완성되는 활동을 목표로 삼을 수도 있습니다. '우리 반에서 칭찬 100개 모으기', '감사 카드 채우기'와 같은 과제는 학생들이 서로의 장점을 바라보게 하고, 무리를 넘어선 긍정적 상호작용을 만들어 줍니다.

무엇보다 교사의 태도가 중요합니다. 공동 목표 과정에서 교사가 특정 무리만 칭찬하기보다, 다양한 학생의 기여를 골고루 인정하는 모습을 보일 때, 학생들은 '선생님은 모두를 존중한다.'라는 메시지를 받습니다. 교사의 시선과 언어는 공동 목표를 단순한 과제가 아니라 '배려와 협력의 다리'로 바꾸는 힘을 가집니다.

A2. 공동체 의식과 자치 활동 활성화하기

무리 형성은 자연스러운 발달 과정이지만 그것이 배타적 성격을 띠거나 갈등으로 이어지면 학급 공동체가 약화됩니다. 이를 해결하기 위해서는 학생들이 '우리는 하나의 반'이라는 의식을 가질 수 있는 장치를 마련해야 합니다. 학기 초에 '서로 돕는 반', '서로 존중하는 반'처럼 학급의 비전이나 슬로건을 학생들과 함께 정하면 그 문장이 학급 운영의 나침반 역할을 합니다.

특히 자치 활동을 적극적으로 활용하는 것이 효과적입니다. 학급 회의, 주간 회고, 또래 상담과 같은 장치는 학생들이 직접 문제를 인식하고 해결 방법을 모색할 기회를 제공합니다. '친구들이 같은 무리끼리만 어울려서 불편하다.'라는 의견이 나오면, 교사가 답을 제시하기보다 학생들이 토론을 통해 규칙과 해결책을 정하게 하는 것입니다. 교사가 일방적으로 문제를 지적하는 순간 학생들은 수동적으로 반응하지만 스스로 합의한 규칙에는 훨씬 큰 책임감을 가집니다.

이 과정에서 교사의 역할은 중립적인 촉진자입니다. 특정 무리 편을 드는 대신 다양한 의견을 공정하게 다루고, 다름을 존중하는 문화가 자연스럽게 자리 잡도록 돕는 것입니다. 이렇게 하면 무리 간 갈등은 단순한 불만에서 그치지 않고, 학급 전체가 함께 해결해 나가야 할 과제로 전환됩니다. 결과적으로 학생들은 '우리 반은 교사가 아니라 우리가 만들어간다.'라는 경험을 하게 되고, 이는 곧 지속 가능한 공동체 의식으로 이어집니다.

A3. 강점 기반의 경험 설계와 문화 만들기

　서로를 배려하는 반은 단순히 섞어놓는 구조만으로는 만들어지지 않습니다. 무엇보다 중요한 것은 교사가 개별 학생의 강점과 특성을 존중하는 설계자로서의 역할을 하는 것입니다. 발표를 좋아하는 학생, 그림을 잘 그리는 학생, 조용하지만 꼼꼼한 학생 등 각자의 장점을 세심히 관찰하고, 그 특성을 반 활동 속에서 드러나게 해주는 방식입니다. "○○는 정리를 잘하니까 자료 정리를 맡아줄래?", "△△는 그림에 소질이 있으니 이번엔 학급 게시판 꾸미기를 해줄래?"처럼 강점을 인정하며 역할을 제안하면, 학생은 존중받는 경험을 하게 됩니다.

　이런 방식은 무리 속의 고정된 관계에서 벗어나, 새로운 연결을 만들어 주는 촉매제가 됩니다. 특정 프로젝트나 행사에서 강점이 발휘되는 순간, 학생들은 서로 다른 친구의 재능을 발견하고 인정하는 경험을 쌓습니다. 이는 단순한 협력이 아니라, '너는 나와 달라서 필요하다.'는 긍정적 메시지로 작동합니다. 그 경험이 쌓이면 학급 안에는 차이를 존중하는 분위기가 자연스럽게 형성됩니다.

　마지막으로, 교사의 언어와 피드백은 학급 문화를 만드는 결정적 요소입니다. "오늘 서로 도와줘서 보기 좋았다.", "다른 의견을 끝까지 들어줘서 고마웠다."와 같은 구체적인 말은 학생들에게 배려가 교실의 기본값이라는 사실을 각인시킵니다. 꾸준한 피드백 속에서 학생들은 서로를 존중하는 것이 특별한 일이 아니라 자연스러운 문화임을 배우게 됩니다. 결국, 강점을 존중하는 설계와 따뜻한 언어의 누적이 무리의 벽을 넘어 서로를 배려하는 학급을 완성해 갑니다.

Q4. 리더가 존중받는 학급, 어떻게 만들 수 있을까요?

> 올해 처음 교사가 되어 담임 교사를 맡았습니다. 3월에 반장과 부반장을 선출했지만, 학급 내에서 이들을 무시하거나 말을 듣지 않는 분위기가 생깁니다. 반장은 경쟁이 치열한 가운데 겨우 뽑혔고, 부반장은 인기 많은 학생이라 다른 학생들이 출마조차 하지 못했습니다. 회의나 의견 제시 시 리더들의 말이 잘 반영되지 않고, 학생들 대부분이 자치 활동에 소극적입니다. 또한, 반장과 부반장도 책임감을 가지고 학급 일에 나서지 않습니다. 자치가 형식적으로만 운영되는 느낌입니다.

A1. 합리적인 역할 구조 만들기

담임 교사를 맡아 학급 자치를 꾸려나가려 하면, 반장, 부반장이 제 역할을 하지 않거나 친구들이 리더를 인정하지 않는 상황이 흔히 발생합니다. 하지만 이는 특정 교사의 부족 때문이 아니라 학급 자치가 자리를 잡기 전 누구나 겪는 보편적인 어려움입니다. 특히 새내기 교사라면 이런 어려움이 더 크게 느껴지지요. 하지만 교사가 몇 가지 구조와 문화를 세워주면 리더가 존중받고, 학생들도 자치를 의미 있게 경험할 수 있습니다. 리더십은 뽑힌 순간 완성되는 것이 아니라, 교실 속에서 경험과 문화를 통해 만들어져야 하기 때문입니다. 리더가 존중받기 위해서는 단순한 직책을 넘어 실질적인 권한과 책임이 필요합니다. 반장과 부반장을 단순히 공지 전달이나 심부름을 하는 사람으로 두면 학생들 사이에서도 특별한 의미를 갖지 못합니다. 따라서 담임 교사는 리더가 학급 운영의 핵심 과정에 관여할 수 있도록 구조를 설계해야 합니다. 예를 들어 주간 학급 회의 안건을 리더가 직접 수집하고 정리하도록 하거나, 학급 행사 기획안을 먼저 제시하게 하면 학생들은 자연스럽게 리더의 역할을 인정하게 됩니다. 이는 '리더가 있기에 학급이 움직인다.'는 경험을 통해 존중을 형성합니다.

교사의 태도는 리더의 위상을 높이는 데 큰 역할을 합니다. 회의 중 리더의 발언이 나오면 "좋은 의견이니 다 같이 생각해 보자."처럼 확장해 주어야 합니다. 이는 리더의 목소리에 무게를 더해줄 뿐 아니라, 다른 학생들에게도 '이 의견은 존중받아야 한다.'라는 메시지를 전합니다.

리더에게 집중된 부담을 완화하기 위해 비공식 지원군을 세우는 것도 방법입니다. 영향력 있는 학생 몇 명을 리더의 조력자로 발탁해 자연스럽게 협력 체계를 형성하면, 리더는 혼자가 아니라는 확신을 얻게 됩니다. 결국, 존중받는 리더십은 개인의 자질이 아니라 환경과 구조의 설계에서 비롯됩니다. 담임 교사가 체계적으로 권한을 부여하고 지지 구조를 마련해 줄 때, 리더는 학급 속에서 의미 있게 자리 잡습니다.

A2. 자치 참여 확대와 공동체 경험 설계

리더십이 존중받으려면 리더 개인의 노력만으로는 부족합니다. 학급 전체가 자치 활동에 참여하는 경험을 가져야 합니다. 학생들이 자신의 의견이 실제로 반영된다는 확신을 느낄 때, 비로소 반장과 부반장을 인정하게 됩니다. 이를 위해 건의함을 설치해 누구든 자유롭게 안건을 제안할 수 있게 하고, 학급회의 전에는 소그룹 토의를 통해 모두가 발언할 기회를 갖도록 하면 좋습니다. 회의 이후에는 교사가 "이번 제안은 이렇게 반영돼 실행됐다."라고 결과를 공유하여 학생들이 자치의 효과를 체감하게 해야 합니다.

자치 활동은 실질적인 문제 해결과 연결될 때 가장 큰 힘을 발휘합니다. '교실 정리 개선' 같은 일상적인 문제를 학급이 함께 논의하고 해결책을 찾아가는 과정에서 학생들은 협력의 필요성을 배우게 됩니다. 이 과정에서 반장과 부반장은 단순한 회의 진행자가 아니라 친구들의 의견을 모으고 합의를 이끌어내는 촉진자의 역할을 하게 됩니다. 이렇게 자치가 학급의 실제 변화를 이끌어내면, 학생들은 리더의 가치를 자연스럽게 인정하게 됩니다.

교사는 민주적인 소통을 몸소 보여주는 조력자가 되어야 합니다. 서로 다른 의견이 나왔을 때 "○○의 말도 일리가 있네. 다 같이 조율해 보자."라고 중재하는 태도는 학생들에게 자치의 본질을 가르쳐 줍니다. 중요한 것은 교사의 솔선수범입니다. 교사가 자치를 존중하는 태도를 일관되게 보일 때, 학급 문화는 리더와 자치를 존중하는 분위기로 성장합니다. 결국, 리더십은 리더 한 사람의 몫이 아니라 학급 전체가 자치를 경험하며 만들어가는 공동체적 성과입니다.

A3. 리더십 문화 조성 및 성장 지원

리더십은 뽑히는 순간 완성되는 것이 아니라 문화와 경험 속에서 성장합니다. 따라서 담임 교사는 먼저 학급 전체에게 '리더란 무엇인가?'라는 질문을 던져야 합니다. 짧은 토론이나 학급회의 시간을 활용해 반장과 부반장이 가진 책임과 자질, 역할에 대해 함께 생각해 보도록 하면 좋습니다. 이는 리더 본인에게는 정체성을 명확히 하고, 다른 학생들에게는 리더를 새로운 시선으로 바라보게 만드는 계기가 됩니다.

리더가 존중받기 위해서는 실제로 빛날 수 있는 장면을 경험해야 합니다. 학급 발표, 행사 진행, 반 아이디어 제안 등에서 리더가 주도성을 발휘하도록 기회를 주는 것이 필요합니다. 교사는 이때 반드시 구체적으로 칭찬해야 합니다. "오늘 ○○가 발표를 이끌어줘서 수업이 훨씬 활발해졌어."와 같은 말은 단순한 칭찬을 넘어 리더십이 반 전체의 자산임을 보여주는 강력한 메시지가 됩니다. 반복되는 작은 성공은 리더를 자신감 있게 만들고, 학급 전체가 자연스럽게 존중하는 분위기를 형성합니다.

담임 교사와 리더 간의 정기적인 소통도 빼놓을 수 없습니다. 단순히 업무 지시를 넘어 "네가 보기엔 우리 반에 어떤 점이 필요하니?" 같은 대화를 통해 리더의 관점을 존중해야 합니다. 또한, 담임 교사는 리더의 어려움과 필요를 듣는 시간을 마련해야 합니다. "최근 어떤 점이 힘들었니?" 같은 질문은 리더에게 심리적 안정감을 주고, 책임을 함께 나누는 동반자적 관계를 만들어 줍니다.

이렇게 교사가 리더십 문화를 의도적으로 설계하고, 리더의 성장을 지원할 때 비로소 교실은 존중과 협력의 자치 문화를 갖추게 됩니다. 서툴고 시간이 걸리더라도 이 과정을 통해 학생과 교사 모두 함께 성장할 수 있습니다.

Q5. 규칙을 무시하는 학생, 어떻게 대응할까요?

> 특정 학생이 학급 규칙을 반복적으로 어깁니다. 수업 시간 지각, 무단이탈, 수업 중 잡담과 방해가 일상화되어 있으며, 지적해도 반응이 없거나 되레 반항적인 태도를 보입니다. 다른 친구들에게도 영향을 주고 있고, 몇몇 학생들은 불만을 털어놓기도 합니다.
>
> 지적만으로는 해결되지 않고, 방치하자니 분위기 전체가 흐트러질까 고민입니다. 어떻게 규칙을 세울 수 있을까요?

A1. 행동과 사람을 구분해 단호함과 회복을 함께 주기

담임 교사로서 가장 힘든 순간 중 하나는 특정 학생이 반복적으로 규칙을 어기며 교실의 질서를 흔드는 상황입니다. 지적만으로는 달라지지 않고, 방치하자니 다른 학생들에게 불공정한 메시지를 주는 듯해 고민이 깊어지지요. 하지만 이런 문제는 어느 교실에서나 나타날 수 있는 현실적 과제이며, 단호함과 이해를 균형 있게 세우는 접근이 필요합니다.

규칙 위반 상황에서 가장 경계해야 할 것은 감정적으로 대응하거나 반대로 무시해 버리는 태도입니다. 전자는 관계를 악화시키고, 후자는 학급 전체의 규율을 무너뜨립니다. 따라서 교사는 행동과 사람을 분리해 지도해야 합니다. '네가 문제다.'가 아니라 '그 행동이 반 전체와의 약속에 어긋난다.'는 메시지를 분명히 하는 것입니다. 지적 시에도 "네가 지각했어." 대신 "네가 제시간에 오면 수업이 훨씬 잘 시작될 것 같아." 처럼 행동이 수업과 친구들에게 미치는 영향을 구체적으로 설명하면 학생은 비난이 아닌 개선의 요구로 받아들입니다.

중요한 것은 일관성입니다. 오늘은 넘어가고 내일은 지적하는 변동은 학생에게 빈틈으로 보입니다. 동일한 규칙 위반에는 항상 같은 절차를 적용해야 합니다. 동시에 회복의 기회도 주어야 합니다. 예컨대 무단이탈 후 돌아온 학생에게 무조건 꾸짖기보다 "다음에는 수업 전 미리 말해주면 좋겠다."라고 말하거나, 소규모 책임 있는 역할을 맡겨 규칙 준수 경험을 쌓도록 하는 방식입니다. 작은 역할 수행은 학생이 '규칙을 지키는 것도 나쁘지 않다.'라는 긍정적 경험으로 이어집니다.

마지막으로 교사가 스스로 규칙을 성실히 지키는 모습을 보여야 합니다. 약속한 시간과 절차를 지키는 교사의 모습은 학생들에게 '규칙은 모두에게 적용된다.'라는 강력한 메시지를 줍니다. 변화는 서서히 오지만 일관성과 존중을 함께 유지한다면 규칙을 무시하던 학생에게도 균열이 생기고, 그 틈으로 변화가 스며듭니다.

A2. 원인 이해와 다각적 지원 연결

규칙 위반 행동은 단순한 고집이나 반항이 아니라, 학생 내면의 어려움이나 욕구의 표현일 수 있습니다. 학습 부진으로 인한 좌절, 친구 관계의 단절, 가정환경의 어려움, 정서적 불안 등이 배경일 수 있지요. 따라서 교사는 단순한 훈육보다 원인 탐색을 먼저 해야 합니다. 1:1 면담에서 학생의 이야기를 들어주고, 수업 외 시간에 관심을 표현하며 신뢰 관계를 쌓는 것이 필요합니다. "왜 규칙을 안 지켜?"가 아니라 "네가 요즘 힘든 게 있는 것 같아."라는 공감 어린 태도가 학생의 방어를 낮춥니다.

학생이 잘하는 것과 흥미를 파악해 작은 성공 경험을 제공하는 것도 효과적입니다. 그림을 잘 그리면 학급 게시판 꾸미기를 부탁하고, 컴퓨터에 능하면 발표 자료 제작을 맡기는 식으로 학생의 강점을 학급 활동과 연결하면 긍정적 자기인식이 생깁니다. 동시에 규칙의 의미를 다시 상기시키고, 학생과 지킬 수 있는 작은 목표를 정한 뒤 달성했을 때 칭찬이나 특별 활동 기회를 주는 등 긍정적 강화를 활용합니다.

필요하다면 외부 자원과의 연계도 고민해야 합니다. Wee 클래스, 전문 상담기관, 교육청의 학생 지원센터 등과 연결하여 정서적·심리적 지원을 받도록 돕고, 학부모와도 정기적으로 소통해 집과 학교가 같은 방향에서 학생을 지지하도록 해야 합니다. 학생의 작은 변화라도 긍정적으로 부모와 공유하면 협력적 분위기를 만들 수 있습니다. 결국, 원인을 이해하고 다각적 지원을 결합해야만 규칙 위반 행동은 서서히 줄어듭니다.

A3. 균형 잡힌 지도와 교사 협력 체계

규칙을 반복적으로 어기는 학생에게는 균형 잡힌 지도가 핵심입니다. 지적과 처벌만으로는 반발심을 키우고, 방임은 학급 전체의 안정감을 해칩니다. 먼저 학생 행동의 맥락을 파악해야 합니다. 단순한 태도의 문제인지, 친구와의 갈등이나 가정 내 변화, 정서적 위기 등 숨은 배경이 있는지 관찰과 기록을 통해 확인합니다. 이 과정은 문제 해결의 출발점이 됩니다.

다음은 긍정적 강화입니다. 지적보다 작은 성취를 인정하는 것이 효과적입니다. "오늘은 늦지 않았네.", "이번 시간엔 조용히 있었구나."와 같은 말은 학생이 자신도 달라질 수 있다는 확신을 키웁니다. 학급 전체 앞에서의 공개 지적보다, 교무실이나 상담 공간에서 나누는 비공개 대화가 더 안정적입니다. 학생이 스스로 감정을 표현할 수 있는 안전한 환경을 보장하면, 관계 회복의 길이 열립니다.

무엇보다 담임 교사 혼자 감당하지 않는 것이 중요합니다. 학년부, 상담 교사, 교과 교사와 협력해 학생 지도의 일관성을 확보하면 효과가 커집니다. 같은 행동에는 같은 기준으로 대응하고, 교사가 감정적으로 반응하지 않고 담담하게 태도를 유지하는 것이 핵심입니다. 동료 교사와 함께 지도 방향을 공유하고, 필요 시 학부모와 협력하는 체계를 마련하면 교실은 더 안정됩니다. 단기간의 극적 변화는 어렵지만, 교사의 끈기 있는 관찰과 균형 잡힌 대응은 결국 학생의 행동을 변화시키고 학급 규칙을 회복하는 힘이 됩니다.

이러한 복합적 접근을 통해, 문제행동을 보이는 학생과의 신뢰를 다시 쌓고, 나아가 학급 전체의 규칙과 질서를 회복할 수 있습니다. 단기간의 변화는 어렵겠지만, 교사의 끈기 있는 관찰과 진심 어린 태도가 결국 학생을 움직이는 힘이 됩니다.

Q6. 부드러운 교사도 학급을 잘 이끌 수 있을까요?

> 저는 성격상 학생을 강하게 제지하거나 단호하게 말하는 것이 어렵습니다. 생활지도를 해야 할 순간에도 쉽게 말이 나오지 않고, 그 사이 학생들의 행동이 더 커지기도 합니다. 학생들과의 관계가 나빠질까 조심스러워하다 보니, 아이들은 저를 만만하게 보는 것 같고 제 안의 불안도 점점 커지고 있습니다. 학급을 잘 이끌 수 있는 방법을 알고 싶어요.

A1. 부드러움 속에 일관성을 세우기

교사마다 성격은 다르고, 모두가 큰 목소리와 강한 제지로 학급을 끌어갈 수 있는 것은 아닙니다. 조용하고 부드러운 성격 때문에 스스로 부족하다고 느끼는 선생님들도 많습니다. 그러나 학급을 안정적으로 운영하는 힘은 단호한 말투가 아니라 원칙의 일관성, 존중이 담긴 태도, 신뢰를 바탕으로 한 관계에서 나옵니다. 부드러움 역시 강점이 될 수 있으며, 충분히 학생들에게 존중받는 리더십을 만들어낼 수 있습니다.

부드러운 교사가 학급을 운영하는 데서 가장 중요한 열쇠는 일관성입니다. 학생들은 목소리의 크기보다 '교사가 언제나 같은 기준을 적용하는가'를 훨씬 민감하게 바라봅니다. 따라서 규칙과 기준을 명확하게 세우고, 상황에 따라 흔들리지 않도록 지켜나가는 것이 핵심입니다. 직접적으로 "안 돼!"라고 말하기 어렵다면 "우리 반 약속에 따르면 지금은 이렇게 해야 해."처럼 규칙을 근거로 차분히 전달하면 됩니다. 부드러운 말투 속에서도 원칙을 꾸준히 지키는 교사의 모습은 학생들에게 안정감을 줍니다.

또한, 필요한 순간에는 짧고 단호하게 말하는 것이 좋습니다. 평소에는 부드럽게 관계를 맺되, 규칙을 어기는 상황에서는 단문으로 명확하게 경계선을 제시하면 그 말의 힘이 커집니다. "지금은 이야기할 시간이 아니야. 수업에 집중하자."처럼 간결하고 차분한 어조는 위협적이지 않으면서도 단호함을 전달합니다. 학생들은 큰 소리보다 흔들림 없는 태도에서 교사의 권위를 느낍니다.

교사가 먼저 규칙을 성실히 지키는 것도 중요합니다. 약속한 시간과 절차를 스스로 지켜내는 모습은 '규칙은 모두에게 적용된다.'라는 메시지를 보여줍니다. 부드러운 교사의 장점은 감정을 폭발시키지 않고도 원칙을 꾸준히 이어갈 수 있다는 데 있습니다. 결국, 학생들은 교사의 목소리가 아닌 일관된 행동에서 존중할 이유를 찾게 됩니다.

A2. 관계 중심의 강점을 활용하기

부드러운 교사의 가장 큰 무기는 관계 형성 능력입니다. 학생 개개인의 이름을 자주 불러주고, 작은 변화를 세심히 알아봐 주는 행동은 학생에게 큰 울림을 줍니다. 이런 관계의 힘이 쌓이면, 제지의 한마디에도 신뢰가 담겨 무게감이 생깁니다. 중요한 것은 그 한마디를 꼭 필요한 순간에만 사용하는 것입니다. 평소에 신뢰를 충분히 쌓아두면, 지적조차 따뜻한 배려로 받아들여집니다.

학급 규칙을 학생들과 함께 만들고, 왜 필요한지 토론하는 과정도 효과적입니다. 규칙은 교사의 강요가 아니라 공동체의 약속이라는 인식을 심어주어야 합니다. 규칙을 교실에 시각적으로 게시하고, 위반 시에도 감정적으로 꾸짖기보다 "우리 반이 정한 약속에 따라 이렇게 해야 해."라고 차분히 일관되게 대처하면 됩니다. 학생들은 교사의 예측 가능한 태도 속에서 안정감을 느끼고, 부드러움이 곧 만만함이 아니라 신뢰로 이어짐을 경험합니다.

또한, 긍정적 강화 전략을 적극적으로 사용하세요. 작은 변화라도 "오늘은 준비가 빨랐네.", "지금처럼 조용히 해주니 고마워."라고 즉시 칭찬하면 학생들은 교사의 관심을 긍정적으로 경험하게 됩니다. 이는 부드러운 교사의 강점을 살려, 학생의 행동을 긍정적으로 강화하는 효과적인 방식입니다. 결국, 부드러운 교사는 관계적 자산을 바탕으로 학급을 안정적으로 운영할 수 있습니다.

A3. 조용한 단호함으로 리더십 만들기

부드러운 교사가 학급을 잘 이끌 수 있는 또 다른 방법은 조용한 단호함을 발휘하는 것입니다. 단호함은 반드시 큰 목소리나 위협적인 태도로 드러나는 것이 아닙니다. 차분하지만 흔들림 없는 어조, 반복되는 원칙 적용, 그리고 행동으로 보여주는 일관성이 오히려 더 강한 메시지가 될 수 있습니다. 예를 들어, 학생이 규칙을 어겼을 때 감정적으로 반응하기보다 사실을 차분히 지적하고 필요한 조치를 빠뜨리지 않고 반복하는 태도는 학생들에게 '이 선생님은 흔들리지 않는다.'라는 인식을 심어줍니다.

학생들이 교사를 '만만하다'라고 여기는 것은 성격 때문이 아니라, 경계와 기준이 분명히 보이지 않을 때입니다. 따뜻한 관계 속에서도 분명한 선이 있다는 것을 알게 되는 순간, 신뢰와 존중은 동시에 형성됩니다. 따라서 담임 교사는 가까이 다가가는 친근함과 규칙을 지키는 단호함을 함께 보여주어야 합니다. 부드러운 성격은 관계적 친밀감을 높이는 데 도움이 되고, 일관된 태도는 존중을 확보하는 기반이 됩니다.

마지막으로 부드러운 성격은 감정적 거리 조절에도 강점이 있습니다. 말보다는 태도로, 명령보다는 안내로, 긴장보다는 신뢰로 학급을 이끌 수 있습니다. 조용한 리더십은 시간이 걸리지만, 학생들에게 깊은 인상을 남깁니다. 학생들은 결국 친절하면서도 기준이 분명한 교사를 가볍게 여기지 않습니다. 부드러움을 나만의 리듬과 색깔로 발전시킬 때, 교사의 존재감은 더욱 단단하고 오래 남습니다.

또한, 학생들과의 관계를 '내가 너무 부드러워서 무시당한다.'라는 식으로 단순하게 정의하기보다는, 학생이 생각하는 좋은 교사란 어떤 사람인지를 되묻는 자세도 필요합니다. 친절하지만 흔들림 없고, 조용하지만 기준이 명확한 교사를 아이들은 결코 가볍게 보지 않습니다.

나만의 목소리와 리듬을 찾고, 이를 학급 경영에 반영해 가는 과정이야말로 교사로서의 색깔을 만들어가는 첫걸음이 될 수 있습니다.

Q7. 친밀감과 통제 사이, 어떻게 균형 잡을까요?

> 학생들과 친밀한 관계를 맺고 싶어 따뜻하게 다가갔는데, 시간이 지날수록 선을 넘는 말과 행동이 늘어나고 있습니다. 교사에게 장난을 심하게 치거나, 수업 중 말을 끊고 친구처럼 대하는 경우가 잦아졌습니다.
> 거리감을 두려니 어색해지고, 그대로 두자니 교사의 권위가 무너질까 봐 걱정됩니다. 어떻게 거리를 조절해야 할까요?

A1. 가까움 속에서 경계 분명히 하기

교사라면 누구나 학생들과 따뜻하고 친밀한 관계를 맺고 싶어 합니다. 그러나 때로는 그 친밀함이 장난이나 선 넘는 태도로 이어져 곤란을 겪기도 하지요. 거리를 두자니 어색하고, 그대로 두자니 권위가 무너질까 걱정되는 딜레마는 많은 선생님들이 겪는 공통된 고민입니다. 친밀감과 통제는 서로 반대되는 개념이 아니라, 균형을 이루어야 하는 두 축입니다. 아래 세 가지 접근은 현장에서 그 균형을 어떻게 세울 수 있을지를 보여줍니다.

친밀한 관계가 곧 교사의 권위를 약화시키는 것은 아닙니다. 중요한 것은 역할의 경계를 분명히 하는 것입니다. 교사와 학생은 친구가 아니라 서로를 존중하는 교육적 관계임을 학생들이 체감하도록 해야 합니다. 장난이 과하거나 수업을 방해하는 언행이 나올 때는 웃어넘기지 말고, 짧고 명확하게 "그건 선을 넘은 거야."라고 즉시 알려주는 것이 필요합니다. 단, 그 순간을 지나면 다시 평소의 따뜻한 태도로 돌아가야 학생들은 교사가 감정적으로 화낸 것이 아니라 원칙을 지킨 것임을 이해합니다.

친밀감은 단순히 함께 웃는 시간만으로 쌓이지 않습니다. 수업과 생활 속에서 학생의 의견을 존중하고 작은 변화를 알아봐 주는 교사의 태도가 더 오래가는 신뢰를 만듭니다. 관계가 튼튼하게 쌓여 있으면, 교사가 단호하게 제지하는 순간에도 학생들은 거부감 대신 안전감을 느낍니다. 결국, 친밀감은 존중 속에서 힘을 발휘하는 것이지, 무조건적인 허용에서 나오지 않습니다.

 교사는 학급의 기대와 규칙을 명확히 제시해야 합니다. 친밀함이 곧 '무엇이든 허용된다.'는 신호로 읽히지 않도록, 초기에 학급의 기준을 분명히 하고 일관되게 적용하는 것이 핵심입니다. 오히려 친밀한 교사일수록 반드시 지켜야 할 기준을 더 명확히 드러낼 필요가 있습니다. 학생들은 '가까우면서도 분명한 경계가 있는' 교사를 오히려 더 신뢰합니다.

A2. 존중의 언어와 학급 약속 세우기

 친밀함이 무례함으로 이어지는 순간, 교사 마음속 불안은 커지고 학급 분위기에도 악영향을 미칩니다. 이런 상황을 예방하려면 친밀함을 존중으로 연결하는 약속을 학급 안에 마련해야 합니다. 학급 회의 시간을 활용해 '선생님과 학생의 바람직한 관계는 어떤 모습일까?'를 함께 이야기하며, 존중의 언어와 행동에 대한 합의를 이끌어내면 좋습니다. 예를 들어 '수업 중 선생님 말씀 끊지 않기', '서로 존댓말 쓰기' 같은 약속은 교사가 강요하는 규칙이 아니라 학급이 함께 정한 원칙이 됩니다.

 특정 학생이 선을 넘는 행동을 반복한다면 개별적으로 대화하는 것이 필요합니다. "수업 중 말을 끊으면 다른 친구들의 학습에 방해가 돼."처럼 구체적 행동과 그 영향을 설명하며 교사의 기대치를 명확히 알려주세요. 이때 중요한 것은 인격을 지적하지 않고 행동의 문제를 짚는 것입니다. 학생들은 자신이 존중받고 있다는 감각을 유지하면서도, 동시에 바뀌어야 할 행동을 인식하게 됩니다.

 또한, 교사가 먼저 존중하는 언어를 보여주는 것이 중요합니다. "네가 수업에 집중해 주니 고마워.", "방금 ○○가 예의 바르게 말해줘서 힘이 났어."처럼 구체적인 칭찬은 학생들이 긍정적 행동을 반복하도록 강화합니다. 교사의 언행은 학생들의 거울이 되기 때문에, 존중하는 언어를 습관처럼 사용하는 것은 친밀감을 잃지 않으면서도 경계와 권위를 세우는 강력한 도구가 됩니다.

A3. 교사의 중심 잡기와 관계 조율

　친밀감을 주고 싶지만, 그로 인해 선을 넘는 행동이 늘어날 때, 교사는 흔히 자신이 부족하다고 느끼기 쉽습니다. 그러나 중요한 것은 성격이 아니라 교사의 중심을 얼마나 잘 유지하느냐입니다. 조용하고 부드러운 교사도 충분히 단단한 리더십을 발휘할 수 있습니다. 규칙 위반 상황에서 큰 목소리나 화가 아니라 차분한 단호함으로 대응하고, 같은 행동에는 언제나 같은 절차를 반복하는 태도는 학생들에게 '이 선생님은 흔들리지 않는다.'라는 신뢰를 줍니다.

　학생들이 교사를 친구처럼 대하는 것은 개인 성격의 문제가 아니라 교실 문화와 관련된 경우가 많습니다. 따라서 개별 학생을 지적하기 전에, 학급 전체를 대상으로 수업 예절과 기본 규칙을 다시 확인할 필요가 있습니다. 이때 교사가 '나는 너희와 친해지고 싶지만, 동시에 존중을 받고 싶다.'는 메시지를 분명히 전달하는 것이 중요합니다. 학생들은 교사의 솔직한 감정을 들을 때, 오히려 교사를 더 인간적으로 이해하고 존중하게 됩니다.

　무엇보다 중요한 것은 감정적으로 흔들리지 않고 교사의 중심을 잃지 않는 태도입니다. 교사가 예측 가능하게 규칙을 적용하고, 학생과의 관계에서도 흔들리지 않는 모습을 보일 때 학생들은 신뢰를 갖습니다. 친밀함과 권위의 균형은 따뜻한 관계 속에서도 분명한 경계를 보여주는 데서 비롯됩니다. 결국, 아이들은 친근하면서도 기준이 명확한 교사를 결코 가볍게 보지 않으며, 오히려 더 따르고 존중합니다.

Q8. 이유 있는 따돌림, 어떻게 다뤄야 할까요?

> 학생들 사이에 이유 있는 따돌림이 발생했습니다. 피해 학생은 "내가 문제를 만들었다"라며 자신을 탓하지만, 사실은 소외와 정서적 괴롭힘이 반복되고 있습니다. 가해 학생들은 '자기가 먼저 이상하게 행동했다'라고 주장하고, 전체적으로는 '알아서 하게 두자.'는 분위기가 형성되어 있어 개입이 쉽지 않습니다. 어느 정도의 관여가 좋을까요?

A1. 원칙을 분명히 세우고 회복 과정 설계하기

학급에서 따돌림이 발생하면 교사는 큰 어려움에 직면합니다. 피해 학생은 스스로를 탓하고, 가해 학생들은 '이유가 있다.'라며 행동을 정당화하며, 다른 학생들은 '알아서 하게 두자.'는 태도를 보이기도 합니다. 그러나 이유가 어떻든 따돌림은 정당화될 수 없습니다. 방치하면 피해자는 깊은 상처를 입고, 학급 전체는 배제가 허용되는 문화를 학습하게 됩니다.

따돌림 상황에서 교사는 먼저 원칙을 분명히 세워야 합니다. 학생들에게 '행동을 지적할 수는 있어도 사람을 배제하는 것은 허용되지 않는다.'는 메시지를 명확히 전달하는 것이 중요합니다. 이 규칙은 피해자와 가해자뿐 아니라 방관자 역할을 하는 학생들에게도 반복적으로 상기시켜야 합니다. 집단 속에서 무언의 동조가 따돌림을 가능하게 하기 때문입니다.

사건이 드러났을 때는 감정적 판단보다 구체적인 사실과 행동에 집중합니다. 피해자와 가해자, 목격자 모두를 개별적으로 만나 상황을 정리하고, 피해 학생에게는 '네 잘못이 아니다.'라는 확실한 지지를 줍니다. 동시에 가해 학생들에게는 '네 행동이 친구에게 이런 영향을 줬다.'라고 구체적으로 설명하며 책임을 인식시켜야 합니다. 이는 단순한 비난이 아니라, 자신의 행동이 불러온 결과를 직면하게 하는 교육적 접근입니다.

이후에는 회복의 경험을 마련해야 합니다. 형식적인 사과보다는 일정 기간 협력 과제를 수행하거나 소규모 활동을 함께하게 하여 '다시 연결되는 경험'을 제공합니다. 교사는 이 과정에서 중재자이자 안전망이 되어, 갈등이 재발하지 않도록 지속적으로 관찰하고 피드백합니다. 마지막으로 학급 전체와 함께 '작은 무시가 어떻게 따돌림으로 확장되는지'를 사례 중심으로 점검하며, '이유 있는 따돌림'이라는 말이 설 자리를 없애야 합니다.

A2. 피해·가해·학생 학부모와의 소통 다각적 개입

담임 교사는 학급의 정서적 안정을 책임지는 위치이므로 가장 직접적이고 포괄적인 개입이 필요합니다. 먼저 피해 학생에게 안전한 환경을 보장해야 합니다. 1:1 심층 상담을 통해 이야기를 충분히 들어주고, '네 잘못이 아니다.'라는 메시지를 반복적으로 전하며 자책감을 덜어줍니다. 필요하다면 Wee 클래스나 지역 교육청 Wee센터 같은 전문기관과 연계해 심리 상담 및 정서 지원을 제공해야 합니다. 학부모와 협의해 외부 전문기관의 도움을 받는 것도 고려할 수 있습니다.

가해 학생들은 개별 면담을 통해 행동의 문제점을 인식하게 해야 합니다. "네가 그렇게 행동해서 친구가 힘들어하고 있어."와 같이 구체적 행동과 그 결과를 연결해 설명하는 것이 중요합니다. 단순한 처벌로 끝내지 않고, 반성문 작성, 피해자와의 관계 회복 활동, 학급 내 긍정적 역할 맡기기 등으로 책임을 지도록 해야 합니다. 이 과정에서 가해 학생 학부모와도 긴밀히 소통하여 학교와 가정이 같은 방향으로 지도하도록 합니다.

또한, 학급 전체를 대상으로 따돌림 예방 교육을 꾸준히 진행하는 것이 필요합니다. 방관자의 역할, 다양성 존중, 공감 능력 향상 같은 주제를 학급회의나 캠페인으로 다루면 효과적입니다. 협력 학습, 모둠 활동 등 긍정적 상호작용의 장을 자주 마련하여 '우리는 함께하는 공동체'라는 문화를 강화해야 합니다. 담임 교사는 학생 개개인의 변화뿐 아니라 학급 전체가 안전망이 될 수 있도록 설계해야 합니다.

A3. 이유를 성찰하고 배움의 기회로 전환하기

이유 있는 따돌림 상황에서 가장 어려운 점은 누구의 말이 옳은가에 매이지 않고 방향을 잡는 것입니다. 피해자는 '내가 문제라서 그렇다.'고 자책하고, 가해자는 '자기가 먼저 이상하게 행동했다.'고 주장하지만, 중요한 것은 따돌림 자체가 결코 정당화될 수 없다는 원칙입니다. 교사는 이 원칙을 분명히 하면서도, 학생들이 말하는 '이유'를 성찰의 기회로 전환해야 합니다.

피해 학생이 실제로 반복적으로 규칙을 어기거나 오해를 살 행동을 했는지, 혹은 단순한 이미지나 편견 때문인지 객관적으로 파악할 필요가 있습니다. 이 과정에서 중요한 것은 행동에 대한 비판이 아니라, 관계 속에서 형성된 틀을 이해하는 것입니다. 피해 학생에게는 자기 행동을 돌아보며 관계를 조율할 기회를 주고, 가해 학생에게는 배제와 소외가 가져오는 심리적 상처를 성찰하게 합니다.

관계 회복에는 가해·피해·방관자 모두가 참여해야 합니다. 소그룹 대화나 회복적 대화 모델을 활용해 감정을 나누고 상호 이해를 증진시키는 것이 효과적입니다. 방관자에게는 '침묵도 하나의 선택'이라는 점을 일깨워 공동체의 책임을 인식시키는 교육이 필요합니다. 교사는 중립적인 촉진자로서 대화의 장을 열고, 누구도 몰아세우지 않도록 조율해야 합니다. 결국 '이유 있는 따돌림'은 정당화의 근거가 아니라, 함께 성찰하고 배움으로 전환해야 할 지점입니다. 이 과정을 통해 학생들은 따돌림을 넘어 공동체 안에서 함께 살아가는 방식을 배울 수 있습니다.

Q9. 작은 사건들, 학부모에게 어디까지 알려야 할까요?

> 학급에서 실랑이나 언쟁, 욕설, 물건 분실, 우발적인 물리적 접촉 등 자잘한 사고가 빈번하게 발생합니다. 사건이 일어날 때마다 학부모에게 연락해야 할지 망설여지고, 너무 자주 알리면 과민하게 반응한다고 느껴질까 봐 걱정됩니다. 반대로 알려주지 않았다가 나중에 학부모가 알게 될 경우, "왜 말하지 않았느냐?"라는 항의가 올까 두렵습니다. 상황 판단 기준이 애매하고, 담임 교사로서 어디까지 보고해야 할지 고민됩니다.

A1. 보고 기준을 명확히 세우고 학기 초에 공유하기

교실에서는 실랑이, 언쟁, 사소한 욕설, 물건 분실, 우발적 접촉 같은 작은 사건들이 빈번히 일어납니다. 담임 교사는 그때마다 '이걸 학부모에게 알려야 하나?'라는 고민에 부딪히지요. 너무 자주 알리면 과민하게 느껴질까 걱정되고, 반대로 알리지 않으면 "왜 미리 말하지 않았느냐?"는 항의를 받을 수 있습니다. 이런 고민은 누구나 겪는 당연한 과정이며, 결국은 일관된 기준과 신뢰 기반 소통 방식을 마련하는 데 답이 있습니다.

작은 사건 보고에서 가장 큰 어려움은 '경계'가 모호하다는 점입니다. 학생, 학부모마다 민감도가 달라, 교사가 즉흥적으로 판단하면 불신이 쌓이기 쉽습니다. 따라서 보고 기준을 미리 세우고 학기 초에 학부모와 공유하는 것이 중요합니다. 예컨대 안전과 건강에 직결되는 일, 재산 피해·금전 관련 사건, 반복적이거나 관계에 악영향을 주는 행동은 즉시 연락한다는 원칙을 정합니다. 우발적 신체 접촉으로 다친 경우, 물건 분실·파손, 지속적 언어폭력 등이 해당됩니다.

이 기준은 담임 교사 혼자 정하기보다 학교나 학년 차원의 협의 과정을 거쳐 일관된 원칙으로 세우는 것이 바람직합니다. 학년부 회의나 생활지도 협의회에서 '어떤 경우에 즉시 연락할지, 어떤 경우는 기록 후 추이를 볼지'를 함께 논의하고, 공통의 가이드라인을 마련하면 교사 개인의 판단이 흔들리지 않습니다. 이렇게 만들어진 기준을 학부모에게 안내하면, '우리 반만의 규칙'이 아니라 학교 전체의 약속이라는 무게가 더해져 신뢰도가 높아집니다.

반면 단발적이고 경미한 사건은 내부 기록으로 남기고, 정기 상담이나 월간 소식지에서 묶어 전달하는 방식이 효과적입니다. 이렇게 하면 학부모는 필요한 정보는 놓치지 않으면서도 매 건마다 감정적으로 소모되지 않습니다. 결국, 보고 기준을 협의와 공유를 통해 일관되게 세워 두면, 작은 사건 하나에도 교사가 혼자 고민하지 않고 안정적으로 대응할 수 있습니다.

A2. 학생 지도와 학부모 소통을 연결하기

작은 사건을 어떻게 알릴지 고민하기 전에, 사고 예방과 학생 지도 원칙을 먼저 세워야 합니다. 학급 규칙을 학생들과 함께 정하고, 실랑이, 욕설, 분실, 접촉 같은 빈번한 사건에 대한 규칙과 결과를 명확히 합니다. 규칙은 교실에 게시해 늘 상기시키고, 토론, 역할극을 통해 갈등을 해결하는 방법을 훈련하면 학생들은 자율적으로 문제를 조정하는 힘을 기릅니다. 이는 학부모에게도 '교사가 사후 연락에만 의존하지 않고, 예방적 노력을 한다.'는 긍정적 메시지를 줍니다.

또한, 소통의 기준을 학기 초 학부모 총회나 가정통신문을 통해 미리 안내하는 것이 필요합니다. 이렇게 사전에 합의된 기준은 교사가 매 사건마다 혼자 고민하지 않도록 도와줍니다. 동시에 학부모의 성향과 학생의 특성을 고려해 전달 방식을 유연하게 조율해야 합니다. 전화, 문자, 알림장 등 상황에 맞는 수단을 적절히 활용하면 교사의 부담도 줄어듭니다.

특히 중요한 것은 기록 습관입니다. 사건이 발생했을 때, 언제·어디서·무슨 일이 있었는지, 교사가 어떻게 개입했는지, 학생들의 반응이 어땠는지를 구체적으로 남겨두는 것이 필수적입니다. 단순히 '실랑이가 있었다.'가 아니라, 'O월 O일 OO학생과 △△학생 사이에 실랑이가 발생, 즉시 중재하여 사과하고 화해함.'과 같이 맥락과 결과까지 담아야 합니다. 이 기록은 학부모와 소통할 때 객관적 자료가 되어 불필요한 오해를 막고, 나중에 유사한 사건이 반복될 때 패턴을 분석하는 데에도 유용합니다. 더 나아가 학교 관리자나 동료 교사와 공유할 수 있는 근거 자료가 되어, 담임 교사 혼자 감당하지 않고 학교 차원의 대응으로 이어질 수 있습니다. 결국, 기록은 교사 자신을 보호하는 방패이자, 학부모와의 신뢰를 지키는 가장 강력한 도구입니다.

A3. 신뢰 기반의 정리된 소통 방식 마련하기

작은 사건을 학부모에게 어디까지 알릴지 고민할 때, 가장 중요한 것은 투명한 신뢰 관계입니다. 학기 초에 원칙을 분명히 전달하면, 학부모는 교사의 기준을 이해하고 예측할 수 있게 됩니다. 이때 사건만 알리는 것이 아니라 칭찬이나 긍정적인 소식도 함께 전하는 것이 좋습니다. "최근 ○○가 친구와 갈등을 잘 해결했어요.", "수업 태도가 많이 좋아졌습니다."처럼 작은 성장도 알려주면, 학부모는 교사가 내 아이를 균형 있게 바라본다고 느낍니다. 결국, 보고는 문제가 아니라 아이의 발달 과정을 함께 나누는 자리로 바뀔 수 있습니다.

또한, 소통 방식을 정리된 틀로 만들어 두면 교사의 부담이 줄어듭니다. 소식지, 간단한 체크리스트, 가정통신문 등 정기적인 안내 체계를 활용하면 작은 사건 때문에 매번 전화나 메시지를 보낼 필요가 없습니다. 특히 '일정 횟수 이상 반복된 행동만 개별 안내한다.'라는 방침을 세워 두면 교사와 학부모 모두 불필요한 불안에서 벗어날 수 있습니다. 즉, 사소한 문제까지 바로 연락하기보다 일정 기준에 따라 모아 전달하면 오히려 학부모는 교사의 판단을 더 신뢰하게 됩니다.

마지막으로, 평소의 신뢰 쌓기가 핵심입니다. 교사가 자주 소통하고, 아이의 긍정적인 면을 꾸준히 나눌수록, 학부모는 작은 사건 보고에도 과민하게 반응하지 않습니다. '아이의 강점을 살펴보고 함께 지도하고 있습니다.'라는 메시지를 계속 전하면 학부모는 교사를 '아이를 함께 키우는 동반자'로 받아들이게 됩니다. 결국, 작은 사건 보고의 본질은 '어디까지 알릴까?'가 아니라 교사가 원칙을 지키면서 차분하고 분명한 방식으로 소통하는 것입니다. 이렇게 하면 학부모와의 신뢰는 오래 유지될 수 있습니다.

Q10. 가정 돌봄이 부족한 학생, 어떻게 보살펴야 할까요?

> 한 학생이 가정에서 충분한 돌봄을 받지 못하는 듯 보입니다. 아침마다 지각하거나 결석하는 날이 많고, 등교하더라도 무기력한 표정으로 조용히 시간을 보내는 경우가 대부분입니다. 수업에 참여하지 않거나 멍하게 있는 시간이 많고, 준비물이나 숙제도 자주 빠뜨립니다. 친구들과도 거의 대화를 하지 않고, 교사가 다가가도 피하거나 짧게만 반응합니다. 지속적으로 관심을 갖고 다가가려 하지만, 어느 정도 선에서 개입하고 도와야 할지 판단이 어렵습니다.

A1. 교실 속에서 심리적 안전망 마련하기

교실에서 만나는 학생들 중에는 집에서 충분한 돌봄과 관심을 받지 못해 보이는 경우가 있습니다. 잦은 지각이나 결석, 무기력한 태도, 준비물 미비, 교사나 또래와의 단절 같은 모습은 단순한 생활 습관 문제가 아니라 정서적 안전망이 부재하다는 신호일 수 있습니다. 이런 학생을 보살피는 일은 교사에게 큰 부담이지만 동시에 반드시 필요한 역할입니다. 모든 것을 해결하기보다는 학교 안에서 안정감을 주고, 필요한 자원과 연결하는 다리 역할을 하는 것이 중요합니다.

가정 돌봄이 부족한 학생은 자주 '관심받을 자격이 없다.'라는 내면의 불안을 품고 있습니다. 교사의 첫 번째 역할은 이 학생에게 학교에서만큼은 안전하다는 감각을 심어주는 것입니다. 아침마다 이름을 불러주고, 반응이 짧더라도 긍정적으로 응대하며, 꾸준히 일관된 태도로 다가가는 것이 기본입니다. 대화가 길 필요는 없습니다. 짧은 인사, "잘 왔구나." 같은 말 한마디가 학생에게는 보호받는 경험으로 다가옵니다.

일상생활에서 지각, 결석, 과제 미제출 같은 어려움이 반복된다면 담임 교사 혼자서 감당하기보다 학교 내 지원 체계와 연결하는 것이 필요합니다. 상담교사, 교육복지사, 보건교사와 협력하고, 지역 아동센터와 연계하면 학습·생활·정서 지원이 함께 이루어져 학생의 압박이 줄어듭니다. 또래 관계는 한 명의 믿을 만한 친구와 짝을 지어 주거나 소규모 활동부터 시작하는 것이 효과적입니다. 소속감의 문턱을 낮춰야 학생이 거부감 없이 관계를 회복할 수 있습니다.

마지막으로 교사 자신도 개입의 선을 설정해야 합니다. 모든 문제를 해결하려 하면 교사도 지치고 학생도 부담을 느낍니다. 담임 교사의 역할은 보호와 연결, 즉 학교라는 울타리에서 안정감을 보장하고 적절한 자원으로 이어주는 다리 역할입니다. 이 안정감이 쌓일 때, 학생은 비로소 자기 속도에 맞게 회복을 시작할 수 있습니다.

A2. 학교 안팎의 지원 체계와 전문기관 연계하기

학생의 반복적인 무기력, 결석, 위생 문제는 단순한 생활지도의 범위를 넘어선 신호일 수 있습니다. 이 경우 담임 교사는 혼자서 해결하려 하기보다 학교 안팎의 지원 체계를 적극적으로 활용해야 합니다. 예를 들어, Wee 클래스 상담 교사와 연결하여 전문적인 심리 상담을 받도록 돕거나, 보건교사와 협력해 건강·영양 상태를 확인하는 방식입니다. 필요시 학교사회복지사와 연계해 가정 방문 상담을 요청하거나, 아동센터·드림스타트·지역 복지 기관 등 외부 자원과 이어주는 것도 가능합니다.

이 과정에서 중요한 것은 기록과 공유입니다. 학생의 지각, 결석 패턴, 수업 참여도, 무기력한 태도, 준비물 미비 등 구체적인 사례를 꾸준히 기록하면 지원 체계와 협력할 때 객관적 자료로 활용할 수 있습니다. 또래 교사, 관리자, 상담 교사와 공유해 학생의 상황을 함께 파악하면 교사 개인의 주관적 판단을 넘어서 학교 차원의 일관된 대응이 가능합니다.

학부모와의 소통도 필요합니다. 그러나 "왜 돌보지 않느냐?."라는 추궁보다 "학교에서 이런 어려움이 보입니다. 가정에서 도와주실 부분이 있을까요?"처럼 협력적 태도로 접근해야 합니다. 학부모가 돌봄을 충분히 제공하지 못하는 상황이라면 학교가 지역 복지 자원과 연결될 수 있음을 안내하고, 학부모가 도움을 요청하기 어려운 경우 대신 다리 역할을 맡는 것도 중요합니다. 학생의 안전이 심각하게 위협을 받는 경우라고 판단된다면, 학교 관리자와 협의해 아동보호전문기관 등 외부 전문기관에 신고하거나 지원을 요청하는 것도 마지막 수단으로 고려해야 합니다.

A3. 작은 돌봄과 꾸준한 관심으로 지지하기

가정 돌봄이 부족한 학생은 겉으로 큰 문제행동을 보이지 않더라도 내면에서는 고립감과 좌절을 겪고 있을 수 있습니다. 교사는 먼저 학생을 필요한 존재로 느끼게 하는 경험을 만들어야 합니다. 재능을 살릴 수 있는 작은 역할을 맡기거나 실패하지 않을 만한 개인 과제를 제안해 성취감을 경험하게 하는 것이 효과적입니다. 예를 들어 게시판 꾸미기, 수업 자료 정리 같은 소소한 일이 학생에게는 자신감을 회복하는 계기가 될 수 있습니다.

중요한 것은 조급함보다 꾸준함입니다. 하루아침에 큰 변화를 기대하기보다는 매일 같은 시간 눈을 맞추고 인사를 건네는 일, 작은 변화를 발견해 칭찬하는 일처럼 일상적인 지지가 학생에게는 가장 큰 울타리가 됩니다. 혼자 감당하기 어렵다면 학년부, 상담부, 복지 담당 교사와의 협력 체계를 통해 함께 학생을 바라보고 지지할 수 있는 구조를 마련해야 합니다.

결국, 교사의 개입은 완전한 해결책이 아니라 회복의 토대를 마련하는 것입니다. 학생이 학교에서 최소한의 안전감을 느끼고, 조금씩 관계와 자신감을 회복할 수 있도록 곁을 지켜주는 것, 그것이 담임 교사가 할 수 있는 가장 중요한 보살핌입니다. 무리해서 모든 걸 떠안기보다, 지금 줄 수 있는 작은 돌봄이 학생에게는 삶 전체를 바꾸는 힘이 될 수 있다는 믿음으로 접근하는 것이 필요합니다.

Q11. 특정 교과 불만 확산, 담임 교사는 어떻게 조율해야 할까요?

> 우리 반 일부 학생들이 특정 교과 선생님의 수업에 대해 지속적으로 불만을 제기하고 있습니다. "그 선생님 수업 진짜 듣기 싫어요.", "맨날 혼만 나잖아요." 등의 말이 쉬는 시간과 자습 시간에 공공연히 오가고 있습니다. 처음엔 몇몇 학생의 불만이었지만 점점 다른 아이들도 영향을 받아 수업에 늦게 들어가거나 수업 중 집중하지 않는 등 소극적 저항의 모습이 나타나고 있습니다. 해당 교과 선생님은 이 분위기를 감지하고 있지만 크게 개입하지 않고 있어 담임 교사인 저에게도 은근히 해결을 기대하는 눈치입니다. 이 상황에서 담임 교사로서 어느 시점, 어떤 방식으로 개입해야 할지 고민입니다.

A1. 불만을 건설적인 대화로 전환하기

학생들이 특정 교과에 대해 불만을 제기하는 상황은 담임 교사에게 매우 난감한 문제입니다. 처음엔 몇 명의 불만으로 시작했더라도, 그것이 확산되면 학급 전체 분위기에 영향을 주고 학습권까지 흔들릴 수 있습니다. 더구나 교과 선생님은 직접적으로 개입하지 않는 경우가 많아 담임 교사가 중재자로 나설 수밖에 없습니다. 이럴 때 중요한 것은 한쪽의 편을 들지 않고, 학생과 교사 모두가 존중받을 수 있는 균형 잡힌 개입을 하는 것입니다.

학생들의 불만이 커질 때 가장 먼저 필요한 것은 불만의 성격을 구분하는 일입니다. 단순한 감정적 반발인지, 실제로 개선이 필요한 수업 구조의 문제인지에 따라 접근이 달라집니다. 따라서 담임 교사는 학생들과 함께 대화하는 자리를 마련하되, '그 선생님 비난하기'가 아니라 '수업에서 어려운 점과 바라는 점을 구체적으로 말하는 시간'임을 분명히 해야 합니다. 이때 교사는 학생들의 이야기를 메모하며, 사실과 의견을 구분해 정리합니다. 기록을 남기는 것은 나중에 교과 선생님과 이야기할 때 불필요한 왜곡이나 감정을 줄여줍니다.

그다음 단계는 교과 선생님과의 소통입니다. 단순히 "아이들이 싫어합니다."라고 전달하는 것이 아니라, '과제량이 많아 힘들다는 의견이 5명, 설명이 빠르다는 의견이 7명'처럼 구체적이고 객관적으로 이야기해야 합니다. 이렇게 하면 교과 선생님이 방어적으로 반응하기보다 개선점을 검토할 여지가 생깁니다. 담임 교사는 어디까지나 중재자로서 '누구의 잘잘못'을 따지기보다 '수업 환경 개선'이라는 공동 목표를 중심에 두어야 합니다.

마지막으로 학생들에게도 변화의 책임이 자기들에게 있다는 점을 강조해야 합니다. "선생님께 전달은 하겠지만 우리가 먼저 할 수 있는 노력은 무엇일까?"라고 질문해 불만이 단순한 저항이 아닌 '참여와 제안'으로 이어지게 해야 합니다. 그리고 수업에 실제 변화가 생기면 작더라도 학생들에게 알리고, 교과 선생님께는 감사의 뜻을 전함으로써 긍정적 순환을 만들어갈 수 있습니다.

A2. 교과 교사와 협력해 해결의 틀 만들기

불만이 퍼지면서 학생들이 수업을 거부하거나 늦게 들어오는 모습이 나타난다면 이는 이미 소극적 저항의 단계에 들어선 것입니다. 담임 교사는 이때 반드시 개입해야 합니다. 우선 불만을 제기한 학생들뿐 아니라 그렇지 않은 학생들까지 포함해 개별 면담을 진행합니다. '수업이 싫다.'라는 막연한 불만이 아니라 과제 방식, 수업 속도, 생활지도 방식 등 구체적인 어려움이 무엇인지 파악해야 합니다. 이 과정에서 중요한 것은 비난이 아니라 '어떻게 하면 더 나아질 수 있을까?'라는 건설적 관점으로 대화를 이끄는 것입니다.

담임 교사는 학생들의 이야기를 정리하면서 동시에 수업을 직접 관찰하는 것도 도움이 됩니다. 실제 수업에 들어가 학생들의 태도와 교사의 지도 방식을 살펴보면 학생들의 불만이 과장인지 실제 문제인지를 객관적으로 판단할 수 있습니다. 그런 뒤 교과 선생님께 접근할 때는 먼저 공감과 지지를 표현하며 시작합니다. "아이들이 요즘 집중이 어려워 보여 걱정됩니다. 제가 도울 일이 있을까요?"와 같은 말은 교과 선생님을 방어적이지 않게 만듭니다.

교과 선생님과 논의할 때는 학생들의 불만을 그대로 전달하기보다 담임 교사가 관찰한 사실과 구체적인 사례를 중심으로 이야기하는 것이 바람직합니다. 함께 학생 참여를 높이는 방법, 생활지도 일관성 유지, 의견을 수렴하는 방안 등을 모색하면서 '담임 교사 - 교과 교사 협력 구조'를 세우는 것이 중요합니다. 동시에 학급 학생들에게는 특정 교과에 대한 부정적 언행이 학급 전체의 분위기를 해칠 수 있음을 인식시켜, 책임 있는 태도를 강조해야 합니다.

A3. 책임과 존중을 가르치는 담임 교사의 리더십과 조율

담임 교사가 중재자로 나설 때 가장 큰 과제는 학생들에게 수업 태도와 공동체 의식을 가르치는 일입니다. 학생들의 불만은 단순히 특정 교과에 대한 반감이 아니라 학습 태도의 약화와 연결될 수 있기 때문입니다. 담임 교사는 학생들에게 '수업은 누구를 위한 시간인지', '우리 반이 어떤 태도로 배우는 문화를 만들고 싶은지'를 함께 고민하게 해야 합니다. 간단한 학급회의나 설문, 반성문 작성 등을 통해 학생들이 스스로 태도를 성찰하고, 문제 해결의 주체로 서게 하는 것이 효과적입니다.

교과 선생님과의 관계에서도 담임 교사는 평가자가 아니라 연결자의 역할을 해야 합니다. 학생들의 불만을 있는 그대로 전달하기보다 학생과 교사의 목소리를 모두 존중하며 "어떻게 하면 수업이 더 나아질 수 있을까?"라는 공동의 질문을 던져야 합니다. 때로는 학년부나 다른 교사와 협의해 더 넓은 차원의 대응을 논의하는 것도 도움이 됩니다. 이렇게 하면 문제 해결 과정 자체가 '교사 협력 모델'로 학생들에게 긍정적인 메시지를 줄 수 있습니다.

결국, 담임 교사의 개입은 단순히 갈등을 중재하는 것이 아니라 학생들에게 건설적인 문제 해결 방식과 존중의 문화를 가르치는 교육적 기회가 됩니다. 학생들이 불만을 저항이 아닌 참여로 전환하는 경험을 할 때, 교사와 학생, 학급 전체가 한 단계 성장할 수 있습니다. 쉽지 않은 상황이지만, 담임 교사의 차분하고 균형 있는 개입이야말로 학급 문화를 바꾸는 힘이 됩니다.

Q12. 학생들과 특별한 활동, 눈치 보지 않고 해도 될까요?

> 신규 교사로서 아이들과 의미 있는 시간을 보내고 싶어 학기 중엔 학교에서 1박 야영을 했고, 방학엔 계곡 체험도 계획 중입니다. 아이들이 좋아하고 반 분위기도 훨씬 좋아졌지만, 문제는 다른 반 학생들이 부러워하며 담임선생님께 "우리 반은 왜 안 해요?"라고 묻는 일이 생겼다는 겁니다. 몇몇 동료 교사들은 부담스러워하거나 힘들다는 반응을 보이기도 했습니다.
>
> 저는 여전히 아이들과 함께 다양한 경험을 해보고 싶은데, 이런 상황에서 주변과의 균형은 어떻게 맞춰야 할지 고민입니다. 이럴 때 학급 경영은 어떻게 해야 할까요?

A1. 교육적 의미를 분명히 하고 균형을 잡기

아이들과 함께 특별한 경험을 만들어 주고 싶은 마음은 교사라면 누구나 품는 자연스러운 바람입니다. 특히 신규 교사일수록 학급에 따뜻한 추억을 남기고 싶어 더 많은 활동을 시도하게 되지요. 하지만 때로는 그 열정이 다른 학급과의 비교, 동료 교사들의 부담, 형평성 문제로 이어져 고민이 깊어질 수 있습니다. 이런 상황에서 중요한 것은 열정과 교육적 의미를 지키면서도, 학교 공동체 속에서 균형을 잃지 않는 학급 경영의 지혜입니다.

교사에게 특별활동은 단순히 '즐거움'을 주는 이벤트가 아니라 학급의 문화를 세우는 과정입니다. 그러나 교육적 목적이 분명하지 않다면 활동은 금세 비교의 대상이 되고, 외부 시선에 부담으로 돌아올 수 있습니다. 따라서 활동을 계획할 때, 이 활동이 학생들에게 어떤 성장을 주는지 스스로 답할 수 있어야 합니다. 1박 야영은 협동과 자립심을 기르는 장, 계곡 체험은 자연 속에서 서로를 배려하는 경험의 장이 될 수 있습니다. 목적을 분명히 하면 동료나 학부모에게 설명할 때도 설득력이 생기고, 교사 자신도 활동의 의미를 흔들림 없이 붙잡을 수 있습니다.

특별활동이 긍정적인 효과를 발휘하려면 빈도와 강도의 조절이 필요합니다. 활동이 지나치게 잦으면 학생들의 기대치가 높아져 교사에게는 부담으로 돌아오고, 동료 교사들에게는 간접적 압박이 됩니다. 반대로 드물게 진행되는 활동은 그 자체로 오래 기억되고 특별함을 더합니다. '특별함은 가끔이기에 특별하다.'라는 원칙을 세워 두면 활동은 학급의 문화로 뿌리내리되 지나친 부담으로 흐르지 않습니다.

A2. 동료 교사와의 협력 속에서 확장하기

특별활동은 학생들에게 값진 추억이 되지만 동시에 다른 학급과의 비교를 불러오기 쉽습니다. "우리 반은 왜 안 해요?"라는 학생들의 질문은 다른 담임 교사들에게는 곧 압박이 되고, 이는 교사 간의 관계에 미묘한 긴장을 불러올 수 있습니다. 따라서 담임 교사는 특별활동을 개인적 성과가 아니라 학교 공동체의 자산으로 확장하는 태도를 가져야 합니다.

가장 좋은 방법은 사전에 동료 교사들과 충분히 공유하고 협의하는 것입니다. "이번 활동은 이런 취지로 기획했습니다. 혹시 다음에는 학년 행사로 확대해 함께 진행해 보면 어떨까요?"라고 제안하면, 동료 교사들은 압박이 아닌 기회로 받아들이게 됩니다. 또 본인이 준비한 자료와 진행 노하우를 나누면서 "혹시 필요하시면 제가 도울게요."라고 먼저 손을 내미는 태도는 동료들의 부담을 덜어줍니다. 이렇게 하면 특별 활동이 '저 반만의 특권'이 아니라 학교 차원의 긍정적 문화로 자리 잡게 됩니다.

또 한 가지 방법은 특별 활동을 '학생들의 노력과 성취에 대한 보상'으로 설명하는 것입니다. 예를 들어 '우리 반은 지난 학기 프로젝트에서 성실히 참여해 이런 결과를 냈기 때문에 이번 활동을 보상 차원에서 진행한다.'라는 식으로 학급 아이들에게 안내하고, 다른 교사들에게도 그렇게 공유하면 활동이 '담임 교사 개인의 열정'이 아니라 '학생들의 노력의 결실'로 자리매김합니다. 이는 다른 학급 학생들에게도 '우리도 열심히 노력하면 특별한 경험을 얻을 수 있다.'는 동기를 주어 비교 대신 자기 반 안에서 긍정적인 동기를 찾도록 유도할 수 있습니다.

활동이 끝난 뒤에는 성과를 공유하는 것도 중요합니다. 사진, 학생 소감, 간단한 기록을 교무실이나 학부모에게 나누면, 활동이 단순한 이벤트가 아니라 교육적 가치가 있는 과정임을 모두가 공감할 수 있습니다. '저 반만 즐긴다'는 시선은 '좋은 아이디어다'라는 반응으로 바뀌고, 이는 교사 간 신뢰와 협력으로 이어집니다. 결국, 특별 활동을 지속 가능하게 만드는 힘은 공동체와의 협력, 그리고 성취에 기반한 정당성 부여입니다.

A3. 학생들에게 특별활동의 의미를 새겨주기

특별 활동을 준비하는 교사의 열정은 분명 귀합니다. 그러나 다른 반과의 비교 속에서 학생들에게 '우리만 특별하다.'라는 자부심이 배타적인 태도로 변하지 않도록 조율하는 것도 담임 교사의 역할입니다. 아이들이 "왜 우리 반만 해요?"라는 말을 듣게 되었을 때, 교사는 '각반마다 다른 방식으로 즐겁게 배우고 있어. 우리 반은 이런 경험을 했지만, 다른 반은 또 다른 활동을 하고 있단다.'라는 메시지를 전하며 비교 대신 다양성을 배우게 할 수 있습니다.

활동이 단순히 '즐겁고 끝나는 일'이 되지 않도록 반드시 의미를 성찰하게 하는 과정이 필요합니다. 야영 후에는 '서로 협력하며 텐트를 치던 경험이 우리 반을 어떻게 바꿨을까?'를 묻고, 계곡 체험 후에는 '서로 챙겨준 순간이 왜 기억에 남는 걸까?'를 나누는 대화 자리를 마련하세요. 학생들은 단순한 즐거움이 아니라 학급 공동체로서 성장한 의미를 스스로 깨닫게 됩니다. 이 성찰 과정이 활동의 진정한 가치를 완성합니다.

마지막으로 활동의 주도성을 학생들에게 나누어 주세요. 준비, 진행, 마무리 과정에서 학생들이 직접 역할을 맡고 책임을 공유하면 특별 활동은 교사의 이벤트가 아니라 반 모두의 성취로 자리 잡습니다. 교사의 열정이 학생들의 참여와 성찰로 이어질 때, 활동은 단순한 추억을 넘어 오래도록 기억될 교육적 경험으로 남게 됩니다.

3. 학교 생활교육 꿀팁

Q1. 친한 듯, 괴롭히는 듯, 애매해 보이는 관계의 학생들에게 무엇을 알려주면 좋을까요?

> 수업 방해 행동, 규칙 위반 등 생활지도가 어려운 아이들 두 명이 있는데, 늘 같이 다닐 정도로 평소에는 굉장히 친합니다. 하지만 혼날 일이 생겨 지도할 때마다 서로는 친한 사이가 아니며 하기 싫은 행동인데 상대방 때문에 억지로 했다고 우기더라고요. 지도 후 다음 쉬는 시간에 보면 또 같이 어울려 다니며 '하하 호호' 웃고 있습니다.
>
> 맛있는 것 사주기, 둘의 자리를 멀리 떨어뜨려 놓기, 서로에게 편지 쓰기 등 다양한 방법들을 써보았지만 아무 소용이 없었어요. 친구인 듯 친구 아닌 것처럼 행동하는 이 학생들을 어떻게 지도하면 좋을까요?

A1. 친한 듯 갈등하는 또래, 책임과 관계를 함께 배우도록 지도하기

두 학생이 보이는 모습은 사춘기 또래 관계에서 흔히 나타나는 양면성입니다. 즐겁게 어울리면서도 책임이 따르는 순간에는 서로를 탓하거나 거리를 두려는 태도가 드러납니다. 교사는 우선 이러한 관계의 특성을 인정하되 학생들에게 '친하게 지낼 수 있지만, 각자의 책임은 분명히 따로 있다.'라는 원칙을 알려주는 것이 필요합니다. 특히 지도 과정에서 '네가 선택한 행동은 네 책임이야.'라는 기준을 일관되게 적용해 책임 전가를 막아야 합니다.

또한, 두 학생이 문제 상황을 어떻게 건강하게 풀어야 하는지 알지 못할 수 있으므로 교사가 관계 기술을 직접 가르쳐 줄 필요가 있습니다. 예를 들어 하기 싫은 행동을 거절하는 방법, 의견이 다를 때 감정을 상하지 않게 표현하는 방법 등을 구체적으로 제시하고, 대화 연습 등으로 훈련할 수 있도록 돕는 것이 효과적입니다. 이를 통해 학생들은 단순히 서로를 탓하는 패턴에서 벗어나 문제 해결 능력을 기르게 됩니다.

지도는 부정적인 순간에만 머무르지 않고, 긍정적인 상호작용을 강화하는 방식으로도 이뤄져야 합니다. 서로를 도와주거나 즐겁게 협력하는 모습을 발견했을 때 '서로 도우니 멋진 결과가 나왔네.', '웃으며 이야기하는 모습이 보기 좋다.'라는 식으로 구체적으로 칭찬해 주면, 학생들은 바람직한 관계 맺기 방식을 자연스럽게 배우게 됩니다.

무엇보다 중요한 것은 교사의 일관성 있는 태도입니다. 상황에 따라 기준이 바뀌거나 감정적으로 대응하면 학생들은 다시 허점을 찾게 됩니다. 따라서 차분하면서도 단호하게 정해진 원칙을 적용하고, 선생님은 둘의 관계를 존중하지만 각자 책임은 분명히 해야 한다는 메시지를 반복적으로 전달하는 것이 필요합니다.

두 학생의 친구인 듯 친구 아닌 듯한 모습은 성장 과정에서 나타나는 자연스러운 현상임을 인지하셔야 합니다. 교사가 관계의 양면성을 인정하면서도 책임 원칙을 분명히 세우고 건강한 소통 방법과 긍정적 경험을 안내한다면, 이 과정은 두 학생이 성숙한 또래 관계를 형성해 가는 든든한 밑거름이 될 것입니다.

A2. 겉으론 친한 듯 보이지만 책임은 회피하는 관계의 학생 지도 방법

두 학생의 모습으로 보아 겉으로는 서로 친한 척하지만 실제로는 한 명이 주도하고 다른 한 명은 끌려가며 상대 때문이라고 말할 가능성이 있습니다. 아니면 반대로 공동 책임을 피하려고 변명하는 것일 수도 있습니다. 이 경우에는 두 학생을 개별적으로 관찰해 각자의 역할을 분석하는 것이 필요합니다.

두 학생을 지도할 때는 두 학생을 따로 분리해서 대화해야 합니다. 함께 불러 지도하면 책임을 떠넘기기가 쉽습니다. 각자와 대화할 때는 자신이 선택한 행동이라는 점을 분명히 하세요. 친구가 시켜서가 아니라 자신이 결정했기 때문에 본인의 책임이라는 메시지를 반복적으로 주는 것이 중요합니다.

단순히 자리를 바꾸거나 편지를 쓰게 하는 것보다 역할 분담이 명확한 협력 활동을 주는 것이 좋습니다. 예를 들면 학급 활동이나 과제에서 두 학생이 각자 독립적인 책임을 지는 방식으로 배치하고 내가 하지 않으면 팀 전체가 곤란해진다는 인식을 갖게 하는 것이 중요합니다.

A3. 친밀함 뒤에 숨은 관계의 이면 들여다보기

이 장면은 친한데 장난이 과한 것이 아닌 숨은 폭력일 수 있다는 관점으로 접근해야 합니다. 생활지도가 어려운 학생들의 관계에는 대개 상대의 입장에서 생각하는 태도가 부족하거나 필요가 없어지면 버리는 친함이 혼재된 경우가 있습니다. 겉으로는 친해 보이지만 한쪽이 주도권을 쥐고 마음대로 하고 있는지 파악해야 합니다. 힘이 있는 친구에게 이 상황이 불편하다는 표현을 할 수 있고 수용이 되는지 확인하는 것이 중요합니다. '방금 웃음이 동의였니? 아니면 참음이었니?', '네가 멈추자고 했을 때 상대는 바로 멈췄니?', '상황이 불리해져도 그 관계를 지킬 의사가 있니?'와 같은 질문을 통해 학생의 의사를 확인해야 합니다. 학생의 의사가 확인되면 두 학생의 생활을 관찰하면서 발견된 문제점을 기록해야 합니다. 기록한 내용을 주기적으로 아이들에게 알려주고 무엇인 문제이고 어떻게 고쳐야 하는지 알려주어야 합니다.

교사는 문제를 해결하는 존재가 아니라 관계의 실제를 드러내는 역할을 해야 합니다. 친해 보이는 모습이 진정한 친구 사이가 아님을 알리고 안전한 친구 관계를 회복하기 위한 기준을 일관되게 보여주는 것, 이것이 생활교육에서 교사가 지켜야 할 첫 원칙이라고 생각합니다.

A4. 마음의 균형을 유지하는 능력-정서 조절 전략

정서 조절은 단순히 화를 억누르거나 감정을 감추는 것이 아니라 자신의 감정을 올바르게 인식하고 상황에 맞게 표현하며 긍정적인 행동으로 전환하는 능력을 말합니다. 교실에서 학생들이 보이는 다양한 갈등이나 방해 행동은 대부분 순간적인 감정 폭발과 관련이 있습니다. 따라서 교사는 학생들이 감정을 이해하고 다룰 수 있도록 구체적인 전략을 제시해야 합니다.

첫째, 정서 인식 훈련이 필요합니다. 학생이 화를 낸 상황에서 곧바로 훈계하기보다 '네 기분이 지금 어떤지 말해 볼래?'와 같은 질문을 통해 감정을 언어로 표현하게 하면 자신을 객관적으로 바라보게 됩니다.

둘째, 자극-반응 사이의 시간 벌기가 효과적입니다. 감정이 격해질 때는 즉시 반응하지 않고 5초 정도 숨을 고르게 하거나 잠시 자리를 벗어나도록 유도하면 충동적 행동을 줄일 수 있습니다.

셋째, 긍정적 대안 행동 제시가 필요합니다. 화가 난 상황에서도 친구를 밀기보다 말로 표현해보라는 구체적 대안을 제시하면 부정적 감정을 사회적으로 바람직한 행동으로 전환할 수 있습니다. 또는 감정의 공감 이후 다음은 어떻게 행동하는 것이 좋을지 자기 주도적으로 선택하게 하는 것이 중요합니다.

넷째, 교사의 모델링이 중요합니다. 교사가 학생 앞에서 감정을 차분히 표현하고 갈등 상황을 합리적으로 조율하는 모습을 보일 때 학생들은 자연스럽게 정서 조절 방식을 학습하게 됩니다.

마지막으로, 공동체적 피드백을 통해 경험을 공유하는 것이 효과적입니다. 갈등 이후 짧게 모여 이번 일을 통해 배운 점은 무엇인지를 주제로 대화하게 하면 개인의 감정이 공동체 속에서 재해석됩니다. 이러한 전략을 반복적으로 적용할 때 학생들은 감정을 억압하는 것이 아니라 이해하고 활용하는 능력을 배우게 되고, 이는 학습 태도와 대인관계, 나아가 삶의 태도까지 긍정적으로 변화시키는 힘이 됩니다.

A5. 과제의 분리로 책임을 배워 나가기

기본 전제는 교사는 가능한 범위 내에서 최선을 다할 뿐 명확한 한계가 있음을 스스로 자각하는 것입니다. 심리학에서 과제의 분리라는 개념이 있습니다. 타인의 과제를 선생님께서 대신해 줄 수는 없습니다. 서로 책임을 떠넘기며 위기를 모면하는 아이들에게는 각자의 행동은 각자의 책임이라는 것을 각인시키도록 해봅니다.

교사: (차분하고 안정적인 목소리로) 학교는 멋있는 어른으로 자라기 위해서 행동에 대한 책임을 져보는 것을 연습해 볼 수 있는 좋은 곳이야. 어쩌면 공부보다 더 중요하기도 해.
학생 A: 그래도 쟤가 먼저 시작했다고요.
학생 B: 참나~ 얼척 없네.
교사: (단호하게 낮은 음성으로) 그만! OO이 너는 이 부분에 대해, OO이 너는 이 부분에 대해 사전에 알려준 대로 조치하게 될 거야. 이번 기회에 책임져보는 연습도 해보는 거야. 이제 돌아가도록 해요.

정확하게 경계를 안내하고 선을 넘는 행동이 반복될 경우, 학생과 사전에 합의한 약속이나 교칙을 근거로 일관되게 조치합니다. 자기 행동에 대한 예측 가능한 조치와 책임 이행 경험은 학생 스스로 행동을 수정하며 절제력을 키우는 기회가 될 것입니다. 조치 이행 중에는 아이들 개인의 이야기를 들어주면서 따뜻하게 받아주면 보통은 등 돌리지 않고 잘 따르게 됩니다.

과제의 분리는 핵심은 주어진 조건에서 최선을 다하는 것이라고 하겠습니다. 결과까지 통제할 수는 없다는 것도 인정해야 합니다.

Q2. 교사에게 욕설한 아이와의 체험학습, 어떻게 하면 좋을까요?

> 아이는 원래 비행 행동을 자주 보이던 아이입니다. 그래도 평소 담임 교사인 저와의 빈번한 대화로 어느 정도 라포르(rapport)가 형성되어 있었어요.
> 학교 행사가 있던 날, 교실 책상 위에 엎드려 있길래 제가 참여를 권유하자 이 아이는 참여하기 싫다고 이야기하며 저에게 큰소리로 욕을 하고 책상을 밀치며 일어난 뒤 학교를 뛰쳐나갔습니다. 그런데 내일 이 아이를 데리고 현장체험학습을 하러 가야 합니다. 실컷 쌓아둔 라포르(rapport)도 다 무너진 것 같은데 어쩌면 좋을까요? 오늘 일 때문에 이 학생을 잘 인솔할 자신이 없습니다.

A1. 관계 회복은 교사의 치유에서 시작

교사를 향한 욕설과 폭력적 행위는 명백한 교권 침해입니다. 더구나 학교 무단이탈까지 겹친 것은 매우 긴급한 상황입니다. 학생이 흥분한 상태에서 학교 밖으로 나갔기 때문에 즉각 조치가 필요합니다. 곧바로 학생부, 학년부, 관리자 등에게 알리고, 보호자에게도 사실을 통보합니다. 학교 상황에 맞는 방법으로 최대한 학생을 찾아봅니다. 당시 교사와 학생 사이의 대화와 상황을 상세히 기록해 둘 필요도 있습니다.

현장 체험학습은 논의 후 참여하지 않도록 조치합니다. 사안 조사나 초기 조치 없이 바로 체험학습에 참여시키는 것은 학급 학생, 가해 학생, 피해 교사 모두에게 좋지 않습니다. 학생 관리, 상담, 사안 조치 등은 협의회를 통해 학교 차원의 지원을 받아야 합니다.

이때는 학생보다 선생님이 먼저 치유와 회복의 대상이 됩니다. 이런 상황은 교사에게 즉각적인 공포뿐 아니라, 배신감, 분노, 모멸감을 안깁니다. 학생과의 관계 회복은 학생이 스스로 자신의 문제행동을 인정하고 책임질 의지가 있을 때만 가능합니다. 물론 욕설과 폭력은 교사 개인을 향한 것이 아니라 미숙한 감정 표현일 것입니다. 문제

행동과 학생을 동일시하지 않고 분리해 다루면 도움이 됩니다. 무엇보다 교사가 먼저 회복되어야 관계 회복도 가능합니다. 혼자 해결하려 하기보다 학교와 동료 교사의 도움을 적극적으로 받는 편이 모든 것을 더 빨리 제자리로 돌려놓습니다. 주변에는 언제나 경험 많은 선생님들이 계시니 주저하지 말고 도움을 청하세요.

A2. 체험학습을 관계 회복의 전환점으로 삼기

 욕설과 충동적 행동을 보였던 학생을 바로 다음 날 체험학습에 데려가야 하는 상황은 교사에게 큰 부담이 될 수 있습니다. 그러나 이번 체험학습을 단순히 문제 학생 관리의 장면이 아니라 교사와 학생이 관계를 회복하고 새롭게 신뢰를 쌓을 기회로 바라본다면 의미가 달라질 수 있습니다.

 교사는 학생의 행동을 개인적인 공격으로만 받아들이지 않고, 순간적인 감정과 충동에서 비롯된 것일 수 있음을 이해해야 합니다. 이 과정에서 중요한 것은 낙인찍기가 아니라 회복적 관점을 유지하는 태도입니다. 다만 교사가 혼자 감당하려 하기보다 관리자와 동료 교사의 지원을 요청하는 것이 필수적입니다. 체험학습 중 돌발 상황이 발생할 수 있으므로 사전에 역할을 분담하고 대응 방안을 마련해야 안전이 보장됩니다.

 체험학습 전날 또는 아침에 학생과 짧게 대화하는 시간도 필요합니다. 감정적인 비난 대신 '어제 네가 그런 행동을 했을 때 선생님은 마음이 힘들었어.'와 같이 솔직하지만 차분한 '나-전달법'을 활용해 교사의 감정을 알리고, 학생이 자기 행동이 관계에 어떤 영향을 주었는지 깨닫게 해야 합니다. 이때 '이번 체험학습이 단순히 노는 시간이 아니라 우리가 다시 좋은 관계를 구축하고 학급의 일원으로 긍정적인 경험을 쌓는 기회가 되었으면 좋겠다.'라는 메시지를 전하며 참여의 의미를 재정의할 수 있습니다.

 아울러 체험학습에 앞서 구체적인 약속과 기대를 설정하는 것이 중요합니다. 모두의 안전을 위해 정해진 규칙을 지키고 힘든 마음이 들면 말로 표현하기와 같은 현실적인 약속을 확인하고 이를 어길 경우의 대처 방식까지 분명히 안내해야 합니다. 또한, 체험학습 중에는 학생에게 작은 역할이나 책임을 맡겨 성취감과 소속감을 느끼게 하면 긍정적인 변화를 유도할 수 있습니다.

A3. 폭력이 아니라 미성숙한 감정 표출로 보기―라포르(rapport)는 남아 있다

이 상황을 폭력 사안으로 보지 않습니다. 신체적 위협이나 협박이 없는 욕설이라 하더라도 분명 나쁜 행동이지만 학생-교사 관계에서는 대개 충동적 감정 방출입니다. 어른의 기준으로 이 정도면 관계가 끝났다고 느끼기 쉽지만, 미성숙한 학생들은 감정의 파도가 빠르게 올라왔다가 빠르게 가라앉는 존재입니다. 그래서 라포르(rapport)가 무너졌다고 생각하지 말고 학생이 순간적으로 감정을 통제하지 못한 것으로 사건을 정의합니다. 이 정의가 서야, 다음 날의 장면을 관계 회복이 아니라 감정 표현 기술 지도의 기회로 사용할 수 있습니다.

출발 전 체험학습에 잘 참여할 것과 더 이상의 일탈 행위는 용납이 되지 않는다는 것을 간단하고 명확하게 안내하고 행사에 참여하게 합니다. 학생의 행위에 대한 지도는 사후에, 짧고 정확하게 해야 합니다. 어제의 행동에 대해 선생님이 받은 충격과 아픔을 알리고 학생이 책임져야 할 것을 정확하게 안내해야 합니다. 그리고 이 일로 인해 선생님과 학생의 관계가 끝이 아니라는 것을 확인시켜 주어야 합니다. 선생님이 자신을 여전히 존중한다는 것을 느낄 때 학생은 조금씩 나아질 수 있을 것입니다.

A4. 인생에 있어서 찬스가 될 좋은 기회를 낭비하지 않기

비행 행동을 보이는 학생은 종종 공감 능력의 미발달과 관련이 깊습니다. 심리학자 마틴 호프만은 공감이 출생 직후 단순한 정서적 동조 수준에서 시작해 성장하면서 타인의 감정을 분리해 이해하고 도덕적 판단과 행동으로 확장된다고 설명했습니다. 그는 공감 발달 단계를 네 가지로 구분했습니다.

   첫째, 유아기적 공감으로 아기가 다른 아기의 울음을 듣고 따라서 우는 단계
   둘째, 자기중심적 공감으로 타인의 감정을 자기 입장에서만 이해하는 수준
   셋째, 타인 중심적 공감으로 상대방의 감정을 분리해 이해하는 단계
   넷째, 추상적 공감으로 사회적 규범과 가치에 따라 넓은 범위의 사람에게 공감하는 단계입니다.

문제 학생의 경우, 아직 타인의 감정을 충분히 분리해 이해하지 못하는 자기중심적 공감 단계에 머물러 있을 가능성이 큽니다. 교사에게 욕설하고 책상을 밀친 행동은 교사와의 관계를 거부했다기보다 순간적 감정을 조절하지 못한 채 타인의 감정을 고려하지 못했음을 드러낸 것입니다.

따라서 체험학습을 앞둔 지금 교사가 취해야 할 태도는 처벌이나 단절이 아니라 공감 학습의 기회 제공이어야 합니다.

첫째, 교사는 자신의 감정을 솔직하지만, 차분히 표현해야 합니다. '네가 큰 소리로 화를 냈을 때 나도 마음이 아팠다'라는 언어는 아이가 타인의 정서를 인식하는 계기가 됩니다.

둘째, 체험학습에서 아이에게 작은 역할을 맡겨 긍정적 책임감을 느끼게 해야 합니다. '조별 이동을 네가 알려줄래?'와 같은 역할은 소속감과 타인 배려를 경험할 기회가 됩니다.

셋째, 긍정적 행동이 나타날 때 즉각 피드백하여 '덕분에 다른 친구들이 편했다.'라고 말해주면 자신의 행동이 타인에게 미치는 영향을 체험적으로 배우게 됩니다.

호프만의 이론에 따르면 공감은 선천적이 아니라 관계와 경험 속에서 점차 성숙한다고 합니다. 이번 체험학습은 무너진 라포르(rapport)를 다시 세우는 동시에 학생이 타인의 감정을 인식하고 공감 능력을 확장해 나가는 중요한 경험의 장이 될 수 있습니다.

A5. 교사에게 욕설한 학생과의 체험학습, 관계 회복의 기회로 삼기

담임 교사가 아이와 어느 정도 라포르(rapport)를 형성했다고 생각하더라도 그것이 곧 교사의 모든 지도가 곧바로 받아들여진다는 의미는 아닙니다. 아이의 환경은 여전히 변하지 않았고 오히려 그 환경이 아이를 더 힘들게 만들고 있을지도 모릅니다. 욕설을 한 날 역시 아이에게는 감당하기 어려운 상황이나 사건이 있었을 가능성이 큽니다. 그 배경을 알게 된다면 우리는 아이를 더 깊이 이해할 수 있을 것입니다.

교사로서는 관계가 조금 좋아졌다고 해서 아이가 즉시 변할 것이라 기대하기 쉽지만 실제로는 가랑비에 옷이 젖듯 서서히 이루어집니다. 따라서 체험학습은 아이와 관계를 회복하고 긍정적인 경험을 쌓을 기회가 될 수 있습니다.

체험학습을 하러 가기 전날이라도 아이와 따뜻한 대화를 시도해 보십시오. 무슨 일이 있었는지, 그때 어떤 마음이었는지를 묻고 교사로서 아이의 힘듦을 이해하려는 태도를 보이는 것이 중요합니다. 동시에 교사에게 욕설하는 행동은 명백히 잘못된 것임을 분명히 해야 하며 교사가 얼마나 당황스럽고 속상했는지 솔직히 전달하고 사과하도록 지도하는 과정도 필요합니다.

또한, 앞으로 감정이 폭발할 것 같은 상황에서 어떻게 행동하면 좋을지 구체적인 팁을 제시하는 것도 도움이 됩니다. 예를 들어 잠깐 자리를 피하는 방법, 말 대신 신호로 표현하는 방법 등을 함께 찾아보는 것입니다.

Q3. 패드립이 일상인 아이들을 어떻게 교육하면 좋을까요?

> 요즘은 습관처럼 패드립을 하는 아이들이 많습니다. 상대로 인해 기분이 상하면 자신의 현재 감정을 정확하게 표현하기보다 친구의 부모님 성함을 이야기하거나 부모님을 욕보이며 상대의 감정을 상하게 하는 방식으로 반격하는 경우가 참 많아요. 이러한 패드립 중에서도 더 난감한 경우는 부모님의 성함을 부르는 것을 넘어서 상대의 부모님을 성적으로 희롱하는 경우입니다. 한 번은 저희 반 아이 어머님께서 해당 내용이 담긴 아들과 아들 친구들의 메신저 내용을 우연히 보게 되셨다며 너무 충격적이라고 연락을 주시기까지 하셨습니다.
>
> 성적 발언과 같은 높은 수위의 패드립을 아무렇지도 않게 주고받는 아이들. 어떻게 지도하면 좋을까요?

A1. 따뜻하지만 단호하게 교실 속 언어문화 만들기

요즘 학생들 사이에서 부모 또는 가족을 대상으로 한 패드립이 장난처럼 오가는 현상은 결코 가볍게 넘길 문제가 아닙니다. 특히 성적인 발언 등은 장난 수준을 넘어선 언어폭력이자 법적으로도 매우 엄중하게 다뤄질 수 있는 사안이기에 학교는 반드시 패드립이 장난이 아니라 폭력임을 단호하게 규정해야 합니다.

첫 단계는 미묘한 분위기를 고민하기보다 교실에서 무관용 원칙을 공식적으로 선언하는 것입니다. 학생들이 장난이었고 자신도 당했다는 항변을 하더라도 가족을 모욕하는 말, 특히 성적인 언급은 어떤 이유로도 용납될 수 없는 폭력임을 명확히 하고, 심각한 경우 학교폭력 사건이 될 수 있음을 실제 사례와 함께 설명해 경각심을 키웁니다.

언어 표현으로 문제가 반복되는 배경엔 학생들이 감정 표현을 올바르게 배우지 못한 현실이 있습니다. '지금 네 말 때문에 기분 상했어.', '속상하다, 화가 난다.' 같은 직접적이고 구체적인 감정 언어를 학급 활동에 도입해서 스스로 연습하게 하는 것도 좋은 방법입니다. 이를 토대로 감정 일기, 감정 단어 사전 만들기, 감정-상황 매칭 카드 등 다양한 방식의 훈련이 효과적입니다.

필요하다면 전문 프로그램(언어문화주간, 청소년 상담센터 연계, 성인지 민감성 교육 등)을 주기적으로 운영해야 합니다. 동시에 가정과의 연계도 매우 중요합니다. 가정통신문, 학부모 설명회나 상담을 통해 집에서 자녀의 언어 습관을 지도하도록 요청하고, 문제의 심각성을 깨달은 학부모와 적극적으로 소통해야 활동의 효과가 커집니다.

이 모든 과정에서 핵심은 이 문제는 모두가 함께 바꾸는 문화라는 일관된 메시지 전달입니다. 교사는 따뜻하지만 단호하게, 언어폭력을 용납하지 않는 기준을 세우고, 감정 표현은 안전하게 연습하는 환경을 만들어야 합니다. 장기적으로 학생들은 서로를 존중하는 언어문화를 생활 속에서 체득하고 성장 과정에 큰 변화를 체험할 수 있습니다.

A2. '패드립'이 일상화된 학생들을 위한 회복적 언어 교육 방법

학생들 사이에서 패드립이 일상화된다면 이는 단순한 장난을 넘어 서로에게 깊은 상처를 남길 수 있습니다. 이런 경우에는 개별 학생을 지적하기보다 학급 전체를 대상으로 한 공동 교육활동이 효과적입니다. 특히 회복적 생활교육의 존중의 약속 정하기 서클 활동을 적용해 보는 것을 권합니다.

진행 방법은 다음과 같습니다. 우선 교실에서 의자만 이용해 원형으로 앉아 서로의 얼굴을 마주하게 합니다. 활동을 시작하기 전에는 아이들이 긴장을 풀고 자연스럽게 이야기할 수 있도록 마음 열기나 몸 열기 활동을 간단히 진행합니다. 이어서 서클 활동의 규칙을 학생들이 직접 낭독하도록 하고, 이 자리에서 나온 이야기는 절대 외부에 퍼뜨리지 않는다는 비밀 보장의 약속을 함께 정하도록 합니다. 본 활동은 세 단계로 진행할 수 있습니다.

긍정 경험 공유: 친구나 다른 사람의 말로 인해 기뻤던 경험을 나눕니다.
부정 경험 공유: 말 때문에 속상하거나 상처받았던 경험을 이야기합니다.
실천 약속 정하기: 서로의 마음을 다치게 하지 않기 위해 우리가 할 수 있는 행동들을 자유롭게 제안하고, 그중에서 학급에서 꼭 지킬 수 있는 몇 가지를 투표로 선정합니다.

이 과정을 통해 학생들은 자기 말이 상대방에게 어떤 영향을 미치는지 자연스럽게 성찰하게 됩니다. 교사는 활동 중간중간 '친구의 말도 상처가 되는데 하물며 가족을 비하하는 말은 훨씬 더 큰 상처가 된다.'라는 메시지를 덧붙이면 효과가 큽니다.

결국, 이 활동의 목표는 학생들에게 말은 장난이 아니라 상대의 마음에 흔적을 남긴다는 사실을 깨닫게 하고, 서로 존중하는 학급 문화를 형성하게 하는 것입니다.

A3. 패드립은 도덕 문제 이전에 '언어 기술'의 문제

패드립을 도덕 문제보다 언어 기술의 문제로 봅니다. 다만 그 기술을 대체 문장 훈련 같은 경직된 절차로 가르치기보다 현장의 분위기와 라포르(rapport) 안에서 조금씩 수위를 낮추는 쪽이 더 오래간다고 생각합니다.

왜냐하면, 아이들이 거친 말을 쓰는 이유의 절반은 모범적인 문장이 오글거리고 약해 보이는 문화 때문이기도 합니다. 그래서 가족이나 신체, 성에 관한 모욕 등의 기준을 분명히 하고 그 외의 표현은 수위와 방향을 미세하게 조정시키는 데 집중합니다.

수업 중에는 공개 제지 대신 짧은 눈 맞춤, 입꼬리만 내리는 표정으로 '지금은 선을 넘었다.'는 신호만 남기고, 수업은 지속합니다. 그 상황을 확장 시키지 않고 쉬는 시간에 스치듯 '방금 건 방송 불가 수위였고, 다음에는 조금만 조절하자.'라고 한마디 하면 충분합니다. 설교 대신 학생이 한 말의 수위, 대상, 타이밍을 살짝 조정하는 느낌으로 접근합니다.

이를테면 사람을 놀리는 것보다 상황 또는 행동을 비트는 식으로 방향을 바꾸거나, 공개 공간이 아닌 친한 무리 안에서만 통할 수 있는 농담으로 장소를 옮기게 합니다. 아이들이 쓰는 언어를 부정하지 않고, 그 안의 재치는 살리되 부적절한 표현을 덜어내게 돕는 것도 필요합니다. '그 포인트는 웃겼다. 다만 대상만 바꾸자.'와 같은 안내는 모범 답안을 강요하지 않으면서도 아이 스스로 수정의 방향을 찾게 합니다. 좋은 표현은 '아까 그건 센스 좋았다.'처럼 칭찬해 줄 필요도 있습니다.

선생님의 안내를 통해 아이들은 기준선이 어디인지 알게 되고 작은 경험이 쌓여가면서 건강한 표현으로도 재미있을 수 있는 감각을 얻습니다.

언어 습관은 강제가 아니라 분위기의 축적으로 바뀝니다. 오늘 조금, 내일 또 조금 그렇게 수위가 낮아질수록 교실의 웃음은 천천히 건강해질 것입니다.

A4. 자존감이 낮은 학생들, 스텝 바이 스텝(Step by Step)

오늘날 학생들 사이에서 습관적으로 이루어지는 패드립은 단순한 언어 습관을 넘어 자존감과 관계의 문제와 맞닿아 있습니다. 조세핀은 교실 속 자존감이 낮은 아이일수록 상대를 존중하는 대신 상처 주는 방식으로 자기 존재감을 드러낸다고 말합니다. 즉, 부모를 희롱하거나 성적인 패드립을 아무렇지 않게 주고받는 것은 자기감정을 건강하게 표현하지 못하고, 타인을 낮춤으로써 순간적 우위를 얻으려는 왜곡된 자존감의 발현입니다.

교사는 첫째, 학생들이 감정을 언어로 표현하는 훈련을 할 수 있도록 해야 합니다. 화났다, 섭섭하다, 서운하다 같은 감정 어휘를 익히게 하고, 실제 상황에서 이를 사용하도록 지도함으로써 감정을 빙자한 모욕적 표현 대신 솔직한 자기표현을 가능하게 합니다.

둘째, 교실 안에서 존중의 언어 규칙을 공동으로 합의하고 실천하게 함으로써 언어 사용의 기준을 명확히 할 필요가 있습니다. 조세핀은 자존감은 집단 안에서 존중과 수용의 경험을 통해 자라난다고 강조합니다.

셋째, 아이들이 농담과 상처 주는 말을 구분할 수 있도록 실제 사례를 분석하게 하고, 상대방이 느낄 감정을 공감하도록 이끌어야 합니다.

마지막으로, 교사는 처벌보다 대화를 통해 '네가 그런 말을 했을 때 상대는 어떤 기분일까?'라는 질문을 던져 스스로 성찰하게 하는 것이 중요합니다.

이렇게 학생이 타인의 존엄을 존중하면서도 자기감정을 표현할 힘을 길러주는 것이 곧 자존감을 세우는 교육이며, 패드립 문화를 건강한 교실 언어문화로 전환하는 첫걸음이 됩니다.

A5. 교사와 학부모의 협력적 대응

최근 학생들 사이에서 나타나는 과도한 패드립과 성희롱성 발언의 원인 중 하나는 감정을 건전하게 표현·조절하는 능력 부족에 있습니다. 불쾌한 감정을 언어로 적절히 전달하지 못하고 상대를 제압하거나 상처 주는 방식으로 드러나며, 이 과정에서 가족 비하·성적 발언으로 이어집니다. 이는 가정 양육 환경과 교우 관계의 영향이 크며, 보호자와 정보를 공유해 학생의 문제 인식과 행동 변화를 유도해야 합니다. 또한, 문제 학생의 학부모와 교사가 대립 상대가 아니라 학생이 올바르게 성장하도록 돕는 한 팀이라는 인식을 공유합니다.

아직 학교폭력 사안으로 접수되지 않았다면 다음과 같이 대응할 수 있습니다.

첫째, 증거를 확보해야 합니다. 피해 학부모에게 성희롱 발언이 담긴 캡처를 받아 조치 절차를 안내하고, 학교가 신뢰할 만하게 처리한다는 점을 알려 안정감을 줍니다. 이후 진행 상황과 결과를 공유합니다.

둘째, 학생 확인 및 상담을 진행해야 합니다. 학생을 불러 사실 확인서를 받고 상담을 진행하며, 필요하면 학생부나 상담교사의 협조를 받습니다.

셋째, 학부모 상담을 진행할 필요가 있습니다. 문제 학생의 보호자를 불러 상담을 진행하며 학생의 발언을 여과 없이 공유해 상황을 정확히 인지시키고 담임 교사와 학부모가 협력해야 올바른 성장이 가능함을 강조합니다. 또한, 학생 지도 방향을 안내하고 가정 상황도 함께 공유합니다.

넷째, 문제 학생에게 부모와 모든 사실이 공유된다는 점을 알리고, 문제행동을 반복하는 경우 취해질 조치를 명확히 안내합니다. 상담 기록, 일지, 확인서 등을 별도 파일로 정리·보관하는 과정을 직접 보게 하여 사안의 중대성을 인식하도록 합니다. 동시에 낙인이 아니라 변화 가능성을 믿고 부모와 함께 관심을 가지고 돕겠다는 점을 전달합니다.

Q4. 친구를 사귀는 요령이 좀 부족하여 친구들과의 관계를 맺는 것에 어려움을 느끼는 학생에게 해줄 수 있는 조언은 무엇일까요?

> 친하게 지내고 싶어서 다가가지만, 행동에 배려가 없어 친구들이 부담스러워하고, 자신은 친구들로부터 따돌림을 받는다고 생각하는 학생이 있습니다. 자신은 친구들과 친해지고 싶어서 장난친 것이라고 하는데, 상대 친구들은 전부 이 아이의 행동을 장난으로 느끼지 않고 싫어합니다. (머리를 툭툭 친다거나 상대를 배려하지 않는 말을 해요.)
> 상대가 싫어하는 행동이다 보니 아이들이 당연히 받아주지 않고, 이 아이를 멀리합니다. 그런데 이러한 상황을 '친구들이 나를 왕따 시킨다.'라고 엄마에게 전달해 어머니도 제게 자꾸 연락하시는 상황입니다. 상황을 설명해 드려도 선생님께서 더 신경 써달라는 식입니다. 어떻게 하는 게 좋을까요?

A1. 친구 관계에서 배려를 배우도록 돕는 조언과 학급 서클 활동의 활용

친구들과 친해지고 싶다는 마음은 크지만 배려 없는 행동으로 인해 오히려 친구들이 부담을 느끼고 자신은 따돌림을 당한다고 생각하는 학생이 있을 수 있습니다. 이 경우 왕따를 당한다는 피해 의식만을 강조하기보다 학생의 행동이 다른 친구들에게 어떻게 받아들여지는지를 먼저 깨닫게 해주는 것이 중요합니다. 교사가 직접 지적하기보다는 학생이 또래의 반응 속에서 자연스럽게 자기 모습을 성찰할 기회를 제공하는 것이 효과적입니다.

이를 위해 학급 서클 활동을 활용하면 좋습니다. 학급 전체가 참여하기 어려운 상황이라면 해당 학생과 함께 활동한 경험이 있는 몇몇 친구들이나 반의 임원진(실장·부실장 등)과 함께 소규모로 운영하는 것도 가능합니다.

1. 이번 학급 활동에서 재미있었던 일은 무엇이니?
2. 이번 활동에서 아쉽거나 기억에서 지우고 싶은 장면은 있었니?
3. 이번 활동에서 고마웠던 친구는 누구였니?

4. 다음에 활동을 더 즐겁게 만들기 위해 우리가 지켜야 할 행동은 무엇일까?
5. 다음 활동에서 해보고 싶은 기획이 있다면 무엇일까?

이러한 과정을 통해 학생은 자기 행동이 단순한 장난으로 받아들여지지 않았음을 깨닫고, 친구들의 마음을 배려하는 방법을 배울 수 있습니다. 동시에 친구들은 상대를 직접적으로 비난하지 않고 솔직한 감정을 나누면서 상호 이해를 넓힐 수 있습니다. 결국, 교사는 학생이 친구들과 친해지고 싶다는 긍정적인 마음은 살리되 관계에서 필요한 배려와 조율을 배울 수 있도록 안내자 역할을 하게 되는 것입니다.

A2. 마음은 옳다고 인정하기, 속도는 연습하기

이런 상황은 대개 친해지고 싶은 마음이 앞서서 상대의 속도와 공간을 놓친 경우가 많습니다. 처음은 이렇게 시작합니다. '네 마음은 괜찮다. 다만 방식은 연습이 필요하다.' 이러면 아이를 집착하는 사람으로 낙인찍지 않고 기술의 문제로 다룰 수 있습니다. 그 다음부터 하는 일은 설교가 아니라 표현 방식과 태도를 함께 조절하는 일입니다.

아이 앞에서 일부러 천천히 말하고, 먼저 멈추고, 먼저 물러서는 모습을 보여줍니다. 아이는 말보다 어른의 호흡을 따라 배웁니다. 원리는 간단합니다. 수치심을 건드리지 않는 톤을 지키면서 공개적으로 왜 그랬는지 캐묻는 대신 쉬는 시간에 짧게 말합니다. 선의는 다 느껴졌으나 상대가 마음의 준비가 되어 있지 않았다고 설명하면 아이는 방어 대신 미안함으로 이동합니다. 변화는 부끄러움이 아니라 미안함에서 시작합니다. 동시에 부담을 느낀 학생에게도 싫다고 말할 권리를 조용히 확인해 줍니다. 불편할 때 고개만 살짝, 그 신호면 충분하다고 말하며 한쪽만 바꾸라고 하지 않고, 둘 다의 기술로 다루면 관계가 덜 상합니다.

우리는 아이의 마음을 바꾸려는 사람이 아니라 방식의 속도를 함께 조절하는 사람입니다. 친밀함이 무너지지 않도록 의도는 살리고 방식은 느리게 하는 기준선을 말투와 호흡으로 꾸준히 보여주면 어느 날부터 교실의 공기가 눈에 띄게 부드러워집니다. 마음은 그대로 두고 속도만 연습하면 됩니다.

A3. 서툰 시작에서 세련된 관계로 나아가기

관계를 맺는 데 서투른 학생에게 단순히 친구와 잘 어울려 보라고 말하는 게 아니라 구체적으로 의도와 결과의 차이를 설명해야 사회성 발달의 시작이 됩니다. 예를 들어, 학생의 행동은 친해지고 싶어서 한 것이지만, 상대는 오히려 불쾌할 수도 있다는 점을 머리를 툭 친 행동 등의 구체적인 사례로 알려주어야 합니다. 관계도 연습이 필요하다는 전제를 두며 교사는 실제 사회적 기술을 생활 속에서 반복적으로 지도해야 합니다. 이는 공감 표현법(칭찬하기, 경청하기, 적절한 거리두기), 거절 연습, 좋은 타이밍에 대화 걸기 등 실전에서 쓸 수 있는 활동을 바탕으로 합니다. 이때 상황극, 롤플레잉 활동, 또래 관계 만들기 프로젝트 등 경험 중심의 프로그램이 효과적입니다. 성공 경험을 의도적으로 만들어 주는 것도 중요합니다. 사제동행이나 또래 상담, 친구 만들기 체험활동에 참여시키면 어울릴 수 있다는 자신감이 차곡차곡 쌓이게 됩니다. 이런 활동 속에서 작은 성취 경험을 꾸준히 쌓으면 자연스럽게 장난이 아닌 세련된 방법으로 교우 관계를 쌓을 수 있게 됩니다. 부모와의 소통 또한 핵심입니다. 무턱대고 상황을 전달하거나 더 신경 써 달라는 요구만 반복하면 가정의 태도에도 변화가 어렵습니다. 아이가 사회성을 키우기 위해 가정-학교가 함께 노력하자고 협력을 요구하고, 구체적 사례와 사실 위주의 대화로 신뢰를 높입니다. 학교와 가정이 꾸준히 정보를 주고받으며 학생의 행동 변화를 점검하는 구조를 만들 때 학생의 교우 관계가 안정되고 계속 성장할 수 있습니다.

A4. 정서지능을 안다면 친구 문제 해결

친구들과 친해지고 싶지만 배려 없는 행동 때문에 오히려 거부당하는 아이의 경우, 정서지능 부족에서 원인을 찾을 수 있습니다. 정서지능 개념을 정립한 다니엘 골먼(Daniel Goleman)은 정서지능을 자기인식, 자기조절, 타인에 대한 공감, 사회적 기술로 구분하였습니다. 이 아이는 친해지고 싶다는 욕구는 있지만, 타인의 감정을 읽고 적절히 반응하는 공감 능력과 사회적 기술이 부족하여 문제가 발생한 것입니다.

교사는 먼저 아이에게 자기인식을 돕는 활동을 제안할 수 있습니다. 예를 들어 학생이 머리를 툭툭 쳤을 때, 상대는 어떤 기분이었을지 물어보며 자기 행동이 남에게 어떻게 영향을 미치는지 성찰하도록 합니다. 다음으로, 공감 능력을 키우는 연습이 필요합니다. 역할극이나 상황극을 활용해 친구가 느낄 감정을 표현해보게 하면서 내가 느끼는 것과 상대가 느끼는 것이 다를 수 있음을 이해하게 합니다. 끝으로, 사회적 기술을 키우기 위해 간단한 의사소통 문장을 익히게 하는 것도 효과적입니다. '같이 놀래?', '이거 해볼래?'처럼 정중하게 제안하는 말하기 훈련을 통해 친구 관계를 긍정적으로 시작할 수 있습니다.

또한, 부모와의 상담에서는 자기 자식이 따돌림을 당한다는 피해 의식에 머물기보다 스스로 관계를 개선할 수 있는 구체적 방법을 실천하도록 격려하는 것이 중요하다고 안내할 필요가 있습니다. 아이가 정서지능을 학습하고 타인을 존중하는 언어와 행동을 습관화할 때, 친구 관계는 서서히 회복될 수 있습니다.

A5. 경계 세우기와 공동 대응

흔히 사람을 바꾸는 일은 산을 옮기는 것과 같다고 합니다. 자기중심적 사고에서 벗어나 타인의 입장을 받아들이는 과정은 어렵습니다. 따라서 학생에게는 단순한 지적이 아니라 친구와의 관계 속 상황을 새 시각으로 해석하고 적용하는 훈련이 필요합니다. 다행히 이 시기의 아이들은 교사의 즉각적 지도에 곧잘 행동을 수정하지만 세심한 상담과 반복 지도에도 문제가 지속된다면 이는 단순한 장난이 아니라 상대에게 피해를 주는 규칙 위반임을 분명히 인식시켜야 합니다. 잘못된 행동에는 반드시 책임이 따르고 규칙과 약속을 어길 때 실제로 불이익이 따른다는 경험을 반드시 주어야 합니다. 마차가 똑바로 가려면 양쪽 바퀴가 함께 움직여야 하듯, 학교만의 노력으로는 부족합니다. 일방적으로 학교에서 신경 써 달라는 어머님의 요구는 마치 한쪽 바퀴만 굴리면서 마차가 똑바로 가기를 바라는 것과 같습니다. 가정도 아이의 상황을 정확히 이해하고 학교와 공동 대응해야 조기 교정이 가능합니다. 이 과정에서 부모와 아이가 감정적으로 충돌할 수도 있으나, 불편함을 회피하지 않고 정면으로 마주할 때 학생은 책임을 배우고 성장할 수 있습니다. 만약 학생이 반복적으로 지도를 거부하거나 이해하지 못한다면, 교내 전문 상담 교사와의 협력을 통해 심리적 요인이나 사회적 기술 부족을 점검하고 체계적인 대응 방안을 하도록 합니다.

Q5. 규칙을 자주 어기며 교사의 지도를 가벼이 여기고 "그냥 벌점 주세요."라고 말하는 학생 교육법을 알려주세요.

> 학교 교칙이나 학급 규칙을 자주 어기는 학생이 있습니다. 대부분의 학생들은 벌점을 받는 것을 피하고 싶어하고 꺼려해 벌점 제도가 어느 정도 효과가 있는데, 이 아이는 벌점 받는 것을 두려워하지 않습니다. 잘못된 행동에 대해 지도하면 "그냥 벌점 주세요."라고 말하며 교사의 말에 대응합니다.
>
> 말로 타일러도 지도가 되지 않을 때 벌점을 주는데, 벌점조차 효과가 없는 아이는 어떻게 지도하면 좋을까요?

A1. '벌점 주세요'는 통제의 게임이다 – 관계는 관계대로, 책임은 책임대로

'그냥 벌점 주세요.'라는 말은 보통 반성의 표현이 아닙니다. 불편한 순간을 빨리 끝내려는 회피, 혹은 교사를 통제의 게임으로 끌어들이려는 초대에 가깝습니다. 그 초대에 올라타지 않으려 노력합니다. 표정과 톤을 낮추고, 장면을 길게 붙들지 않은 채 짧게 말합니다. 벌점은 행정이고, 우리는 지금 사람으로 이야기 중이라는 것을 알리면 싸움의 무대가 점수에서 관계로 옮겨집니다. 바로 설교를 붙이지도 않습니다. 과잉 설명은 오히려 아이를 방어 쪽으로 밀어 넣습니다.

핵심은 통제를 거절하고 선택을 돌려주는 것입니다. '지금 이 장면에서 네가 다음에 고를 수 있는 한 가지가 뭐라고 생각해?'라고 조용히 묻습니다. 정답을 강요하지 않고 아이가 스스로 말할 수 있도록 여백을 둡니다. 제가 대신 해결해 주는 순간, 아이는 벌점이라는 외부 장치에 더 기대게 됩니다. 반대로 선택을 위탁받는 경험을 하면, 책임은 당하는 것에서 내가 택한 것으로 옮겨갑니다. 말이 막힌다면 방향만 가볍게 제시합니다.

규정 위반이면 기록은 남깁니다. 다만 그 처리를 교실로 끌어올리지 않습니다. 관계의 메시지는 따로 둡니다. 절차는 절차대로 진행하겠지만 너와의 신뢰는 계속된다는 분리가 주는 신호는 분명합니다. 존중은 사건과 별개이며, 동시에 책임도 면제되지 않습니다.

아이는 교사를 벌점으로만 보는 어른이 아니라 자기를 사람으로 보는 어른을 만났을 때 방어를 내려놓습니다.

규범은 외친다고 내면화되지 않습니다. 관계 속에서 쓸 수 있는 선택을 안내받을 때 안으로 들어옵니다. 그래서 오늘도 점수로 설득하지 않고 선택을 맡기며 신뢰를 쌓습니다. 아이에게 남기고 싶은 마지막 한 문장은 이것입니다.

넌 벌점을 받는 사람이 아니라, 다음 장면을 고르는 사람이다.

A2. 벌점, 처벌이 아닌 성장의 출발

벌점 제도가 전통적으로 효과를 발휘하는 학생도 있지만, 이를 무시하거나 벌점만 받고 교사의 지도를 회피하는 학생에겐 처벌을 넘어선 전환적 접근이 필요합니다. 우선 벌점은 사건의 끝이 아니라 성찰과 대화, 행동 변화의 출발점임을 인식시키는 것이 핵심입니다.

규칙 위반 시에는 학생과 반드시 따로 대화하는 시간을 갖도록 하세요. 단순히 벌점만 주고 끝내지 않고, 왜 그런 행동을 했는지, 그 행동이 공동체에 미치는 심리적·실질적 영향이 무엇인지를 함께 생각하는 활동을 진행합니다. 이 과정에서 학생이 공동체와의 신뢰, 타인에 대한 책임을 느끼도록 유도하면 벌점이 만능이라는 인식을 깰 수 있습니다.

교육적 효과를 높이기 위해 벌점 외에도 봉사활동, 반성문, 피해 학생을 위한 사과 등 다양한 교육적 대체 조치를 동원합니다. 학생이 직접 자기 행동을 되돌아보고 실질적인 변화를 체험할 때, 내면의 태도도 함께 변화합니다.

이런 시스템을 담임 교사 혼자서 운영하기 어렵다면 학년 교무실, 생활지도 담당 교사 등과 적극적으로 소통하고 연대해야 합니다. 교사들이 하나의 목소리로 벌점이 끝이 아니라 대화와 성찰이 시작임을 안내하면 학생은 더 이상 쉬운 회피 방식을 선택하지 않게 됩니다.

무엇보다 학생이 규칙을 지키거나 긍정적인 변화를 보였을 때 사소해도 즉각적으로 인정하고 구체적으로 칭찬해야 자기효능감이 자라고 긍정 행동의 반복 동기를 얻게 됩니다. 꾸준한 일관성과 공동체 중심의 접근이 모여 벌점에 무감각한 학생도 변화를 시작할 수 있습니다.

A3. 벌점에 무감각한 학생 지도

'그냥 벌점 주세요.'는 학생 입장에서 벌점이 별로 불편하지 않거나 추상적이기 때문에 두려워하지 않는 것입니다. 학교 교칙이나 학급 규칙을 어겼을 때 자기 행동에 제약이 가해지거나 불편함이 연결된다면 이후의 행동을 조심할 것 같습니다. 그래서 교사는 좀 더 고생되겠지만 수업 끝나고 추가로 선생님과 함께 공부하기 또는 책 읽기, 자기가 맡은 역할을 하지 않으면 방과 후에 남아서 하고 가기 등을 하도록 합니다. 그리고 규칙을 어겼을 때는 생활 지도부, 학부모에게 메시지를 보내 여러 사람이 동시에 지도하는 것도 효과적입니다.

또한, 단순히 규칙이니까 지키라 강요하는 것이 아니라 그 규칙이 왜 필요한지를 알려주고, 규칙을 지키지 않으면 다른 사람이 피해를 볼 수 있거나 본다는 점을 알려주는 것도 필요합니다. 아울러 규칙을 지켰을 때는 그 순간에 즉각적으로 칭찬을 해주고 구체적인 피드백을 해주는 것이 좋을 것 같습니다.

A4. 메타인지로 벌점을 이해하는 처방전

교칙이나 학급 규칙을 자주 어기며 '그냥 벌점 주세요.'라고 대응하는 아이는 규칙 위반의 결과를 피드백으로 받아들이지 못하고, 단순한 점수 처리로만 인식하는 경우가 많습니다. 리사 손 교수는 학습 과정에서 메타인지가 자신이 무엇을 알고, 무엇을 모르는지 점검하고 통제하는 능력이라고 설명합니다. 이를 규칙 준수와 연결하면 아이가 자기 행동이 어떤 결과를 낳는지 성찰하고 스스로 조절할 수 있어야 하는데 현재는 그 단계가 전혀 작동하지 않는 상태입니다. 따라서, 교사는 벌점이라는 외적 처벌만이 아니라 메타 인지적 성찰을 유도하는 지도가 유효합니다. 예를 들어 잘못된 행동 후 단순히 벌점을 부과하기보다 학생이 어떤 규칙을 어겼는지 스스로 말해보기, 이 행동이 학급에 어떤 영향을 주었을지 적어보기와 같이 자기 점검 질문을 던져야 합니다. 또 선택지를 주어 행동을 통제할 기회를 마련하는 것도 좋습니다. 지금 행동을 바꾸고 벌점을 줄일지, 아니면 그대로 벌점을 받을지 선택하는 질문을 통해 결정과 책임을 아이에게 돌리면 벌점이 단순한 처벌이 아니라 선택의 결과임을 체감하게 됩니다. 추가로 규칙을 지킨 경험을 메타 인지적으로 강화하는 것도 중요합니다. 규칙을 지킨 날에는 학생 스스로 조절한 행동으로 어떤 성장이 있었을지 확인하는 성찰 대화를 하여 긍정적 경험을 자기 인식으로 연결하게 합니다. 이는 점차 외적 통제에서 벗어나 내적 자기조절로 이어지게 합니다. 결국, '그냥 벌점 주세요.'라고 말하는 태도는 규칙과 결과의 연결성을 내면화하지 못한 상태이므로 교사는 메타 인지적 질문과 성찰 기회를 통해 아이가 자기 행동을 스스로 인식하고 조절할 수 있도록 돕는 것이 핵심입니다.

A5. 벌점이 아닌 책임 이행으로 만드는 변화

상·벌점 제도는 규칙 위반을 수치로 누적해 일정 기준에 도달했을 때 책임을 지도록 하는 장치입니다. 그러나 실제로는 행동에 대한 책임이 즉각적으로 주어지지 않고 점수가 쌓일 때까지 유예되는 효과를 낳기도 합니다. 이 때문에 일부 학생들은 그냥 벌점만 받고 끝내겠다며 지도를 가볍게 흘려버리곤 합니다. 하지만 교사의 정당한 교육적 지시를 거부하는 것은 결코 가벼운 일이 아닙니다. 규정상 이는 곧바로 학교생활교육위원회(선도위원회)에 회부될 수 있으며, 특별교육이나 출석정지까지 가능한 중대한 사안입니다. 따라서 반드시 상·벌점 누적을 기다려야 하는 것은 아니며, 사안의 심각성이 명확하다면 즉각적으로 조치해야 합니다. 이는 처벌이 목적이 아니라 규칙 위반에는 반드시 책임이 따른다는 사실을 분명히 체험하게 하려는 교육적 과정입니다.

물론 처벌만으로는 진정한 변화를 기대하기 어렵습니다. 그러나 이런 경우 충고나 말뿐인 훈계는 잔소리에 불과하고 학생에게 경각심을 주지 못합니다. 문제행동에 따른 적절한 책임 이행 경험을 통해서 학생 스스로 행동을 수정해 나가도록 유도합니다. 규칙을 잘 지키는 학생들의 피해를 예방하고, 안전과 안정을 보장하는 최소한의 조치입니다.

학생을 따뜻하게 감싸는 배려와 상담, 관계 회복은 먼저 책임을 분명히 한 뒤에 이어질 때 가장 효과적입니다. 그렇게 할 때 학생은 보호받고 있다는 느낌 속에서 자신의 문제를 더욱 진지하게 돌아볼 수 있습니다.

Q6. 지각과 결석이 잦은 학생, 어떻게 지도할까요?

> 지각이 거의 매일인 학생이 있습니다. 이유를 물으면 '밤에 잠이 안 와요', '아침에 알람을 못 들었어요' 같은 답이 돌아옵니다. 심지어 결석한 날도 담임 교사에게 미리 연락하지 않고, 당일이나 다음날에 겨우 문자로 통보합니다. 생활기록부에 누적되는 상황이라 부모님께 연락을 드려도 무관심하거나 '쟤가 원래 그래요.'라며 책임을 회피하는 경우입니다. 이럴 경우, 학생과 학부모 모두를 어떻게 설득하고 지도해야 할까요?

A1. 질책보다 꾸준한 관심과 실질적 지원

지각·결석이 잦은 학생은 단순히 태만한 경우라기보다 생활 방식의 혼란, 자기조절 능력 부족, 심리적 불편감 등 복합적인 원인을 안고 있을 수 있습니다. 반복적인 지각을 질책만 하기보다 '밤에 잠을 못 이룰 땐 무슨 고민이 있니?', '아침에 네가 없으니 교실이 허전하다.'와 같이 학생이 존중받고 있다는 메시지를 일관되게 전달하세요.

동시에 친구 및 교사와 함께하는 모닝콜, 등교 챌린지, 가까운 친구와 등교 짝꿍 운영 등 현실적으로 실천이 가능한 지원책을 다양하게 고민해 봅니다. 학생이 선생님이 나를 정말 신경 쓰고 있다는 안정감을 느끼면 행동 변화에 동기가 생깁니다.

학부모가 무관심하거나 원래 그렇다는 식으로 책임을 회피하면 학생 변화의 열쇠는 학교와 가정의 연계에 있음을 강조해야 합니다. 성실한 등교는 자신의 미래, 또래 관계에 중요한 만큼 가정과 학교의 협력이 필수임을 단호히 알리고, 아침 기상, 등교 독려 등 부모 역할을 구체적으로 제안해야 합니다. 부모의 참여가 더디더라도 소통을 지속하며 긍정 변화에 동참하는 환경을 만들어야 합니다. 교사 혼자 모든 부담을 짊어지기보다 동료와 고민을 나누는 것도, 학생 변경의 핵심 동력입니다. 아이의 작은 변화도 놓치지 말고 관심, 격려, 실현 가능한 목표 제시, 반복적 피드백, 그리고 가정과 학교의 꾸준한 협력을 통해 조금씩 더 나은 등교 습관을 만들어 낼 수 있습니다.

A2. 무관심 학부모와 함께하는 지각 습관 개선

지각의 경우에는 학생의 생활 습관이 중요해서 학부모가 함께 노력해줘야 하는데 학부모가 무관심한 경우에는 교사도 방법을 찾기가 굉장히 어렵습니다. 이런 경우 학부모에게 감정이 아닌 정보를 중심으로 안내하여 자녀의 지각 습관을 함께 고쳐나가자 설득하고 함께 협력하자고 요청해야 합니다. 지각이 잦으면 고등학교 진학이나 대학교 진학 시 받을 불이익과 미래에 학생의 취업과도 연결된다는 점을 강조하여 학생의 미래와 직결된 문제임을 상기시켜야 합니다.

부모님께 역할을 구체적으로 요구할 필요도 있습니다. 일정한 시간에 취침하게 하기, 핸드폰 관리 등 집에서 할 수 있는 일을 꾸준히 할 수 있도록 안내해야 합니다. 또한, 지속적인 상담과 가정 방문으로 상호신뢰하는 관계를 형성한다면 공감과 협력을 이끌 것입니다. 또한, 반복되는 지각이나 결석이 학교생활과 성적, 친구 관계에도 크게 영향을 미칠 수 있음을 학생이 인지하도록 하는 것도 중요합니다.

A3. 결함이 아니라 리듬의 문제 – 작은 끈을 먼저 잇기

지각과 결석이 잦고 가정의 관심도 얕은 아이를 볼 때 이를 인격의 결함으로 읽지 않습니다. 대개는 생활 리듬이 무너진 상태이며, 그 리듬을 혼자 다시 세울 자원(수면, 식사, 격려)이 부족한 것입니다. 그래서 첫 마디는 추궁이 아니라 환영입니다. '오늘 와줘서 고맙다. 이유는 지금 안 묻겠다.' 관계의 문턱을 낮추는 이 한 문장이, 다음 발을 디딜 힘을 만듭니다. 이유를 캐묻는 순간 아이는 다시 방어로 들어가고, 우리는 오늘 생긴 한 칸의 진전을 놓칩니다.

성실이라는 큰 단어를 당장 요구하지 않습니다. 대신 리듬의 최소 단위를 함께 만듭니다. 문 앞 눈인사 → 자리 앉기 → 펜 꺼내기 → 오늘의 첫 줄 쓰기 정도면 충분합니다. 이 작은 연쇄가 몇 날 며칠 이어지면 아이는 자신을 늦는 애가 아니라 그래도 한 줄은 쓰는 애로 다시 명명하기 시작합니다. 명명은 행동을 바꿉니다.

수업 중에는 왜 또 늦었냐는 공개 질문을 삼갑니다. 공개 망신은 즉각적 통제를 주지만 내일의 시도를 빼앗게 됩니다. 대신 마치는 시간에 조용히 말합니다. '오늘은 첫 줄까지 갔다. 내일은 첫 줄 + 제목까지만.' 목표는 늘 작은 사다리여야 합니다. 결핍을 결함으로 번역하지 않아야 합니다. '네가 못나서가 아니라, 아직 시스템이 없어서 그렇다.' 이렇게 말하면 아이의 자존이 살아나고, 자존이 살아있어야 변화는 가능합니다.

마지막으로 아이의 침묵을 자유로 존중하고 인정합니다. 말하고 싶지 않다면 말하지 않아도 됩니다. 다만 한 가지 신호만 약속합니다. 문 앞에서 눈으로 안부 묻기. 그 신호가 유지된다면 학생과 연결되어 있다는 것을 믿습니다. 생활지도의 목표는 거대한 교정이 아닙니다. 끈을 놓지 않는 것, 그리고 내일 한 칸 더. 오늘의 한 줄, 내일의 두 줄, 그렇게 리듬이 돌아올 때까지 문 앞의 인사를 반복합니다. 아이는 결국 자신이 환영받는 장소에 오래 머뭅니다. 우리는 그 장소를 꾸준히 만들어 주면 됩니다.

A4. 단계별 실천으로 생활 습관 잡아가기

지각과 결석이 잦은 학생은 단순히 아침 기상 문제가 아니라 생활 습관의 불규칙성과 자기 책임감 부족에서 비롯된 경우가 많습니다. 특히 부모가 원래 그렇다며 책임을 회피하면 학생은 습관을 고칠 동기를 잃고 무책임한 태도를 학습할 위험이 큽니다. 교육학에서는 어린 시절 형성된 작은 습관이 장기적으로 자기 조절력과 학업 성취, 더 나아가 삶의 태도에까지 영향을 미친다고 강조합니다. 따라서 지금의 생활 습관을 바로잡는 일은 단순한 지각 지도 차원을 넘어 학생의 미래를 위한 중요한 교육적 개입입니다.

지도 방법은 작은 단계로 나누어 실천하게 하는 것이 핵심입니다.

첫째, 기상 습관 점검: 단번에 아침형으로 바꾸려 하기보다, 평소보다 15분 일찍 자고 10분 일찍 일어나는 작은 변화부터 시작하게 합니다.

둘째, 전날 준비 습관: 가방과 교복을 전날 밤에 미리 챙기게 하여 아침의 부담을 줄입니다.

셋째, 책임 의식 강화: 담임 교사에게 내일은 ○시 ○분까지 오겠다는 자기 약속을 메모하거나 문자로 보내게 하여 자기 행동에 대한 책임감을 심어줍니다.

넷째, 부모 설득: 학부모에게는 지금은 작아 보여도 작은 생활 습관이 고쳐지지 않으면 고등학교, 대학, 직장에서도 반복된다는 점을 설명하고, 아이가 아침 기상과 준비를 혼자 책임질 수 있도록 최소한의 확인을 당부해야 합니다.

마지막으로 작은 성공 경험을 강화하는 것이 중요합니다. 하루라도 지각하지 않으면 칭찬과 피드백을 통해 학생이 스스로 해냈다는 성취감을 심어주어 점차 자기 주도적 생활 습관을 자리 잡게 해야 합니다. 작은 습관 교정이 모여 학생의 자기관리 능력을 키우는 토대가 됩니다.

A5. 단호함과 공감

학생을 지도할 때 잊지 말아야 할 것은 교사가 할 수 있는 역할의 한계를 인식하는 것입니다. 생활 습관을 근본적으로 바꾸는 일은 결국 학생과 가정의 몫이며, 교사는 학교 안에서 학생이 말과 행동에 따른 책임을 경험하고 이를 성장의 기회로 삼도록 돕는 조력자라는 점을 기억해야 합니다. 상담을 통해 지각은 본인이 선택한 행동의 결과이며, 그에 따른 책임은 본인이 감당하는 것이라는 사실을 분명히 이해하도록 안내해야 합니다. 마지막에는 학생의 마음을 읽어주며 변화 가능성과 용기를 북돋아 주는 말로 마무리합니다.

〈학생 상담 예시〉

> 지각은 ○○이가 선택한 행동의 결과야. 생활기록부에 기록이 남으면 진로나 진학에도 영향을 줄 수 있어. 그 결과에 대한 책임은 결국 네가 감당해야 해. 이해하니? 학교는 공부만 하는 곳이 아니라 책임을 배우는 곳이기도 해. 앞으로 어떤 어른으로 자랄지는 ○○이의 선택에 달려 있겠지. 선생님은 네가 잘할 수 있을 거라 믿어. 피곤하고 알람이 안 울려서 속상했을 네 마음도 이해해. 선생님도 그 부분이 안타깝구나. 혹시 선생님이 모르는 네 사정이 있니? 나중에라도 꼭 얘기해줘.

또한, 보호자에게도 학생 지도 방향을 공유하고, 생활 습관 개선을 위해 가정에서도 함께 협조할 것을 요청합니다. 이때 교사가 감정적으로 훈계하듯 하지 않도록 주의합니다.

Q7. SNS 단체방에서 벌어진 갈등과 그 여파, 어떻게 지도해야 할까요?

> 반 학생들끼리 사용하는 SNS 단체방(오픈 채팅, 단톡방 등)에서 서로를 비난하거나 무시하는 내용이 오가며 심한 말다툼이 벌어졌고, 결국 일부 학생이 단체방을 나갔습니다. 단톡방에서의 말싸움은 학교 밖에서 벌어졌지만, 그 여파로 학교생활에 영향을 미치고 있으며 교실 분위기까지 어수선해졌습니다. 학교폭력으로 번질 정도는 아니지만, 방관자와 가해자, 피해자 모두 얽혀 있어 담임 교사로서 매우 곤란한 상황입니다. 이런 경우, 어느 선까지 개입하고 어떻게 지도해야 할까요?

A1. 모두의 대화와 공동 규칙이 만드는 안전한 교실

SNS 단체방에서 발생한 싸움이 학교생활과 교실 분위기에 영향 주면 학교 밖 일이라며 선을 그을 수 없습니다. 담임 교사는 지금의 갈등은 우리 모두 해결해야 할 문제임을 선언해야 하며, 누가 더 잘못했는지 가리는 데서 벗어나 관계 회복에 초점을 맞추는 것이 중요합니다.

지도는 가해자와 피해자만이 아니라 침묵하거나 방관했던 학생까지 모두 대상으로 삼아 방관 역시 간접적인 피해를 남길 수 있다는 사실을 안내합니다. 각자 어떤 감정과 경험을 하고 있는지 안전하게 표현할 수 있는 환경(서클 토의, 집단 소통 프로그램, 역할극 활동 등)을 마련하는 것이 좋습니다. 사과 편지, 서로의 좋은 점 찾기 등의 활동을 통해 깨어진 신뢰를 다시 연결하고 긍정적 상호작용을 촉진해야 학생들은 관계 회복과 갈등 예방 경험을 동시에 갖게 됩니다.

이번 일을 계기로 온라인 소통 규칙, 디지털 시민 교육, SNS 예절 연습 등을 정례화해 이후에도 건강한 온라인 문화를 만들어가야 합니다. 교사 한 명의 노력이 아닌 학급 공동체 전체, 더 나아가 학교, 가정, 전문가가 함께 힘을 모으는 시스템이 필요합니다.

이 과정을 통해 아이들은 다양한 역할에서 공감하는 연습, 책임의식, 갈등의 실질적 치유와 성장의 경험을 습득할 수 있습니다. 긴 시간과 꾸준한 대화, 반복 학습이 쌓이면 모두가 심리적으로 안전한 교실을 가꿀 수 있게 됩니다.

A2. SNS 갈등 상황에서의 담임 교사의 생활지도

SNS 단체방에서 발생한 말다툼은 학교 외부에서 일어난 일이지만 담임 교사, 특정 학생이 소외되거나 상처받는 상황이 계속되는 경우 학습권과 생활권이 침해될 수 있으므로 이를 예방하는 차원에서 지도가 이루어져야 합니다. 담임 교사는 먼저 갈등 상황을 객관적으로 파악하여 단체방에서 어떤 말들이 오갔는지, 학생들의 입장은 어땠는지 확인한 뒤 피해 학생과 가해로 지목되는 학생 모두와 개별 면담을 진행할 필요가 있습니다. 담임 교사의 개입은 문제 해결을 강제하는 것이 아니라 학생들이 안전하고 존중받는 관계 속에서 다시 공동체 생활을 할 수 있도록 돕는 것에 초점을 두어야 합니다.

관계 회복을 위한 활동으로 회복적 서클 활동과 학급신문 만들기, 교실 환경 꾸미기, 봉사활동 같은 협력해서 할 수 있는 과제를 주는 것도 좋습니다. 갈등했던 학생들이 같은 목표를 위해 협력하면서 자연스럽게 긍정적 경험을 공유한다면 서로를 피해자, 가해자, 방관자가 아니라 같은 반 친구로 다시 인식할 것입니다. 또한, 학급 서클 활동을 통해 SNS 단체방에서 지켜야 할 약속 등의 존중의 약속을 정하는 것도 해보는 것이 좋겠습니다. 회복적 서클 활동과 존중의 약속 정하기 등은 회복적 생활교육 매뉴얼에 있으니 찾아서 해보시길 권합니다.

A3. 온라인은 학교 밖 일이 아니다 - 우리 반의 확장된 교실로 보기

온라인에서 벌어진 말싸움을 학교 밖 사건으로 분류하지 않습니다. 온라인은 공간과 시간을 초월해 우리 반의 공기를 직접 바꾸는 확장된 교실입니다. 밤 11시에 던진 한 문장이 다음 날 9시에 교실의 호흡을 바꿉니다. 기록은 남고(기록성), 언제든 다시 소환되며(지속성), 교실로 바로 유입됩니다(연결성). 이 인식이 먼저 서야 대응의 초점이 흔들리지 않습니다. 요지는 어디서 말했느냐가 아니라 그 말이 지금 함께 배우는 공기에 어떤 영향을 주느냐입니다. 학생 인식도 같은 원칙으로 묶습니다. 온라인 공간은 우리 교실의 복도라고 안내할 필요가 있습니다. 복도에서 소리쳤다면 오늘 수업에 흔들림이 생길 텐데 온라인 속의 말도 똑같이 공기를 흔든다는 뜻입니다. 그래서 SNS 단체방 대화의 기준도 학교의 기준과 같이 적용한다고 안내하고 동의를 구할 필요가 있습니다.

교사가 SNS 단체방에서의 갈등을 인지하면 사실 여부를 확인하고 공식적인 절차로 문제를 해결해야 할지 판단해야 합니다. 온라인은 학교 밖이 아니라 우리 반의 확장된 교실입니다. 그래서 대응의 원칙도 같습니다. 학급의 분위기를 먼저 정리하고, 사실은 필요한 만큼만 다루며, 내일의 선택을 한 줄로 합의합니다. 우리는 사건을 키우는 사람이 아니라 기준을 남기는 사람이어야 합니다. 다음 시간에 그 기준을 조용히 다시 가리키면, 교실의 공기는 조금씩 더 가볍고 단단해집니다.

A4. 온라인 갈등, 성장의 기회

학급 SNS 단체방에서 일어난 이번 갈등은 교실이나 직장에서 사람들 사이에서 흔히 발생하는 갈등이 온라인으로 옮겨가 나타난 상황입니다. 오프라인 상황에서 일어난 갈등과 마찬가지로 교실 분위기와 학교생활에 직접적인 영향을 주는 만큼 교사의 개입이 필요해 보입니다. 우선 전체 학생들에게 자기 생각과 주장은 얼마든지 할 수 있지만, 폭력적 언행, 협박, 집단 따돌림, 지속적인 압력 행사 등은 심각한 문제로 이어질 수 있음을 명확히 해둡니다. 또한, 관련 학생들을 개별 상담하여 사건에 대한 자기 입장을 이야기하게 하고, 같은 사실과 상황이라도 개인의 관점에 따라 전혀 다른 해석이 가능하다는 점을 이해하도록 안내합니다. 다음은 상담 시 활용할 간단한 완성형 예시 질문입니다.

1. 나는 이번 상황에서 가장 속상했던 점은 _____이다.
2. 내가 그렇게 말하거나 행동한 이유는 _____때문이다.
3. 상대방이 나와 다르게 느낄 수 있었던 부분은 _____일 것 같다.
4. 만약 내가 상대방 입장이라면, _____라고 생각했을 것 같다.
5. 앞으로 같은 상황이 생긴다면, 나는 _____하고 싶다.

이번 갈등을 옳고 그름으로만 판단하지 않도록 하며, 서로를 이해하고 존중하는 과정을 통해 자기 성장의 발판이 되도록 합니다.

A5. 오늘은 짜장면 먹는 날

SNS 단체방에서 시작된 말다툼은 단순한 온라인 갈등에 그치지 않고 교실 내 소속감과 관계 형성에까지 부정적 영향을 미칩니다. 학생들이 온라인 공간에 머무는 시간이 길어질수록 감정적 오해와 왜곡은 심해져서 결국 교실 분위기를 흐리게 합니다. 따라서 담임 교사는 아이들이 직접 얼굴을 맞대고 긍정적인 경험을 나누며 소속감을 회복할 수 있도록 오프라인 활동을 의도적으로 마련하는 것이 필요합니다.

첫째, 소규모 만남 활동을 통해 자연스러운 대화를 이끕니다. 예를 들어 수업 후 반 아이들과 함께 짜장면이나 분식을 먹는 시간을 가지면 온라인에서 격해진 분위기가 풀리고, 일상적인 대화 속에서 오해를 해소할 기회가 생깁니다.

둘째, 협동적 체육 활동을 활용할 수 있습니다. 마라톤, 이어달리기, 반 단합 축구나 피구 경기처럼 함께 땀 흘리고 성취를 공유하는 활동은 온라인 갈등을 희석시키고 공동체 의식을 강화합니다.

셋째, 프로젝트형 활동을 운영해 오프라인 협업 경험을 쌓게 하는 것도 효과적입니다. 예를 들어 반 포스터 제작, 학급 노래 만들기, 작은 축제 준비 등은 서로 의견을 나누고 결과물을 완성하는 과정에서 상호 존중을 학습하게 합니다.

마지막으로, 이러한 활동 이후 담임 교사는 오늘 우리가 오프라인에서 함께할 때 어떤 기분이었는가?, 이런 경험이 온라인 대화에도 도움이 될 수 있을까? 라는 질문을 던져 학생들이 스스로 깨닫게 해야 합니다. 이는 처벌보다 강력한 교육적 효과를 주며 학생들이 온라인보다 오프라인에서의 관계를 더 소중히 여기도록 유도합니다. 결국, 단톡방의 갈등을 줄이는 길은 오프라인에서의 즐거운 만남과 협동 경험을 쌓는 것에 있습니다.

Q8. 고학년이 되며 학업 스트레스로 무기력해진 학생, 어떻게 할까요?

> 원래는 성실하고 밝던 학생인데 고등학교 2학년이 되면서부터 지각, 수업 중 졸음, 과제 미제출 등이 잦아졌습니다. 상담을 시도하면 '요즘 그냥 아무것도 하기 싫어요.'라고 이야기하고, 구체적인 고민을 이야기하려 하진 않습니다. 학업에 대한 부담과 부모님의 기대가 있는 상황인데, 학생은 체념한 듯 무기력한 상태입니다. 담임 교사로서 이 학생을 어떻게 도와야 할까요?

A1. 의욕이 아니라 자기혐오를 먼저 낮춘다 – 작은 예고가 내일을 연다

학업 스트레스로 엎드려 있는 아이를 게으름으로 보지 않습니다. 대부분은 자기혐오와 비교 피로가 한꺼번에 올라와 몸이 꺼진 상태입니다. 이때 필요한 것은 계획이 아니라 안전한 정상성의 신호입니다. 수업을 멈춰 세우지 않고, 톤을 한 단계 낮춰 아주 짧게 말합니다. 오늘은 쉬어도 된다, 내일은 문제는 풀지 않아도 돼. 대신 첫 줄만 적자는 작은 예고가 다음 날의 발화점이 됩니다. 괜찮은지 여러 번 확인하며 감정을 끌어올리지도, 다들 하는 것을 왜 못하는지 비교를 던지지도 않습니다. 비교는 의욕이 떨어진 학생을 더욱 지치게 만듭니다.

교실의 초점을 성과가 아니라 시도의 흔적으로 옮깁니다. 실패를 정체성으로 번역하지 않고 리듬의 끊김으로만 기록합니다. 그렇게 해야 다시 잇기가 가능합니다.

무기력은 왜 해야 하는가에 대한 질문이 말로 나오기 전의 상태입니다. 그래서 계획을 밀어 넣기보다 의미를 먼저 밝혀 줍니다. 만약 과제가 한 줄이라도 이 한 줄이 오늘 공부의 의미였다고 격려해줍니다. 의미를 경험한 사람이 내일을 시도합니다. 설명은 길지 않습니다. 한 문장으로 충분합니다. 그리고 교사가 말의 기준을 어겼다면 즉시 고쳐 말합니다. '방금 내 말이 급했다. 다시 말해 볼게.'와 같은 표현에서 아이는 말은 고쳐 쓸 수 있고, 하루도 고쳐 시작할 수 있다는 규칙을 배웁니다.

결석 기록, 상담, 타 기관과의 연계 등 행정은 행정대로 담담히 순서를 밟습니다. 그러나 교실 앞에서 드러내야 하는 것은 신뢰의 메시지입니다. 규정은 규정대로 적용하지만, 학생과의 신뢰는 계속된다는 점을 알리며 존중과 책임을 분리해 두면 아이는 덜 방어적으로 다음 발을 내딛습니다. 마무리의 한 문장은 늘 같습니다. 오늘은 여기까지면 충분하다. 내일은 한 칸만 더… 의욕을 깨우기 전에 자기혐오를 낮추고, 거기에서 출발해 한 칸 예고로 내일을 엽니다

A2. 공감과 작은 성공, 공동체의 연계로 다시 밝아지는 아이

고등학교 2학년에 들어 의미 없이 지각, 졸음, 과제 미제출이 잦아지고, 아무것도 하고 싶지 않다는 학생은 단순한 게으름이 아닌 복잡한 심리적 부담을 겪는 중입니다. 담임 교사는 먼저 학생의 감정부터 인정해 주는 태도를 견지해야 합니다.

학생 스스로 감정을 편하게 털어놓을 수 있도록 일상적이고 짧은 관심 메시지, 가벼운 대화로 시작하세요. 과제 한번 하기, 수업 중 한 번 질문하기, 10분 일찍 등교하기 등 실현 가능한 목표를 함께 세우고, 성취하면 작은 성공 경험을 집중적으로 칭찬하세요. 이때마다 자존감이 조금씩 회복됩니다.

문제의 장기화, 감정 기복, 수면, 식욕 변화 등이 동반되면 반드시 Wee클래스, 상담센터 등 전문기관에 연계가 필요합니다. 전문가 도움은 문제가 있어서가 아니라 지금의 터널을 더 빨리 이겨내자는 의미임을 강조해야 학생이 자신을 탓하지 않고 도움을 받아들입니다.

담임 교사가 모든 부담을 홀로 짊어지지 말고, 학교의 지원 시스템과 가정, 전문기관 간의 정보 공유로 꾸준한 안전망을 마련하세요. 학생이 쉼 없이 압박받는 대신 안전하게 쉴 수 있는 공간과 지지를 선물할 때 무기력의 터널에서 스스로 빠져나올 힘이 길러집니다. 잊지 마세요. 학생의 작은 변화에 함께 기뻐하며 기다려주는 어른이 가장 큰 에너지입니다.

A3. 학업 스트레스로 무기력해진 학생 지도

우선 학생의 현재 상태를 게으름이나 무책임으로 단정 짓기보다는 학업 스트레스와 심리적 번 아웃으로 인한 신호로 이해하고 상담과 관찰이 중요합니다. 상담에서는 구체적인 고민을 털어놓지 않더라도, 학생의 감정을 공감하며 아무것도 하기 싫을 때가 있다며 인정해 주는 태도가 필요합니다.

학업 이야기 대신 날씨, 취미, 최근 관심사 등 가벼운 대화로 학생이 편안하게 다가올 수 있는 교사라고 느끼게 합니다. 억지로 고민을 털어놓게 하기보다, 이야기하고 싶을 때 자연스럽게 말할 수 있는 환경을 만들어 주는 것이 중요합니다. 또한, 학업 부담과 부모 기대가 학생에게 과중한 압박으로 작용하고 있다면 학부모와의 소통을 통해 학생의 현재 상황을 공유하고, 성적만이 아니라 정서적 안정을 우선으로 존중해 주는 분위기를 마련하는 것도 필요합니다.

담임 교사는 학급 활동이나 교우 관계 속에서 학생이 소속감과 지지를 느낄 수 있도록 환경을 조성하며 필요하다면 전문 상담교사나 외부 기관과 연계하여 지속적인 지원을 받을 수 있도록 안내해야 합니다. 궁극적으로는 학생이 혼자가 아니라는 안정감을 가지도록 하는 것이 중요합니다. 그리고 잠시 쉬어가는 것이 학생의 인생 전체를 보면 더 중요할 수 있다는 것을 학생 자신과 학부모도 인지할 수 있도록 이야기해주는 것은 어떨까요?

A4. 도와줘, SEL(Social Emotional Learning, 사회정서학습)

고등학교 2학년이 되며 지각, 과제 미제출, 수업 중 졸음이 잦아지고, 그냥 아무것도 하기 싫다고 말하는 학생은 학업 부담과 부모 기대 속에서 무기력감을 경험하고 있습니다. 조세핀 교수는 『교실 속 자존감』에서 학생이 자기감정을 솔직히 표현하고, 교사가 이를 수용하는 경험이 자존감을 회복하는 첫걸음이라고 강조합니다. 따라서 담임 교사는 학생의 무기력한 감정을 부정하거나 다그치기보다 감정을 인정하는 태도를 보여야 합니다. 이는 학생이 억눌린 속마음을 안전하게 드러낼 수 있는 분위기를 형성합니다.

SEL 교육의 핵심은 자기인식과 감정 표현, 그리고 이를 통한 자기조절입니다. 교사는 학생이 현재 느끼는 감정을 감정 어휘 카드나 짧은 글쓰기를 통해 표현하게 하여 자기 인식을 돕고, 이렇게 느낄 때 어떤 선택이 더 나은 상황을 만들지 고민하고 결정하게 하면서 작은 조절 경험을 시도하게 합니다. 동시에 친구와 함께하는 소규모 활동이나 교실 속 성취 경험을 제공하여 할 수 있다는 감각을 되찾도록 도와야 합니다.

결국, 중요한 것은 학생이 학업 부담 속에서 느끼는 무기력을 감추지 않고 표현할 수 있도록 돕는 것입니다. 감정 표현의 경험이 쌓일수록 학생은 자기 이해를 넓히고, 서서히 스스로 조절하는 힘을 회복하게 됩니다.

A5. 정서적 지지와 전문 상담이 필요한 순간

학생이 원래 성실하고 밝은 모습에서 벗어나 지각, 수업 중 졸음, 과제 미제출이 잦아지고 아무것도 하기 싫다는 무기력한 반응을 보이는 것은 위험 신호일 수 있습니다. 우선 학생에게 혼자가 아니며, 나는 너를 관심 있게 보고 있다는 메시지를 전달해야 합니다. 동시에 담임 교사는 상담 전문 교사와의 협력을 통해 학생이 자신의 마음을 안전하게 드러낼 수 있는 환경으로 안내합니다. 직접 원인을 끝까지 파헤치려 하기보다는 '너의 이야기를 더 잘 들어줄 수 있는 선생님이 계셔. 같이 상담해 볼까? 아니면 OO이 혼자 상담하는 것이 더 편하겠니?'라는 방식으로 권유해 봅니다. 전문 상담 진행을 기본값으로 설정하고 학생 자신에게 결정권이 있다고 느끼도록 하여 강압적이지 않고 자연스럽게 Wee 클래스나 Wee센터 등 전문 상담 선생님의 지원을 받을 수 있도록 유도합니다.

부모와의 공조 역시 언제나 중요한 부분입니다. 아이가 최근 무기력하고 지쳐 있는 상태임을 알려드리는 것이 우선입니다. 학생 개인의 상황에 따라 원인도 천차만별이고 해결 방안 또한 다양할 수 있습니다. 가정의 기본적 접근 방식은 학생이 어려움을 겪는 상황에서는 성취 압박보다 정서적 안정과 지지가 우선되어야 합니다. 담임 교사는 보호자가 이를 이해하고 가정에서 적절히 대응할 수 있도록 돕습니다.

Q9. 학급에서 특정 학생이 지속적으로 수업 분위기를 흐리거나 교사의 지시를 따르지 않을 때, 어떤 방식으로 개입하고 지도해야 할까요?

> B학생은 수업 시간에 자리에서 돌아다니거나 갑자기 친구에게 말을 걸어 수업 흐름을 자주 끊습니다. 조용히 이야기하라고 주의를 주면 "왜 저만 갖고 그래요?"라며 대들거나 소리를 내며 교사를 무시하는 행동을 합니다. 다른 학생들도 집중력이 떨어지고 수업 분위기가 흐려지지만 강하게 제지하자 더 반발하고, 사소한 지적에도 '기분 나쁘다.'며 교무실에 찾아오는 상황까지 발생합니다. 생활지도도 중요하지만, 수업 자체를 유지할 수 있는 방법이 절실합니다.

A1. 긍정강화 – 역할 부여 – 공정 운영 – 팀플레이로 회복해 나가기

수업을 반복적으로 방해하는 학생일수록 즉각적 제지보다 긍정 행동 강화를 생활화하세요. 수업에 몰입, 참여하는 모습, 규칙을 잘 지키는 순간을 빠르게 포착하고 구체적으로 '오늘 집중해서 잘 들었구나.', '자료를 잘 정리해 줘서 고맙다.'처럼 칭찬합니다.

수업을 운영할 때 절대 누구만 반복 지적하는 인상을 주지 않는 것이 중요합니다. 전체를 대상으로 한 규칙 재안내, 투명하고 일관된 제재 기준, 한결같은 언어와 태도를 장착해 특정 학생이 아닌 모두에게 적용되는 규칙임을 인식시켜야 불필요한 오해와 반발도 줄일 수 있습니다.

앞자리 배치, 차분한 친구 옆 배정 등 물리적 환경을 바꾸거나 쉬운 활동 우선 배치 등의 유인 요소 제시 등도 동시 적용합니다. 담임 교사 혼자 감당하지 말고, 학년 교무실, 상담 교사 등과 공동으로 문제행동의 패턴과 지도 방향, 지원 체계를 논의해 심리적 안전망을 마련합니다.

갈등 발생 시엔 수업 흐름을 우선으로 하며 수업 끝나고 따로 이야기하자는 짧게 언급 후, 반드시 개별 면담을 통해 학생의 속마음과 교사의 의도를 직접 대화로 풀어야 논란이 길게 가지 않습니다.

학생에게는 항상 너 역시 학급의 소중한 일원이라는 메시지를 일관되게 전해야 하며 작은 변화라도 놓치지 않고 인정해 줄 때 학생 스스로 변화의 동기를 가지게 됩니다. 생활지도와 수업 유지라는 두 목표를 동시에 잡는 가장 효과적 전략입니다.

A2. 수업 방해 학생 지도에서의 효과적인 개입과 언어 전달 방법

학급에서 특정 학생이 계속해서 수업 분위기를 흐리거나 교사의 지시를 따르지 않을 때, 교사는 강압적인 통제보다는 학생이 자기 행동을 인식하고 변화하도록 돕는 방식이 필요합니다. 특히 교사의 언어 전달법이 중요한데 이때 활용할 수 있는 것이 '나 전달법'입니다.

예를 들어 'B학생이 계속 이야기해서 수업 흐름이 끊기니 선생님이 속상하다. 이 부분은 시험에도 자주 나오는 중요한 내용인데 설명이 끊기면 반 전체가 피해를 볼 수 있어 선생님은 걱정된다'와 같이 학생의 행동이 교사와 학급 전체에 미치는 영향을 교사의 감정과 관점에서 전달하는 것입니다. 이렇게 하면 학생은 자신이 지적당했다고 느끼는 대신 자기 행동이 타인에게 어떤 영향을 주었는지 객관적으로 인식할 기회를 얻게 됩니다.

또한, 이러한 방식은 학생이 자신 때문에 다른 학생들이 피해를 보고 있다는 점을 깨닫게 하여 자연스럽게 또래의 시선을 의식하도록 합니다. 결과적으로 수업 방해 행동이 줄어들고 교사는 수업의 흐름을 회복할 수 있습니다.

학생이 반복적으로 문제행동을 하는 경우, 사후 개별 면담을 통해 그 행동의 원인을 묻고 학생 스스로 개선 방안을 찾도록 유도하는 것도 효과적입니다. 필요하다면 담임교사나 상담교사와 협력하여 학생이 수업 태도 개선에 성공할 수 있도록 지원하는 것이 바람직합니다.

A3. 수업과 무관한 소음이 터질 때 – 말보다 구조로 눌러 주고, 라포르(rapport)로 다시 세우기

이때 목표는 그 학생을 잘 지도하는 것이 아니라 수업의 흐름을 즉시 회복하는 것입니다. 설득보다 구조로 조절합니다.

소음이 치솟을 때 첫 반응은 지적 문장이 아니라 무언어 신호입니다. 목소리를 반 톤 낮추고 말 속도를 줄이면서, 학생을 이름으로 부르지 않고 시선을 0.5초만 스칩니다. 동시에 손바닥을 아래로 짧게 내렸다가 올려 속도 낮추기 신호를 보내고, 반걸음 옆으로 몸을 이동해 칠판이나 자료에 손끝을 얹습니다. 이 세 동작이 겹치면 지금은 듣기 모드라는 메시지가 말없이 깔립니다. 곧바로 한 문장만 던집니다. '지금은 설명 90초.' 그리고 실제로 짧은 타이머를 켜고 바로 설명을 이어갑니다. 이름 호명, 설교, 경고를 빼면 수업의 엔진이 꺼지지 않습니다. 교사가 원하는 것은 조용함 그 자체가 아니라 학습 리듬의 재가동입니다.

소음이 학급 전체로 번질 조짐이 보이면 특정 학생을 겨냥하지 않고 교실 전체의 모드를 공표합니다. 시선을 후방으로 빼고 단 한 줄만 말합니다. 작업 2분, 말은 0줄. 작업 소리와 말소리를 구분해 기준을 주면, 아이들은 싫어서가 아니라 모드가 그래서 멈춥니다. 타이머는 말보다 강력합니다. 울리면 즉시 말하기 1줄 허용으로 풀어 주어 긴장-이완의 리듬을 만들어 줍니다. 규칙이 아니라 리듬이 소음을 다스립니다.

그래도 수업이 무너질 만큼 반복되면, 이름을 부르지 않고 조용히 옆으로 가 노트 상단에 연필로 작은 점 하나를 찍고 낮게 말합니다. '지금은 멈춤. 3분 후 너부터 심부름 하나.' 메시지는 두 가지뿐입니다. 지금 흐름을 지키고, 곧바로 역할로 복귀시키겠다는 약속입니다. 분리는 벌이 아니라 다리여야 합니다.

무엇보다 톤을 잃지 않는 것이 중요합니다. 승리나 패배의 감정이 아니라 질서 회복의 목소리로 말합니다. 이름을 부르기보다 구조를 먼저 움직이고, 꾸짖기보다 역할을 먼저 건네며, 몰아세우기보다 다리를 놓습니다. 소음은 이렇게 줄어듭니다. 말이 아니라 설계로. 그리고 설계는 라포르(rapport) 위에서 가장 오래 견딥니다.

A4. SOLER 경청법으로 해결하는 마술 지팡이

수업 중 자리를 돌아다니거나 교사의 지적에 반발하는 학생은 단순한 산만함이 아니라 교사와의 관계에서 인정 욕구와 통제 욕구가 얽혀 있는 경우가 많습니다. 강한 제지는 오히려 반발심을 키우므로 교사는 학생의 감정을 존중하면서도 수업 질서를 유지하는 균형 잡힌 개입이 필요합니다. 여기서 활용할 수 있는 방법이 바로 SOLER 기법입니다.

첫째, S-Squarely: 학생과 대화할 때는 정면을 향해 마주하여, '네 이야기를 들을 준비가 되어 있다.'라는 메시지를 비언어적으로 전달합니다.

둘째, O-Open posture: 팔짱이나 차가운 표정 대신 열린 자세를 취해 학생이 방어적 태도를 낮추도록 돕습니다.

셋째, L-Lean forward: 적당히 몸을 기울여 관심과 주의를 기울이고 있음을 보여줍니다.

넷째, E-Eye contact: 지나친 응시는 피하되, 부드럽고 꾸준한 시선으로 학생이 존중받고 있다는 감각을 줍니다.

다섯째, R-Relax: 긴장된 분위기에서 벗어나 차분하고 여유 있는 태도로 접근해야 학생도 감정을 가라앉히고 대화할 수 있습니다.

수업 시간에는 학생의 방해 행동을 공개적으로 몰아세우기보다 짧고 간단한 언어로 수업에 집중하자는 정도로만 안내하고, 이후 따로 시간을 내어 SOLER 기법을 적용한 대화를 진행하는 것이 효과적입니다. 대화에서는 왜 자기만 지적하냐는 반발에 즉각 대응하기보다, 그렇게 느낄 수 있겠다며 감정을 인정한 후 지금 학생의 행동이 다른 친구들의 학습에 어떤 영향을 주고 있을지 성찰 질문을 던지는 방식이 바람직합니다.

이러한 접근은 학생의 기분을 존중하면서도, 수업의 규율은 흔들리지 않는다는 메시지를 전달할 수 있습니다. 즉, SOLER 기법은 단순한 상담 기술을 넘어 교실에서 학생과의 갈등을 완화하고 수업 흐름을 지켜내는 유용한 도구로 활용될 수 있습니다.

A5. 교사의 명확한 경계 제시, 그리고 생활지도 주도권

학생들 대부분은 기본적인 지도와 상담만으로도 행동을 수정하며 성장합니다. 그러나 정당한 지도에도 피해 의식을 갖거나 상황 인식을 하지 못하는 경우가 종종 있습니다. 수업 방해와 지시 불이행은 개인 문제가 아니라 다른 학생들의 수업권 침해로 이어지므로, 변화가 없다면 말과 행동의 책임을 분명히 하고 경계를 세워야 합니다. 이를 통해 학생은 공동체에 미치는 영향과 규칙 준수의 중요성을 배우게 됩니다. 특히 교사의 지도 기준이 모호하면 학생과 감정싸움으로 번지기 쉽습니다. 이미 학교 규정에는 생활지도 기준이 마련되어 있으며, 교사의 정당한 지시 불이행만으로도 교내 봉사나 출석정지 조치가 가능합니다. 상벌점제도는 징계 전 반성과 행동 수정의 기회를 주는 완충 장치일 뿐, 필요할 경우 바로 선도위원회 회부가 가능합니다. 교사가 이를 정확히 알고 있어야 감정에 휘둘리지 않고 주도권을 가진 생활지도가 가능합니다. 먼저 학생 생활지도 규정을 꼼꼼히 확인해서 교사의 권한과 가능한 조치를 명확히 파악해 주세요. 피해를 주는 문제행동에는 즉시 가능한 조치를 일관되게 적용해야 하며, 이를 통해 학생은 감정과 행동을 스스로 조절하는 법을 배우게 됩니다. 이후 상담에서는 학생의 노력과 변화를 긍정적으로 평가하고, 대립보다는 수용적 분위기 속에서 대화해나가는 것이 관계 회복에도 도움이 됩니다.

Q10. 학생 간 다툼이나 갈등 상황에 개입할 때, 중립성과 공정성을 지키면서 문제를 효과적으로 해결하려면 어떤 점을 유의해야 하나요?

> 체육 시간에 축구를 하던 중 D학생과 E학생이 공을 두고 몸싸움을 하다가 언쟁이 붙고, 급기야 욕설과 밀침으로 번졌습니다. 교사가 개입했을 때 두 학생은 '쟤가 먼저 밀었어요!', '쟤는 맨날 그러잖아요!'라며 서로를 탓했습니다. 이후 양쪽 학부모도 개입해 '우리 애가 억울하다'는 입장을 고수하고, 담임 교사는 누구의 말이 사실인지, 어떻게 중재해야 할지 난감해합니다. 정확한 사실 파악과 학생 간 관계 회복, 학부모와의 소통까지 모두 부담으로 다가옵니다.

A1. 중립을 지키는 갈등 중재

교실에서 갈등이 생겼을 때 우리는 흔히 재판관처럼 옳고 그름을 판정하려는 유혹에 빠집니다. 하지만 교사의 역할은 심판이 아니라 길잡이, 즉 등대와 같아야 합니다. 갈등 상황에서는 먼저 자신이 중립적인 위치에 있음을 분명히 밝혀 주세요. 선생님은 누구의 편도 아니고 문제 해결의 편이라는 말 한마디만으로도 아이들이 안심하고 대화에 참여할 수 있습니다.

상담에선 각 학생을 따로 만나 격앙된 감정을 충분히 들어주고 이후에는 판단보다 사실에 집중합니다. 쟤는 늘 그렇다는 주관적 비난과 구체적 행동을 구분해 정리하기가 핵심입니다.

사실 확인이 어느 정도 되면, 양쪽을 함께 불러 회복적 대화 자리를 마련하세요. 그날 무슨 일이 있었고, 지금은 어떤 마음인지, 서로에게 어떤 점이 힘들었고, 앞으로 어떻게 하면 더 좋은 관계가 될 수 있을지 등 직접적으로 관계 회복에 초점을 둔 질문을 합니다.

학부모에게 알릴 때는 사실에 기반하여 공정하게 판단하였다는 것을 강조하고 사안의 내용과 조정 결과를 양가에 동등하게 안내합니다. 더불어 가해자, 피해자 구분보다 두 학생이 함께 갈등 해결을 배우는 게 중요함을 알리고 함께 성장하는 노력을 요청합니다. 필요하다고 판단되면 학급 단위로 협동과제, 칭찬 도우미 등의 긍정적 상호작용 활동도 병행하는 것도 효과적입니다.

진정성 있는 대화와 객관성, 후속 회복 프로그램 등 단계별 총체적 중재만이 신뢰와 건강한 관계의 토대를 쌓을 수 있는 해결책이 됩니다. 중립과 공정이 곧 신뢰의 시작임을 잊지 마세요.

A2. 야누스적 시선 갖기

학생 간 다툼은 사실 확인이 어렵고, 학부모까지 개입하면 교사는 더 큰 부담을 느끼게 됩니다. 이때 중요한 것은 교사의 공정성과 중립성입니다. 그리스·로마 신화의 신 야누스(Janus)는 두 개의 얼굴을 가지고 과거와 미래를 동시에 바라본다고 전해집니다. 교사 역시 갈등 상황에서는 어느 한쪽의 주장에 서둘러 기울기보다, 양쪽의 이야기를 동시에 주의 깊게 듣고 전체 맥락을 살피는 야누스적 시선을 가져야 합니다.

첫째, 사실 확인에서는 감정적 언어를 배제하고 객관적 사실에 집중해야 합니다. 누가 먼저 시작했는지보다는 어떤 행동이 있었는지를 차분히 기록하며, 목격자의 진술도 확인하는 절차를 거칩니다.

둘째, 중립적 태도를 유지하는 것이 핵심입니다. 특정 학생의 말에 공감하더라도 누구의 말이 옳다는 판단 대신 그렇게 느낄 수 있었겠다는 반응을 통해 학생들은 자신의 목소리가 존중받았다고 느끼는 동시에 선생님이 누구의 편을 든다는 인상은 받지 않습니다.

셋째, 관계 회복을 목표로 삼아야 합니다. 갈등의 승패를 가르는 것이 아니라 두 학생이 함께 다시 수업과 활동에 참여할 수 있도록 '앞으로 어떻게 행동할지'에 집중하게 합니다.

학부모와의 소통에서도 누가 잘못했는지보다 아이들이 모두 안전하고 존중받는 환경을 만들기 위해 어떤 과정을 거치고 있다는 교사의 원칙을 설명해야 신뢰를 얻을 수 있습니다. 즉, 교사는 야누스처럼 과거의 행동을 기록하고 미래의 관계 회복을 바라보는 균형 잡힌 시선을 가져야 합니다. 이러한 공정한 태도가 결국 학생과 학부모 모두에게 신뢰받는 해결책으로 이어집니다.

A3. 학생 갈등 상황에서 교사의 중립성과 회복적 대화의 중요성

학생 간 다툼이나 갈등 상황에 교사가 개입할 때는 중립성과 공정성을 지키는 것이 무엇보다 중요합니다. 특히 두 학생의 진술이 엇갈리거나 서로에게 책임을 전가하는 경우, 교사가 자칫 한쪽 편을 드는 것처럼 비칠 수 있어 매우 난처한 상황이 발생하기도 합니다.

이 경우 교사가 취할 수 있는 효과적인 방법은 회복적 갈등 대화입니다. 교사는 학생의 이야기를 들으면서 판단하거나 위로, 격려의 말을 덧붙이지 않고, 그저 학생의 진술을 정리하여 다시 확인하는 방식으로 대화를 이끌어 가야 합니다. 이는 학생이 사실에 직면하고 스스로 상황을 되돌아볼 수 있도록 돕는 과정입니다. 교사가 결론을 내리거나 조언하기보다 학생의 시각에서 문제를 재인식하도록 중립적인 안내자의 역할이 핵심입니다.

학생과의 대화에서는 다음과 같은 질문을 활용할 수 있습니다.

1. 그때 상황을 이야기해주겠니?
2. 그 일이 생기게 된 원인이 뭐라고 생각하니?
3. 그렇게 행동한 이유가 있니?
4. 그다음에는 어떤 일이 있었니?
5. 어떻게 해결되면 좋겠니?
6. 그때 가장 힘들었던 점은 무엇이었니?
7. 당시 기분이 어땠니?
8. 상대에게 바라는 점이나 부탁하고 싶은 것이 있니?

A4. 공정은 결과가 아니라 경험 – 두 사람의 존엄을 동시에 지키기

학생 간 갈등에 개입할 때, 제가 가장 먼저 붙잡는 것은 옳고 그름의 판정이 아니라 과정에 대한 신뢰입니다. 공정은 판결문의 균형이 아니라, 당사자 둘이 선생님은 저에게도, 저 사람에게도 같은 기준으로 대한다는 것을 몸으로 느끼는 경험입니다. 그래서 개입의 첫 순간부터 세 가지를 의식적으로 지킵니다. 같은 호칭·같은 시간·같은 표정입니다. 감정이 올라갈수록 말은 줄이고, 톤은 낮추고, 표정은 평평하게 맞춥니다. 이 세 가지가 깔려야 이후의 어떤 말도 교육이 됩니다.

수업 중이라면 교실을 바로 재판정으로 바꾸지 않습니다. 지금은 수업을 안전하게 마치고, 대화는 수업 뒤에 각자 따로 진행하겠다는 안내로 공기를 먼저 정렬하고, 갈등은 개별 면담으로 분리합니다. 공개 대질은 약자를 더 약하게 만듭니다. 면담에서는 사실-감정-요구의 순서를 양쪽 모두에게 동일하게 적용합니다. 무엇을 보았는지(사실), 그때 어떤 기분이었는지(감정), 지금 무엇이 필요한지(요구) 질문의 틀을 같게 하면 그것 자체가 공정의 장치입니다. 반대로 왜 그랬는지 몰아붙이는 심문형 질문은 방어만 높입니다.

가족·신체·정체성에 대한 모욕, 지속적 따돌림 신호 등 갈등의 강도가 큰 사안일수록 일관성을 가지고 해결해 가야 하고 조기 화해를 서두르지 않습니다. 빠른 해결은 종종 약자에게 추가 가해가 됩니다.

먼저 자리 조정 등 교사가 할 수 있는 보호조치를 제공합니다. 그리고 기록은 사실, 해석, 감정을 분리해 간단히 남깁니다. 기록은 처벌을 위한 무기가 아니라, 투명성을 확보하는 안전장치입니다. 행위에 반복성이 있고 정도가 지나치면 즉시 공식 절차로 전환해야 합니다. 그때의 안내도 이건 안전 문제라 절차로 진행하겠다는 정도로 짧고 분명해야 합니다. 공정은 관대함이 아니라 일관성입니다.

A5. 사실 확인부터 관계 회복까지

교사가 사건의 원인이 누구에게 있는지 판단하는 것이 아니라 학생이 말과 행동에 대한 책임을 인식하고 한 발 더 성장할 수 있도록 돕는 위치에 서도록 합니다. 상반된 주장을 하는 가운데, 불필요한 감정 대립에서 한 발짝 물러서 객관적이고 중립적으로 균형을 잃지 않도록 합니다. 다음 원리를 참고하면 도움이 될 것 같습니다.

첫째, 사실과 주장을 분리해서 다룬다. 누가 먼저냐는 주장보다는 욕설과 신체 접촉이라는 행동 자체가 규칙 위반임을 명확히 하고, 학생의 주장과 행동을 구분해 기록으로 남깁니다.

둘째, 각자의 말과 행동에 대한 책임은 각자에게 있다. 상대가 먼저 했다는 주장과 별개로 본인의 행동은 본인의 책임임을 다시 명확히 합니다.

셋째, 관계 회복의 기회를 제공한다. 단순히 처벌로 끝내는 것이 아니라 스스로 행동을 반성하고 상대를 바라보도록 합니다. 짧은 글이나 편지 형식으로 '만약 내가 그 상황에서 상대였다면 어떤 기분이 들었을까?', '다시 비슷한 일이 벌어지면 어떻게 다르게 행동할까?'와 같은 질문을 통해 성찰과 대안을 스스로 찾아보게 합니다.

넷째, 불필요한 감정 대립을 하지 않는다. 사건이 발생하고 시간이 지났음에도 상담에서 학생 사이 서로의 감정을 조절하지 못하고 여전히 대립하는 경우 학교 규정과 절차에 따라 진행된다는 점을 학생과 학부모 모두에게 안내합니다.

마지막으로 모든 것이 내 뜻대로 되는 것보다 그렇지 않은 것이 더 많다는 것을 교사 자신이 먼저 받아들입니다.

Q11. 민원이나 법적 소송, 대응 방법이 무엇일까요?

> 2학년 담임 교사인 H교사는 복도에서 욕설하며 장난치는 두 학생을 제지하면서 해당 학생의 어깨를 살짝 밀며 '그만하자.'라고 말했습니다. 그런데 다음 날 학부모가 찾아와 '우리 아이를 손으로 밀었다.'며 화를 내고, 교사에게 폭행죄로 고소할 수도 있다고 협박합니다. 해당 학생은 '쌤이 저를 세게 밀었어요. 욕도 했어요'라고 진술서를 쓰겠다고 했고, 학부모는 교육청과 언론에도 제보하겠다고 합니다.
> 교사는 '혹시 내가 한 말이나 행동이 법적으로 문제가 되나?', '누가 내 편이 되어줄까?' 걱정에 밤잠을 설칩니다. 이럴 경우 누구에게 도움을 요청하고, 어떤 자료를 어떻게 남겨야 하는지, 혹은 예방적으로 어떤 노력을 해야 하는지 알고 싶습니다.

A1. 신속한 기록과 공식 지원 시스템 활용

학교폭력, 생활지도 중 법적 소송 위협을 받으면 무엇보다 즉시 상황을 육하원칙에 따라 구체적으로 기록하고 증거(목격자, CCTV 등)를 확보하세요. 단독 대응은 금물, 교장, 교감 등 관리자와 교권보호위원회에 신속하게 구두와 서면 보고를 하여 발 빠르게 학교 공식 시스템을 가동해야 합니다.

법적, 교권적 한계(신체 접촉, 언어 사용 등)에 대해 평소 표준 매뉴얼을 숙지하고 불필요한 오해나 위험을 사전에 예방하세요. 학생, 학부모와의 대화에는 중립적이고 절제된 언어만 사용하고 감정적 대응은 삼가야 합니다. 분쟁 가능성이 클수록 절차적 정당성을 위해 모든 과정의 근거와 절차 준수가 필수입니다.

필요시 교육청 소속 변호사, 교원단체의 법률 자문 지원, 교원 배상 책임보험 등을 활용할 수 있으니 혼자서 이 일을 감당한다는 부담감을 떨치고 의연하게 임하시면 됩니다.

교사의 심리적 회복도 중요하니 동료, 전문가와 어려움을 나누며 자기 돌봄을 챙겨야 합니다. 교사의 정당한 교육활동은 법과 제도로 보호받을 권리가 있다는 점을 잊지 말고, 겁내지 말고 침착하게 절차를 밟으며 활용할 수 있는 자원을 적극적으로 활용해 당당하게 대응하면 됩니다.

A2. 생활지도 중 발생할 수 있는 민원, 법적 문제에 대한 교사의 대응과 예방

학생을 교육적으로 지도했음에도 불구하고 법적 책임을 추궁당하는 경우가 간혹 발생하여 교사들의 교육활동을 위축시키는 원인이 되기도 합니다. 다행히 교육청에서는 교권 보호를 위한 다양한 제도를 마련해 두고 있으므로, 실제로 사안이 발생한다면 이러한 제도의 지원을 받는 것이 필요합니다. 그러나 무엇보다 중요한 것은 이러한 상황이 애초에 발생하지 않도록 예방하는 일입니다.

학생 생활지도의 경우 신체 접촉을 통한 지도는 피하는 것이 바람직합니다. 또한, 학생의 불손한 언행으로 인해 교사의 감정이 격해질 때는 잠시 시간을 두거나 장소를 옮겨 대화하는 것이 좋습니다. 교사 역시 인간이기 때문에 감정이 고조되면 교육적인 언어보다 다소 거친 말이 나올 수 있기 때문입니다.

만약 교사가 학생을 밀었다는 주장이 제기되는 상황이 발생한다면, 당시 현장에 있던 다른 학생들의 진술을 확보해 두는 것이 도움이 됩니다. 특히 복도와 같은 공적인 공간에서는 목격자가 많을 수 있으므로, 당시 상황을 객관적으로 증명할 수 있는 진술서를 받아두는 것이 중요합니다. 이때는 당사자인 학생들에게도 직접 당시 상황을 구체적으로 진술하도록 하여야 합니다. 예를 들어 한 학생을 불러 그때 상황을 물어보고 최대한 자세히 기록합니다. 이후 두 학생의 진술을 서로 대조하며 이렇게 말했는데, 이것이 맞는지 확인하여 말과 행동이 실제 상황에서 있었던 일인지, 아니면 과장되거나 왜곡된 기억인지를 분명히 할 필요가 있습니다.

A3. 민원, 법적 분쟁의 가능성 앞에서 – 품위 있는 기록, 혼자 하지 않기

격한 항의나 법적 분쟁의 예고를 마주했을 때, 가장 먼저 하는 일은 기록입니다. 길게 쓰지 않습니다. 사실, 해석, 감정을 나누어 5줄 안에 남깁니다.

(사실) 3/14 09:40 복도, A학생이 'ㅇㅇ'라고 말했습니다.

(사실) B학생은 눈물을 보였고 자리를 이동했습니다.

(해석) 조롱의 의도가 의심됩니다.

(감정) 담임 교사로서 당황과 우려를 느꼈습니다.

추정이나 과장은 지우고 본 것, 들은 것, 한 것만 1인칭으로 씁니다. 제3자의 표현으로 포장하지 않습니다. 시간, 장소, 당사자, 개입, 반응이 빠지지 않으면 충분합니다. 이 기록은 누군가를 이기기 위한 무기가 아니라 교사와 학생을 지키는 투명성입니다. 기록의 수단은 전통적인 교무수첩이나 메모도 있지만, 디지털 녹음기도 사용할 수 있습니다. 상대방의 동의를 얻지 않았더라도 내가 포함된 대화를 녹음하는 것은 불법이 아닙니다. 스마트폰, 스마트워치 같은 기기를 이용해도 되고 USB나 펜 형태의 녹음기로 일상 전체를 녹음하는 방법도 있습니다.

다음으로 중요한 것은 혼자 하지 않는 것입니다. 관리자·상담교사·학교 전문 인력과 즉시 공유 채널을 엽니다. 개인 휴대전화로 밤늦게 1:1로 길게 대화하지 않습니다. 학교의 공식 창구를 안내하고, 필요한 경우에는 면담 시간을 일과 시간 안으로 잡습니다. 학생 보호와 절차의 공정성을 위해 공식 창구로만 소통하겠다는 태도가 교사의 삶을 지킵니다.

A4. 침착함은 최고의 선택

생활지도 과정에서 학부모가 문제를 제기하거나 법적 책임을 언급할 때, 교사가 가장 먼저 해야 할 것은 침착함을 유지하는 것입니다. 즉각적으로 감정적으로 대응하기보다, 사실을 있는 그대로 기록해 두는 습관이 필요합니다. 당시 상황, 말한 표현, 학생의 반응 등을 간단히 메모하고, 필요하면 학년 교무실이나 교무부와 공유해 두는 것만으로도 이후 큰 도움이 됩니다. 학부모와의 대화에서는 변명이나 감정적 맞대응보다는 상황을 정확히 확인해 보겠다는 태도를 보이면서 모든 대화는 개인보다 동료 교사나 관리자가 함께하는 것이 안전합니다.

　예방 차원에서는 수업과 생활지도를 할 때 학생에게 불필요한 신체 접촉이나 감정 섞인 언어를 최대한 줄이고, 지도를 해야 할 때는 명확하고 짧게, 일관된 원칙으로 대응하는 것이 중요합니다. 또한, 학생과 학부모와의 소통에서는 왜 그런 지도가 필요했는지 설명하는 과정을 꼭 포함해야 불필요한 오해를 줄일 수 있습니다.

　결국, 교사가 기본적으로 지켜야 할 것은 기록, 원칙, 차분한 태도이며, 이 세 가지가 작은 갈등이 큰 민원으로 번지는 것을 예방하는 가장 현실적인 방법입니다.

A5. 교권 보호를 위한 예방과 대응

　학생과 학부모는 진술만으로도 교사를 상대로 고소, 고발을 제기할 수 있습니다. 그러나 단순한 진술만으로 곧바로 유죄가 성립되지는 않습니다. 다시 말해, 폭행이나 모욕이 있었다는 사실을 입증해야 할 책임은 학생·학부모 측에 있습니다. 교사가 법적으로 증거를 제출해야 할 의무는 없습니다.

　그럼에도 교사 스스로 상황을 객관적으로 입증할 수 있는 자료를 확보해 두는 것은 중요한 부분입니다. 사건 직후 있었던 사실을 그대로 상세히 기록하고, 생활지도일지나 상담일지에 남기며, CCTV 영상이나 주변 목격자를 확보하는 것이 필요합니다.

　또한, 관리자에게 즉시 보고해 학교 차원의 대응을 기록으로 남기고, 교권보호센터 등의 법률 지원을 통해 도움을 받도록 합니다. 흔히 사람들이 삶에서 하는 걱정 대부분은 실제로 일어나지 않았거나 일어날 가능성이 거의 없는 일들에 대한 것이라고 합니다.

　결국, 많은 시간이 아직 일어나지 않은 상황을 상상하며 불안해하는 데 쓰이지만 정작 현실에서 그 걱정이 그대로 나타나는 경우는 적습니다. 위에서 언급했듯이 지나친 걱정보다는 혹시 모를 상황에 대비해 미리 예방하고 주의하도록 합니다.

Q12. 거짓말이 습관화된 학생, 어떻게 접근해야 할까요?

> 한 학생이 상습적인 거짓말로 신뢰를 깨뜨리고 있으며, 행동 개선이 거의 이루어지지 않아 지도에 어려움을 겪고 있습니다. 핸드폰을 미반납하거나 다른 공기계를 숨겨서 제출하고, 교복 문제에 대해 가정형편을 이유로 허위 진술을 하여 장학금도 지원받았습니다. 이후 부모님과의 소통을 통해 해당 내용이 사실과 다름을 확인했습니다. 가정에서도 지도가 어려운 상황이며, 학생은 감정을 다루는 능력도 부족해 보입니다.
>
> 감정 일기, 타이르기, 벌점 부여 등 다양한 방법을 시도했으나 학생 스스로 변화 의지가 없어 보이고, 어떤 지도가 효과적인지 확신이 서지 않는 상황입니다.

A1. 학급 활동을 통한 학생 신뢰 회복과 거짓말 습관 개선 지도

상습적으로 거짓말하는 학생 지도는 학교 단독으로만 이루어지기 어렵고, 가정과의 연계가 매우 중요합니다. 학부모와 함께 협력하면 학생에게 일관된 메시지와 책임감을 심어줄 수 있습니다.

학교와 가정에서 같은 규칙과 결과를 적용하도록 하는데 만약 핸드폰을 제출하지 않았다면 그 내용을 가정에 전달하고 가정에서도 핸드폰 사용에 제한을 두는 식입니다. 그리고 거짓말하지 않고 약속을 지켰을 때도 학교와 가정에서 동시에 인정과 칭찬을 하도록 합니다. 학생이 거짓말을 하지 말라고 경고하는 것이 아니라, 정직과 신뢰가 가져오는 긍정적 경험을 반복하도록 하는 것이 굉장히 중요합니다. 그래서 학급 활동과 연계하여 학생이 직접 체험하도록 해보게 합니다.

아침이나 수업 시작할 때 약속한 것을 지켰는지 공유하게 하거나 역할극으로 진실과 거짓, 약속 지키기 게임 등을 통해 거짓말과 거짓 행동이 어떤 감정을 일으키고 팀 전체에 어떤 영향을 미치게 하는지를 직접 느껴보게 합니다. 또한, 학급 전체 학생이 우리 학급의 신뢰 규칙을 만들고 서명해서 그 규칙이 잘 지켜지고 있는지 수시로 점검하여 책임감을 높이도록 합니다.

A2. 거짓은 나쁜 마음이 아니라 두려움의 반영 – 수정 가능한 문화를 만들기

거짓말이 습관화된 학생을 도덕의 문제로 몰지 않는 것이 중요하다고 생각합니다. 대개는 혼나기 싫고 체면을 잃기 싫은 두려움 때문에 선택한 미숙한 기술이 아닐까요? 기술은 바꿀 수 있습니다. 그래서 목표를 진실을 밝히는 것이 아니라 진실을 말해도 안전하다는 확신을 주는 것으로 잡으면 좋겠습니다. 존중과 책임을 분리해 다루면 아이는 방어를 내려놓고 스스로 수정하기 시작할지도 모릅니다.

대화는 길 필요가 없습니다. 사실, 영향, 수정의 순서로 짧게 놓습니다. '조별 과제 제출이 어제였는데(사실), 네 설명이 지금 기록과 달라(영향). 그때는 그렇게 말했지만, 지금 다시 말해 볼래?(수정)'

핵심은 자백이 아니라 수정권을 열어 주는 문장입니다. 이때는 즉시 처벌을 섞지 않습니다. 처벌은 뒤에서 규정대로 하고, 앞에서는 수정의 기회를 먼저 보장합니다.

교실에 말은 고쳐 쓸 수 있다는 공개된 규칙 하나를 세워 둡니다. 교사가 먼저 모범을 보여야 합니다. 말이 과했거나 사실을 잘못 전했으면 즉시 고쳐 말합니다. 방금 내 말이 틀렸고 다시 말해 보겠다는 교사의 대화 수정은 아이들에게 강력한 메시지를 줍니다. 정직은 완벽함이 아니라 수정의 습관이다. 아이는 들키면 완전히 끝이 아니라 지금이라도 고치면 된다는 안전감을 배웁니다.

거짓을 줄이는 가장 현실적인 장치는 작은 신뢰 예금입니다. 큰 고백을 기대하지 말고, 작은 진실을 발견해 즉시 인정합니다. 지각 사유를 오늘은 사실대로 말했다. 고맙다, 모른다고 한 것이 좋았다. 그게 배움의 출발이다. 이렇게 인정을 쌓으면, 거짓은 점점 쓸모가 없어지기 시작합니다. 아이는 선생님 앞에서 솔직해도 내 위치가 무너지지 않는다는 데이터를 얻습니다.

A3. 해석, 소통, 강화의 3단계 솔루션

거짓말이 습관화된 학생 지도에서 가장 중요한 것은 표면적 행동에 휘둘리지 말고, 그 이면의 심리적 욕구를 천천히 탐색하는 것입니다. 주목받고 싶어서 책임 회피 심리, 미숙한 자존감 방어 등 학생 행동 뒤의 진짜 욕구를 이해하는 것이 출발점입니다.

의도적 거짓이 드러났다면 이번 한 번만 봐준다는 식의 용인은 절대 금물입니다. 일관성 있고 단호한 태도로 행동에는 반드시 실질적 결과와 불이익이 따라옴을 알려줍니다. 그래야만 학생도 점진적으로 정직과 책임감을 몸으로 익힐 수 있습니다.

신뢰 회복 경험을 의도적으로 많이 제공하는 것이 해법의 핵심입니다. 과제 미제출 등 상황에서 '어디까지 했어?' '솔직히 아직 못했어요.'라고 대답할 때엔 즉각적이고 구체적으로 '솔직하게 말해줘서 고맙다.'라는 식으로 정직성에 포상적 강화(칭찬, 인정)를 반복하세요. 작은 진실이 누적될 때 학생은 '정직이 안전하다.'라는 확신을 내면화하게 됩니다.

가정과의 연계성도 매우 큽니다. 학교에선 엄격하지만, 가정에선 용인되어서는 안 됩니다. 꾸준한 소통과 정보 공유, 동일 원칙이 유지될 수 있도록 부모에게 상황을 세밀하게 전해야 행동의 변화가 시작됩니다.

만약 감정 조절, 충동 통제에 어려움이 동반된다면 반드시 학교 상담, 외부기관 연계(청소년센터, 심리클리닉 등)로 전문 지원을 병행하세요. 길고 간단치 않은 재지도이겠지만, 원인분석 – 정직강화 – 일관 지도 – 심리 지원, 네 가지 축을 성실하게 반복할 때 학생의 변화가 조금씩 분명해질 것입니다. 긍정적 변화의 씨앗은 소통에서 시작됩니다.

A4. 조해리 창

거짓말이 습관화된 학생은 신뢰 관계가 반복적으로 깨지면서 교사와 또래, 부모와의 관계 속에서 점점 고립됩니다. 이러한 상황을 이해하는 데 유용한 개념이 바로 조해리 창(Johari Window)입니다. 조해리 창은 자아를 네 가지 영역으로 구분합니다. 자신과 타인 모두가 아는 개방 영역, 자신은 모르지만, 타인만 아는 맹목 영역, 자신만 알고 타인은 모르는 은폐 영역, 누구도 알지 못하는 미지 영역입니다.

문제는 거짓말이 습관화될수록 학생은 약점을 숨기려 하면서 은폐 영역을 넓히고, 동시에 타인에게는 거짓이 쉽게 드러나 맹목 영역까지 커진다는 점입니다. 그 결과 개방 영역이 좁아지고, 신뢰의 토대는 급속히 약화됩니다.

따라서 지도는 학생의 개방 영역을 확장하는 과정으로 접근해야 합니다. 사실을 말했을 때 불이익보다 신뢰가 쌓이는 경험을 제공하는 것이 핵심입니다. 예컨대 숨기려는 행동 대신 솔직히 털어놓았을 때 정직하게 말해줘서 고맙다는 긍정적 피드백을 즉각 주어야 합니다. 또, 단순히 거짓을 지적하기보다 "네가 그렇게 말한 건 어떤 마음 때문일까?"라는 질문을 던져 학생이 감정을 탐색하고 자기표현을 연습하도록 돕는 것이 필요합니다. 가정에서도 정직해야만 지원이 가능하다는 일관된 메시지를 유지해야 합니다.

결국, 거짓말의 굴레에서 벗어나려면 학생이 은폐와 맹목을 줄이고 교사, 부모, 친구와의 관계 속에서 개방 영역을 넓혀가는 경험이 필요합니다. 이는 단순한 행동 교정이 아니라, 스스로 드러내고 신뢰 속에서 성장하는 성숙한 자기 이해의 과정이 될 것입니다.

A5. 힘을 빼고 물 흐르듯이

학생이 반복적으로 거짓말을 선택하는 이유는 의식적이든 무의식적이든 그 선택이 당장 자신에게 유리하기 때문입니다. 이 학생은 옳고 그름보다 단기적 이득을 우선하며, 거짓말이 이미 자동화되어 단순한 회피가 아닌 이득을 취하는 수단으로까지 사용하고 있습니다. 따라서 상담이나 가벼운 지도로는 변화 동기가 부족해 보입니다.

거짓말에는 확실하고 예측이 가능한 불이익이 따른다는 점을 경험하도록 합니다. 이를 위해 규칙과 학교 생활지도 규정의 처분 내용을 문서로 확인시키고 부모님께도 즉시 공유할 것임을 안내합니다. 또 학생에게 서명으로 확인받아 교사가 감정이 아니라 규정과 절차에 따라 부모님과 일관되게 지도한다는 점을 분명히 합니다.

규칙 위반 시에는 단순 벌점이 아니라 사전 공지한 대로 학생생활지도위원회 회부 등 교칙 절차를 일관되게 적용합니다. 반대로 사실을 인정하거나 규칙을 지켰을 때는 즉각적인 긍정적 피드백과 낮은 징계 수위를 통해 바른 행동을 강화합니다. 학생이 거짓말은 손해, 솔직함은 이득이라는 경험을 반복하도록 하여 스스로 행동을 수정하도록 돕습니다. 이 과정에서 교사는 학생의 행동과 인격을 분리해 바라보고 같은 편에서 성장을 돕는 존재임을 학생이 느끼도록 해야 지도와 관계 유지에 좋습니다.

이렇게 하면 교사는 규정에 근거해 지도하기 때문에 감정적으로 소모되지 않고, 따뜻함과 단호함을 균형 있게 유지할 수 있습니다. 학생의 변화를 완전히 통제할 수는 없습니다. 그저 애써 노력한 것만으로도 충분합니다. 무엇보다 선생님께서 먼저 소진되지 않도록 자신을 잘 돌보시길 바랍니다.

4. 모두 아름답게, 관계 형성

학생과의 관계

Q1. 학생들이 다른 반과 비교하면서 "우리도 그렇게 해주세요!"라고 자꾸 요구합니다.

> 다른 반 담임 교사가 하는 활동, 예를 들면 간식 나눔, 미니 게임, 특별한 칭찬 이벤트 같은 것들을 부러워하며 우리 반도 똑같이 해 달라고 말합니다. 저는 저만의 학급 운영 철학이 있어서, 활동 하나하나에도 나름의 기준과 의도가 있는데, 학생들은 그런 맥락보다는 단순히 재미나 혜택 중심으로 비교하면서 요구하곤 합니다. 그러다 보니 제 방식이 틀린 건 아닌가 흔들리기도 하고, "우리 반은 왜 안 해요?"라는 말에 자꾸 부담이 생깁니다. 학생들의 기대와 욕구도 무시하고 싶지는 않지만, 교사로서의 방향성과 원칙도 지키고 싶은데요. 이럴 때 어떤 마음가짐과 태도로 대처하면 좋을까요?

A1 비교에 흔들리기보다 우리 반만의 가치를 함께 만들어가기

"다른 반은 그렇게 하는데 왜 우리 반은 안 해요?"라는 질문은 학생들의 '관심'이자 '관계 맺기의 방식'이기도 합니다. 이럴 때는 단순히 '내 방식이 옳다.'라고 주장하기보다는, 학생들에게 선생님의 학급 철학과 활동의 의도를 차분히 설명해 주세요. 예컨대 "우리는 지금 너희가 주도하는 학급 문화를 만들고 있어. 다른 반은 간식을 나누지만, 우리는 너희가 직접 운영하는 ○○ 활동을 하고 있잖아. 그게 너희만의 자랑이야." 이렇게 학생들이 자신의 반에만 있는 고유한 가치를 발견할 수 있도록 도와주는 것이 중요합니다. 학생들의 비교는 단순한 불만이 아니라 '자기 반 정체성'을 찾고 싶어 하는 표현일 수 있습니다. 이럴 때 교사는 '비교에 휘둘리는 반응형'이 아니라 '기준을 공유하는 주도형' 태도가 필요합니다. 학급 운영의 철학과 기준을 학생들과 함께 시각화해 보세요.(예: 학급 운영 선언문, 학급 약속 등) 학생들의 욕구도 선별적 수용이 가능합니다. "좋은 아이디어네요. 그런데 우리 반 상황에 맞게 조금 바꿔서 해보면 어때요?"처럼 조율해 주세요. '학생의 요구를 무조건 수용하는 것이 학생 중심이 아니라 학생과 함께 방향을 모색하는 것이 진정한 학생 중심'이라는 인식을 가지면 마음이 덜 흔들릴 것입니다.

A2. 비교보다 공감, 우리 반의 특색 있는 활동 함께 만들기

학생들이 다른 반과 비교하며 "우리도 그렇게 해주세요."라고 말할 때, 그 속마음에는 학급 활동에 대한 관심과 참여하고 싶은 마음이 담겨 있을 수 있습니다. 이런 학생들의 본심을 먼저 공감해 주는 것이 중요합니다. 단순히 요구에 즉각 반응하기보다는, 선생님의 학급 운영 철학과 방향성을 지키는 태도 또한 함께 고려되어야 합니다. 이럴 땐 학생들의 말을 있는 그대로 수용하기보다, 우리 반만의 특색 있는 활동 방향을 함께 찾아보는 방식으로 전환해 보세요. 예를 들어, "다른 반이 간식을 먹었다니 좋아 보이기도 했겠다! 우리 반도 우리가 좋아할 만한 활동을 직접 계획해보면 어떨까?"처럼 말하며 학생이 아이디어를 제안하고 주도적으로 참여할 수 있는 기회를 주는 것이 좋습니다. 또한, 학급 운영에 담긴 교사의 의도와 기준은 학생의 눈높이에 맞게 자연스럽게 설명해 주세요. "선생님은 잠깐의 흥미보다 오래 기억에 남을 수 있는 우리 반만의 특별한 추억을 만드는 걸 더 중요하게 생각해." 이처럼 진심을 담아 소통하면, 학생들도 서서히 선생님의 생각을 이해하고 존중하게 됩니다. 무엇보다 중요한 것은 비교에 휘둘리기보다 학생들과의 관계를 조율해 가는 과정에 집중하는 것입니다.

학생들의 기대와 교사의 원칙은 서로 부딪히는 것이 아니라, 함께 조율하며 공동체를 만들어가는 기반이 될 수 있습니다. 선생님의 운영 원칙을 중심에 두되, 때로는 유연하게 학생들의 의견을 수용하며 학급을 함께 만들어가는 자세가 결국 건강하고 의미 있는 학급 문화를 만드는 데 큰 힘이 됩니다.

A3. 조건부 수용으로 유연함 키우기

교육 현장에서 교사가 가져야 할 중요한 덕목 중 하나는 바로 유연함입니다. 특히 학생들이 다른 반과 비교하며 "우리도 해주세요."라고 요구할 때, 교사의 운영 철학과 학생들의 기대 사이에서 균형을 맞추는 데 이 유연함이 필요합니다. 저도 경험상 학생들이 단순히 재미와 놀이만을 추구하는 모습을 자주 보았습니다. 처음에는 제 철학이 무너질까 걱정되기도 했지만, 시간이 지나며 학생들과의 '밀당'을 통해 철학과 욕구를 조화롭게 맞출 수 있는 방법을 찾게 되었습니다. 예를 들어, 저는 학급 운영에서 제 교육적 철학을 반영한 활동을 먼저 진행한 후, 그 성과를 보상하는 의미로 특별한 이벤트를 제안했습니다. 학생들이 원하는 떡볶이 파티나 팥빙수 만들기 체험 같은 활동이 대표적인 사례입니다. 이런 보상은 단순한 즐거움이 아니라, 학생들이 노력 후 성취를 함께 나누는 경험이 되도록 설계했습니다. 저의 경험을 바탕으로 유연함을 실천하는 태도 팁을 3가지로 정리하겠습니다.

첫째, 철학을 잃지 않는 '조건부 수용'입니다. 학생의 요구를 무조건 거절하지 않고, 교육적 의미가 담긴 활동 후에 보상으로 제공하는 방식으로 접근하면 어떨까요?

둘째, 활동의 재해석과 변형입니다. 즉, 다른 반에서 하는 활동을 그대로 모방하지 않고, 우리 반의 특색과 교육적 목표에 맞게 조정하여 실시합니다.

셋째. 학생의 기대를 동기부여로 전환하는 것입니다. '이 활동을 끝내면 우리가 이런 즐거운 이벤트를 할 수 있어!'라는 기대감을 학습 참여 동력으로 연결하는 방법입니다.

교사의 유연함은 원칙을 버리는 것이 아니라, 학생들의 마음을 열고 스스로 참여하게 만드는 지혜입니다. 학생들이 즐거움만을 추구하는 것처럼 보일 때도, 적절한 보상과 교육적 활동을 균형 있게 배치하면, 학급의 신뢰와 소속감은 더 단단해집니다.

A4. 학급 학생들과 함께 우리 반만의 특별함 찾기

선생님의 고민에 깊이 공감합니다. 흔들리는 마음은 당연합니다. 하지만 선생님만의 학급 운영 철학은 그 무엇보다 소중한 자산입니다. 학생들의 비교 요구에 흔들리지 않는 단단한 마음가짐을 가지세요. "우리 반은 우리 반만의 특별함이 있어. 선생님은 너희를 위해 가장 좋은 방법을 고민하고 있단다."와 같이 선생님의 기준과 의도를 명확하고 자신감 있게 전달하는 것이 중요합니다. 다른 반 활동을 무조건 따라 하기보다는 우리 반에 맞는 방식으로 변형하거나 우리 반만의 새로운 활동을 제안하며 학생들과 함께 만들어가는 경험을 선물해 주세요. "다른 반의 좋은 점도 있지만, 우리 반은 이렇게 해보는 건 어떨까?" 하고 역으로 질문하며 학생들의 의견을 존중하되, 선생님의 방향성을 잃지 않는 지혜로운 대처가 필요합니다. 선생님의 원칙을 지키는 것이 결국 학생들에게도 일관성과 신뢰를 줄 수 있음을 기억하세요.

Q2. 교육활동 침해로 인해 학생을 지도한 후, 해당 학생뿐만 아니라 다른 학생과의 관계 개선이 고민입니다.

> 교육활동 중 발생한 학생의 문제행동으로 인해 행정적으로는 해결된 상황이라 하더라도 그 학생과 가까운 친구들과의 관계에서도 어려움이 이어지는 경우가 있습니다.
>
> 교육활동 침해로 인해 저 역시 정서적으로 상처를 입다 보니 전체 학생과의 관계에도 위축감을 느끼고, 수업이나 학생 지도에 대한 자신감이 크게 떨어졌습니다. 학생들과 다시 건강하고 신뢰 있는 관계를 회복하려면 어떻게 해야 할까요?

A1. 교사의 회복부터, 신뢰를 다시 쌓는 새로운 일상 만들기

교육활동 침해는 교사 정체성과 권위에 대한 도전으로 누구에게나 상처가 됩니다. 그 사건이 '행정적으로 해결됐다.'라고 해서 교사의 마음까지 정리된 것은 아닙니다. 자신이 느낀 감정을 인정하세요. 교사도 회복이 필요한 존재입니다. 감정적 거리두기가 될 때까지 잠시 거리를 두는 것도 필요합니다.

회복의 시작은 '다시 친해지려는 노력'보다는 학생들과의 '새로운 일상'을 만들어가는 것입니다. 이전 관계로 돌아가는 것이 아니라, 새로운 신뢰를 다시 쌓는다고 생각해 보세요.

예를 들면 수업 중 그 학생과 자연스럽게 아이컨택 하기, 이름 불러주기, 작은 과제 칭찬하기 등으로 시작합니다. 동료 교사나 수석교사와 감정 공유, 회복 시간 확보하는 등 감정 정리 시간을 가지는 것도 도움이 됩니다.

학생과의 관계에 있어서는 규칙과 태도에서 흔들리지 않는 교사로서의 일관성을 유지하면서 과도한 친밀도 시도 보다는 '교사로서 존중'의 태도를 유지하는 가운데 학생의 변화 가능성을 관찰하며 관계를 다시 시작하는 것이 중요합니다.

A2. 회복의 시작은 나의 마음 돌보는 것부터! 일관된 모습으로 신뢰 쌓기

교육활동 침해로 마음고생이 크셨을 것 같아요. 특히 학생들과의 관계까지 어려워지면 수업이나 지도에도 자신감이 흔들릴 수 있지요. 그럴수록 먼저 선생님의 마음을 돌보는 것이 중요합니다. 잠시 멈추어 쉬거나, 신뢰할 수 있는 동료나 전문가와 감정을 나누는 것만으로도 회복의 시작이 될 수 있어요. 학생들과는 특별한 말이나 행동보다 평소처럼 눈을 맞추고 차분하게 수업과 지도를 이어가는 것이 가장 좋은 방식입니다. 일관된 태도와 작은 관심이 결국 다시 신뢰를 쌓는 힘이 됩니다. 지금처럼 아이들을 다시 바라보려는 선생님의 마음이 이미 충분한 출발입니다.

A3. 혼자가 아님을 기억하기

교육활동 침해의 경험은 교사로서의 자존감과 정체성을 깊이 흔드는 힘든 일입니다. 저 또한 몇 년 전, 교육활동 침해를 직접 겪으며 그 무게를 온전히 느낀 적이 있습니다.

학생과 학부모의 공격적인 발언, 그리고 저의 진심이 왜곡되는 경험은 제 마음을 무너뜨렸습니다. 그 상황에서 회복되기까지의 시간은 길고도 힘겨웠으며, 솔직히 말해 그때의 감정은 끔찍했습니다. 그러나 그 시기에 저를 붙들어 준 것은 저의 진심을 알아주고 지지해 준 동료 교사들이었습니다. 그들의 위로와 공감은 다시 교단에 설 수 있는 힘이 되었고, 혼자가 아니라는 것을 느끼게 해주었습니다. 그래서 저는 말씀드리고 싶습니다. 이런 일을 겪었을 때, 절대 혼자 해결하려 하지 마십시오. 우리는 혼자가 아닙니다. 학교 안에는 함께 고민하고 해결해 줄 수 있는 동료가 있으며, 교육청에서도 다양한 회복 프로그램을 제공하여 선생님의 회복을 돕고 있습니다.

회복의 순서는 분명합니다. 먼저 교사 자신의 회복이 선행되어야 합니다. 마음을 회복하지 못한 상태에서 학생과의 관계를 바로잡으려 하면 더 깊은 상처가 남을 수 있습니다.

그다음 학생과의 관계 회복을 시도해야 합니다. 제가 자존감을 회복한 뒤 학생들을 바라보았을 때, 그제야 보이지 않던 사실을 알게 되었습니다. 학생들도 저의 마음을 느끼고 있었고, 그 학생 또한 관계 회복과 관심을 원하고 있었습니다. 시간이 흐른 후 깨달은 것은, 그들이 결국 성숙한 존재로 성장하고 있다는 점이었습니다.

교육 활동 침해는 교사의 마음을 무너뜨리는 힘든 경험이지만, 이를 회복하는 과정 속에서 더 단단한 교사로 성장할 수 있습니다. 혼자가 아님을 기억하고, 동료와 함께 걸어가며, 자신을 먼저 지켜낸 뒤 학생과의 관계를 다시 세워나가길 바랍니다.

A4. 선생님의 마음 챙김을 최우선으로 하기

교육활동 침해는 교사에게 큰 정서적 부담을 안겨주며, 이는 학생들과의 관계에도 영향을 미칠 수 있습니다. 하지만 선생님의 회복과 노력이 있다면 건강한 관계는 충분히 다시 쌓아갈 수 있습니다.

가장 먼저 선생님 자신의 마음을 돌보는 것이 중요합니다. 충분한 휴식을 취하고, 동료 교사나 전문가와 상담하며 감정을 해소하는 시간을 가지세요. 선생님이 회복되어야 학생들에게도 긍정적인 에너지를 줄 수 있습니다. 학생들과의 관계 회복을 위해서는 '진심'이 중요합니다. 문제행동을 일으킨 학생에게는 사안에 대한 명확한 지도와 함께 그 학생을 향한 선생님의 변함없는 관심과 지지를 보여주세요. 다른 학생들에게는 평소와 다름없이 따뜻하게 대하며 교실 분위기를 긍정적으로 이끌려는 노력을 보여주는 것이 중요합니다.

작은 것부터 다시 시작해 보세요. 학생들의 이야기를 더 많이 들어주고, 칭찬과 격려를 아끼지 않으며, 함께 웃을 수 있는 시간을 늘려 가세요. 수업 활동에서도 학생들이 적극적으로 참여할 수 있는 기회를 많이 제공하여 성공 경험을 쌓게 해주는 것도 좋습니다. 시간이 필요하겠지만 선생님의 진심은 반드시 학생들에게 전달될 것입니다.

교사도 사람입니다. 상처받을 수 있고, 흔들릴 수 있어요. 중요한 건 그 경험을 통해 더 깊은 관계를 만들어갈 수 있다는 믿음입니다. 지금의 고민은 더 좋은 교사가 되기 위한 성장의 과정이에요.

Q3. 학생들의 성향과 배경이 너무나 다양하다 보니 누구에게 어떤 방식으로 접근해야 하는지 매 순간 고민이 됩니다.

> 정신적으로 어려움을 겪고 있는 학생이나 반복적으로 문제행동을 보이는 학생들을 만날 때, 한편으로는 공감하려고 노력하면서도 또 한편으로는 제 감정이 쉽게 소진되곤 합니다. 모든 학생을 공정하게 대해야 한다는 것을 알고 있지만 실제 상황에서는 특정 학생에게 더 많이 신경을 쓰게 되어 스스로 편애하고 있다는 자책감이 들기도 합니다. 이럴 때 어떻게 하면 학생을 균형 있게 바라보고 지도할 수 있을까요?

A1. 공정이란 같음이 아니라 다름에 맞춘 적절한 관심 갖기

모든 학생을 똑같이 대하려는 노력은 훌륭하지만, 현실에서는 똑같이 대하는 것이 꼭 '공정'은 아닐 수 있습니다. 공정함은 '동일한 관심'이 아니라 '필요에 따른 적절한 관심'에서 나옵니다. 예를 들어, 정서적으로 어려움을 겪는 학생에게는 더 따뜻한 말 한마디가 필요하고, 자율적인 학생에게는 존중의 거리를 지키는 것이 필요합니다. 이건 '편애'가 아니라 '차이를 고려한 전문적 접근'입니다. '감정 소진(Burnout)'은 도움을 주고 싶은 열망이 클수록 더 잘 생깁니다. 자기감정을 돌보는 것이 먼저입니다. '심리적 거리 두기 전략'을 통해 감정 소진을 줄이는 것도 한 방법입니다. 예를 들면 "이 학생은 내가 전부 책임질 대상이 아니다.", "지금 당장 변화가 없다 해도, 나의 역할은 씨앗을 심는 것이다."라는 생각으로 감정 소진을 줄여보세요.

A2. 다름을 인정하는 것이 공정함의 시작! 완벽함보다는 함께하는 선생님 되기

학생마다 다른 성향과 배경에 맞게 대하기 위해 매번 고민하시는 건 그만큼 학생을 진심으로 바라보고 있다는 뜻입니다. 학생들에게 각자의 필요에 맞게 다르게 접근하는 것이 진짜 공정함이라고 생각합니다. '완벽하게 균형 있게' 대하려는 마음이 오히려 선생님을 지치게 할 수 있으니 균형 있게 바라보는 것도 좋지만 유연하게 대하는 것도 필요합니다. 모든 순간 내가 할 수 있는 만큼 최선을 다했다면 그걸로 충분하고 학생들에게 함께 버티고 곁에 있는 사람으로 자신을 위치 지어보세요. 교사는 해결사가 아니라 버팀목이 되는 사람입니다.

A3. 학교 자원 적극 활용하기

다양한 학생들의 성향과 배경에 따라 매 순간, 누구에게 어떤 방식으로 접근해야 하는지 고민하는 것은 교사라면 누구나 겪는 과정입니다. 특히 정신적으로 어려움을 겪고 있는 학생이나 반복적으로 문제행동을 보이는 학생을 만날 때, 한편으로는 그 학생을 이해하고 공감하려고 노력하는 것과는 별도로 내 감정이 쉽게 소진되는 상황에 부딪히게 됩니다.

저 역시 경험상 모든 학생을 공정하게 대하려고 애쓰지만 실제 상황에서는 특정 학생에게 더 많은 관심을 기울이게 되는 순간이 있었습니다. 특히 소위 '문제아'라고 불리는 학생에게 더 많은 시간과 에너지를 쏟다 보면 정작 제 관심을 필요로 하는 다른 학생에게는 시선조차 제대로 주지 못할 때가 있었습니다. 이 과정에서 교사로서 깊은 아쉬움과 자책이 남았습니다.

시간이 지나면서 깨달은 것은 공정함이란 모든 학생에게 똑같이 대하는 것이 아니라, 각각의 필요와 상황에 맞게 적절히 지원하는 것이라는 점이었습니다. 그러나 이를 실천하기 위해서는 교사 혼자만의 노력으로는 한계가 있습니다. 교사의 시간을 적절히 분배하고 모든 학생들에게 필요한 지원을 제공할 수 있도록 여건이 마련되는 것이 중요합니다. 학교 차원의 지원 인력, 맞춤형 프로그램, 상담 자원의 확충이 그 해답이 될 수 있습니다. 균형 있게 바라보고 지도하는 태도에 관한 팁을 4가지로 정리하겠습니다.

첫째, '똑같이 대하는 것'이 아니라 '각자에게 필요한 것을 주는 것'이 공정함임을 기억하기

둘째, 나만의 '에너지 배분 원칙' 세우기. 즉, 특정 학생에게만 과도하게 쏠리지 않도록, 상호작용 시간을 계획적으로 관리하기

셋째, 환경과 시스템 활용하기. 즉, 모든 학생에게 필요한 지원이 고르게 전달될 수 있도록, 학교 내 상담·생활지도 시스템 적극 활용하기

넷째, 교사의 감정도 관리 대상임을 인식하기. 즉, 소진된 상태에서는 균형이 무너지기 쉽기 때문에, 교사 자신을 위한 회복 루틴을 마련하기

균형 있는 지도란 모든 학생에게 똑같은 시간을 쓰는 것이 아니라 모든 학생이 존중받고 있다고 느끼게 하는 것입니다. 특정 학생에게 더 많은 주의를 기울이는 상황이 있더라도, 학교 차원의 지원 체계와 함께라면 편애가 아닌 필요 기반의 배려를 안정적으로 실현할 수 있습니다.

A4. '똑같이 대하기'보다 '다르게 대하기'로 학생에게 다가가기

선생님, 학생들의 성향과 배경이 너무나 다양하여 지도에 고민이 많으신 점 깊이 공감합니다. 정신적 어려움을 겪거나 문제행동을 반복하는 학생들을 대할 때 감정 소진과 '편애'라는 자책감을 느끼는 것은 선생님이 학생들을 깊이 헤아리려 노력하기 때문입니다.

편애하지 않는 지도란 모든 학생에게 똑같이 대하는 것이 아니라 각 학생의 필요에 따라 다르게 접근하는 것이라는 걸 놓치지 마세요. 특정 학생에게 더 많은 관심이 필요한 것은 편애가 아닌, 그 학생에게 가장 필요한 도움을 제공하는 것입니다. 예를 들어 다문화 학생이 가진 고유한 배경과 필요를 이해하고, 언어적 어려움을 겪는 학생에게 추가적인 한국어 교육을 제공하는 등 그에 맞는 맞춤형 지원을 제공한다면 다문화 학생들이 학교에서 진정한 소속감을 느끼고 성장하는 데 큰 힘이 될 것입니다. 선생님 자신의 감정 소진 관리 또한 중요합니다.

학생의 문제행동이 선생님의 감정을 압도하지 않도록 의식적으로 경계를 설정하고, 필요한 경우 전문가의 도움을 받는 것을 주저하지 마세요. 동시에, 다른 학생들에게도 꾸준히 긍정적인 관심과 격려를 표현하며, 학급 전체의 소속감을 높이는 활동을 지속하는 것이 필요합니다. 혼자 감당하려 하기보다 동료 교사나 상담 전문가와 협력하여 지혜를 모으는 것도 큰 도움이 될 것입니다. 선생님의 따뜻한 마음과 현명한 노력이 학생들에게 균형 있게 전달될 것이라 믿습니다. 모든 학생을 균형 있게 바라보려는 고민 자체가 이미 좋은 교사의 증거입니다. 완벽함보다 중요한 것은 매 순간 학생을 이해하려는 진심과 그 과정에서 자신을 지켜내는 지혜입니다.

Q4. 교사와 학생의 바람직한 관계 형성을 위해 어디까지 가까워져야 할까요?

> 학생들과 친구 같은 관계로 티키타카가 되는 교사로 지내고 싶어서 학생들에게 솔직하게 다가갔습니다. 그러나, 학생들과 너무 가까워지니, 수업과 생활지도가 어려워지는 경우가 생깁니다. 선생님과 학생과의 적절한 경계는 어디쯤이 좋을까요?

A1. 친구보다 든든한 어른, 신뢰로 세우는 교사와의 관계 갖기

좋은 교사가 되기 위해 학생에게 다가가는 용기를 내셨다는 점, 그 자체로 이미 학생을 위하는 진심이 느껴집니다. 관계를 잘 맺고 싶다는 고민은 결국 더 좋은 교육을 하고 싶다는 마음의 표현입니다. 학생과 '친구 같은' 관계는 유익할 수 있습니다. 그러나 교사는 본질적으로 학생의 친구가 아닌 '역할을 가진 어른'입니다. 친구는 학생의 욕구를 존중해 주는 관계지만 교사는 때로 그 욕구를 조절시키고 성장으로 이끄는 존재입니다. 가까움은 '함께 웃고 이야기 많이 하는 것'으로 착각하기 쉽지만 진짜 가까움은 신뢰입니다. 학생에게는 '기댈 수 있는 어른'이 필요하지, '동등한 친구'는 아닙니다. '관계 시간'과 '수업 시간'을 명확히 분리하세요.

학생들은 '친구 같은 교사'보다 존중할 수 있는 따뜻한 어른을 더 오래 기억합니다. 권위는 무서운 것이 아니라, 학생에게 안정감을 주는 기둥입니다.

"그 선생님은 잘 웃지만, 선 넘으면 바로 잡아."
"혼나도 억울하지 않아. 진심으로 생각해 주는 게 느껴져."

이런 인식이 형성되면, 오히려 학생들이 먼저 '선 넘지 않기'를 자발적으로 학습합니다.

A2. 사랑받는 권위 세우기! 친하지만 기준이 있는 신뢰로운 경계 세우기!

학생들과 가까워지고 싶은 마음, 정말 중요한 태도입니다. 하지만 너무 친구처럼만 지내다 보면 수업이나 생활지도에서 어려움이 생기는 것도 자연스러운 일이죠. 학생들은 아직 미성숙한 부분이 있어, 교사의 솔직함이나 편안함을 잘못 받아들이기도 합니다.

그래서 교사는 '편안하지만 분명한 기준이 있는 존재'여야 합니다. 친근함과 권위는 반대가 아니라, 신뢰 안에서 조화를 이룰 수 있는 관계입니다. '사랑받는 권위'란, 무섭거나 강압적인 게 아니라, 학생이 존중하고 따르고 싶어지는 신뢰의 힘을 말합니다. 학생들과 웃고 대화하면서도 지켜야 할 원칙은 분명히 하고, 선생님이 먼저 솔선수범하는 모습을 보여줄 때, 학생들은 자연스럽게 교사를 존중하게 됩니다. 경계를 세우는 건 거리를 두는 게 아니라, 관계를 건강하게 지키는 방법이란 걸 기억해 주세요.

A3. 친근함과 존중을 함께 지키기

사람과의 관계에서 적절한 거리감이 매우 중요합니다. 가까운 친구 관계에서도 서로를 존중하며 적절한 거리를 두는 것이 관계를 오래 지속시키는 비결이라는 것을 경험을 통해 배웠습니다.

이 깨달음은 교사와 학생의 관계에도 그대로 적용됩니다. 학생과 교사가 너무 가까워지면, 일시적으로는 친근하게 느껴질 수 있지만, 시간이 지남에 따라 서로의 역할이 흐려져 수업과 생활지도가 어려워질 수 있습니다. 반대로 거리를 너무 멀리 두면 학생이 교사에게 다가오기 힘들어지고 신뢰 형성이 지연됩니다. 그래서 저는 교사와 학생 관계에서 가까이 있으면서도 일정한 선을 유지하는 '안전한 거리'를 유지하려고 노력합니다. 그 거리는 친구 같은 편안함과 동시에 교사로서의 권위를 지켜주는 균형점이기도 합니다.

관계에서 적절한 거리 유지에 관한 3가지 팁입니다.

첫째, 존중을 기반으로 한 친근함. 즉, 친근하게 다가가되 서로의 역할을 흐리지 않는 대화와 태도를 유지하기

둘째, 개방과 선의 경계 유지. 즉, 학생과의 대화에서 교사의 진심을 보여주되, 사적인 영역을 과도하게 공유하지 않기

셋째, 일관성 있는 기준 적용. 즉, 누구에게나 동일한 원칙을 적용하며, 관계의 균형을 잃지 않기

오래가는 관계는 거리가 가깝거나 멀어서가 아니라, 서로를 존중하며 균형 있는 거리를 유지하는 것에서 비롯됩니다. 학생들과도 이 거리를 유지할 때, 신뢰와 안정감이 오래 지속될 수 있습니다.

A4. '선을 넘지 않게' 그 선을 교사가 명확히 제시해 주기

학생들과 친구처럼 가까워지고 싶은 마음은 자연스럽지만, 교사로서의 역할과 경계를 지키는 것이 중요합니다. '친구 같은 교사'가 되길 바라시나요? '친밀하면서도 존경받는 교사'가 되길 바라시나요? 교사와 학생의 바람직한 관계는 후자가 아닐까 생각합니다. 예를 들어, 쉬는 시간에는 함께 웃고 대화하며 친밀감을 형성하되, 수업이나 생활지도 시에는 단호하고 일관된 모습을 보여주어야 합니다. 학생이 선을 넘는 행동을 했을 때, "선생님은 너희를 아끼지만, 이건 규칙을 어긴 행동이야."라고 명확히 지도해야 합니다.

이 경계는 학생들에게 예측 가능성과 안정감을 주며, 궁극적으로는 선생님에 대한 신뢰와 존경으로 이어집니다. 친밀함과 권위 사이의 균형을 찾는 것이 중요하며, 이는 경험을 통해 점차 익숙해질 것입니다.

학생과 가까워지고 싶은 마음은 교사로서의 진심입니다. 하지만 그 진심이 오래가기 위해서는, 교사로서의 역할과 책임을 분명히 하는 것이 필요합니다. 친근함과 권위는 대립되는 것이 아니라 함께 갈 수 있는 두 축입니다. 그 균형을 찾는 과정이 바로 교사로서의 성장이기도 합니다.

학부모와의 관계

Q1. 상담 중 일부 학부모가 교사보다 더 잘 안다는 듯이 이야기하며, 저의 전문성을 무시하는 듯한 태도를 보입니다.

> 저는 교사로서 아이에 대한 정보를 바탕으로 조심스럽게 설명과 필요한 조언도 드리지만, "그건 아니에요", "제가 해봐서 아는데요", "예전 선생님은 그렇게 안 하셨어요" 같은 말들로 제 말을 자꾸 끊거나 반박하십니다. 심지어 제가 말한 해결 방안을 "그건 별로 효과 없을 것 같네요"라며 일축하시기도 하고요.
>
> 저는 분명 학생을 위하는 마음으로 상담에 임하고 있지만, 자꾸 제 의견이 무시당하는 느낌이 들고, 점점 말문이 막힙니다. 특히 제가 경력이 짧다는 것을 의식하시는 것 같은데, 이런 상황에서 교사로서의 신뢰를 지키면서도 학부모와 원활하게 소통하려면 어떻게 해야 할까요?

A1. 감정보다 근거로, 신뢰를 구축하는 교사의 대응 전략 갖기

학부모가 교사의 말을 끊거나 "제가 해봐서 아는데요.", "예전 선생님은 안 그랬어요." 처럼 반박할 때, 교사로서 무시당한다는 느낌을 받을 수 있습니다. 하지만 이런 반응은 종종 자녀에 대한 불안과 보호심에서 비롯된 것임을 기억하는 것이 중요합니다. 감정에 휘말리기보다, 교사의 안정감 있는 태도로 대응하는 것이 신뢰를 얻는 길입니다.

교사의 전문성은 경력보다도 학생에 대한 구체적인 관찰과 근거 있는 설명에서 나옵니다. "제가 보기에는요."보다는 "학교에서 ○○학생이 보인 모습은 이렇고, 그래서 이런 방안을 제안합니다" 처럼 맥락 중심의 표현이 효과적입니다. 반박이 거셀 때는 말로 맞서기보다 경청과 공감으로 주도권을 회복하세요. "그렇게 느끼셨군요. 말씀해 주셔서 감사합니다."와 같은 말이 오히려 교사의 성숙함을 보여줍니다.

상담의 초점을 '의견 대립'이 아니라 '아이의 성장'이라는 공동 목표로 돌리는 것도 중요합니다. "아이를 위하는 마음은 같다고 생각합니다. 함께 방향을 찾아가면 좋겠습니다."라는 말은 대화를 협력의 흐름으로 이끌 수 있습니다. 무엇보다, 지금처럼 학생을 위해 고민하고 태도를 돌아보는 교사라면 이미 훌륭한 교육자입니다. 전문성은 목소리가 아닌 태도에서 드러납니다.

A2. 공감과 전문성으로 신뢰를 쌓는 상담하기

학부모 상담에서 선생님의 말씀을 자꾸 끊거나 반박할 때, 정말 무시당하는 느낌이 들고 소통이 안 된다는 느낌을 받으실 수 있습니다. 특히 경력이 짧다고 느껴질 때는 더 위축되기 쉬운데요, 이런 상황에서는 선생님이 부족해서가 아니라 학부모도 불안하고 조급한 마음에서 나오는 반응일 수 있다고 바라보면 조금 마음이 가벼워질 수 있습니다.

우선 학부모님의 말을 끝까지 경청하고, "그럴 수도 있겠네요.", "말씀 들어보니 충분히 그렇게 느끼실 수 있을 것 같아요."처럼 공감의 말 한마디가 경계를 푸는 열쇠가 됩니다. 그 후, 사실과 관찰 중심으로 학생의 학교생활에 대해 차분하게 설명하면 교사로서의 전문성이 전달됩니다. 중요한 것은 내가 맞서 설득하려 하기보다 차분하고 일관된 태도로 신뢰를 쌓아 나가는 것이 중요하다고 생각합니다.

A3. 공통 목표로 시선 맞추기

학부모의 발언이 선생님 개인을 향하는 것처럼 느껴지더라도 교사와 학부모 모두에게 학생에 관한 공통의 목표가 있습니다. 그것은 학생을 올바른 방향으로 성장하도록 돕는다는 것일 겁니다. 공통의 목표로 시선을 옮기면 감정 소모가 줄어듭니다. 또한, 전문성은 말보다는 보여주는 것으로 신뢰를 구축해보면 어떨까요? 학생 데이터와 사례를 바탕으로 차근차근 설명하는 것이 더 효과적입니다.

학부모와 상담 시 대화 기술 즉 언어 전략에 대한 팁 3가지입니다.

첫째, 먼저 인정한 뒤, 교사의 판단 기준과 근거를 제시
둘째, 학부모의 의견을 바로 부정하기보다는 협업할 수 있는 방안을 제시

셋째, 데이터와 사례 중심 설득

학부모와 상담할 때는 학부모 의견을 존중하는 태도, 근거를 기반하여 설명하고 후속 피드백을 제공하여 신뢰와 협업 분위기를 쌓아가는 것이 중요합니다.

A4. '공감 – 사실, 설명 – 함께 해결'의 단계로 상담하기

학부모가 교사의 전문성을 무시하는 듯한 태도를 보일 때 느끼는 좌절감과 무력감은 당연합니다. 특히 경력이 짧다는 점을 의식하는 듯한 상황에서는 더욱 힘드실 것입니다. 하지만 선생님은 학생을 가장 가까이에서 관찰하고 지도하는 전문가임을 잊지 마세요.

학부모의 이야기를 먼저 충분히 경청하고, 그들의 우려나 입장에 공감하는 태도를 보여주세요. "학부모님께서 염려하시는 부분은 충분히 이해합니다."와 같이 먼저 공감의 메시지를 전달하면 학부모의 날 선 마음과 행동을 누그러뜨릴 수 있습니다.

추상적인 설명보다는 구체적인 학생의 행동 사례나 객관적인 데이터(예: 학습 결과물, 관찰 기록)를 바탕으로 설명하세요. "○○이가 지난주 사회 수업 시간에 이런 내용을 학습했고 그 결과물이 이것입니다."와 같이 사실에 기반한 설명을 하면 학부모가 반박하기 어려워지며, 선생님의 관찰과 분석이 전문적임을 보여줄 수 있습니다.

해결방안을 제시할 때는 "제가 이렇게 지도할 테니, 가정에서는 이렇게 도와주시면 좋겠습니다."와 같이 학교와 가정의 협력을 강조하면서 함께 학생의 성장을 돕는 파트너십을 제안하는 방식으로 접근하는 것이 좋습니다.

학부모의 반박이나 무시하는 태도에도 감정적으로 대응하지 않고 침착함을 유지하는 것이 중요합니다. 또한, 경력이 짧다는 것을 의식하기보다, '현재 학생을 가장 잘 아는 사람은 나'라는 자신감을 가지세요. 신규 교사로서의 열정과 새로운 시각은 오히려 강점이 될 수 있습니다.

Q2. 최근에 학생의 생활 습관이나 친구 관계까지 간섭하는 학부모가 있어서 어려움을 겪고 있습니다.

> 어떤 학부모는 아이가 교실에서 혼자 있는 시간이 있었다고 바로 전화를 걸어와서 왜 선생님이 그 상황을 바로 알아차리지 못했냐며 지적을 하셨습니다. 이런 경우, 학생 지도에도 영향을 주고 저도 위축되는데, 이런 학부모의 지나친 간섭에 어떻게 하면 학부모와의 관계를 해치지 않으면서 대처할 수 있을까요?

A1. 지나친 개입에 흔들리지 않는 교사의 전문적 대응과 소통 전략 갖기

학생의 생활 전반에 대해 세세하게 개입하거나 사소한 일에도 즉각적으로 반응하는 학부모는 교사에게 심리적 부담을 주고 지도에 제약을 줄 수 있습니다. 하지만 이러한 과도한 간섭은 종종 자녀에 대한 걱정과 통제 욕구에서 비롯된 것이라는 점을 먼저 이해할 필요가 있습니다. 이럴 때는 학부모의 불안을 인정하되 학교 현장의 현실과 교사의 역할을 분명히 설명하는 것이 중요합니다. 예를 들면, "아이의 정서 상태에 관심 가져주셔서 감사합니다. 교실 상황은 시시각각 변동이 있고, 모든 순간을 실시간으로 확인하기는 어려운 점도 있습니다. 다만 이후엔 좀 더 유의하겠습니다." 이런 식으로 학부모의 감정을 수용하면서도, 교사로서 가능한 범위와 전문적 판단을 함께 전달하세요.

또한, 반복적인 간섭에는 상담 시간을 정하거나, 소통 채널을 체계화하는 것이 필요합니다. 예를 들면, 주간 상담 일지나 간단한 문자 브리핑 등이 도움이 됩니다. 무엇보다 중요한 건, 교사가 위축되지 않고 일관된 태도와 원칙을 지키는 것입니다. 감정적으로 흔들리지 않고 '학생의 자율성과 또래 관계도 성장의 중요한 일부'라는 교육 철학을 조심스럽게 공유하세요. 학부모와의 관계는 단기적인 만족보다 신뢰를 쌓아가는 장기적인 과정입니다.

A2. 학부모님의 불안에는 공감으로, 간섭에는 협력으로 대응하기

학부모님의 지나친 간섭은 교사로서 당황스럽고 위축될 수 있는 상황입니다. 하지만 대부분 그런 반응은 자녀에 대한 불안에서 비롯된 것입니다.

우선 "혼자 있었다는 이야기에 많이 걱정되셨겠어요."처럼 불안한 감정을 먼저 공감해 주는 말 한마디가 관계의 긴장을 크게 낮춰줍니다. 이때 "더 세심히 살피겠습니다."라는 말 정도로 교사의 책임감을 보여주되, 불필요한 사과나 위축은 피하시는 게 좋습니다.

그리고 학부모님께 "학생이 친구들과 자연스럽게 어울릴 수 있도록 어떤 부분을 함께 도와주면 좋을까요?"처럼 학부모를 협력자로 대하는 질문을 던지면 부모님도 점차 선생님을 신뢰하게 됩니다. 핵심은 '공감→책임감 있는 태도→협력 요청'의 흐름으로 소통하는 것입니다. 이 과정이 반복되면 관계도 안정되고, 간섭도 자연스럽게 줄어듭니다.

A3. 협력의 프레임 유지하기

교사의 역할은 학생의 성장과 안전을 보장하는 범위 내에서 필요한 정보를 전달하는 것입니다. 학부모가 지나치게 간섭을 하고 항의를 할 경우에 우선, 학부모의 우려를 이해하고 공감하는 태도를 보이되, 학교에서 공유할 수 있는 정보의 범위와 원칙을 명확하게 안내하는 것이 중요합니다.

한가지 사례를 들어보겠습니다. 제가 중학교 1학년 담임 교사를 했을 때 겪었던 사례입니다. 한 학부모가 "다른 아이들이 우리 아이를 왕따시킨다."며 거칠게 항의했습니다. 그러나 조사 과정에서 해당 학생은 특별실 수업에도 가지 않고 교실에 혼자 남아 다른 아이들의 물건을 훔쳤다는 의혹이 나왔습니다. 문제는 물증이 없고 학생 증언에만 의존해야 했다는 점이었고, 학부모는 "우리 아이는 그런 행동을 하지 않는다."며 강하게 부정했습니다. 이런 경우 교사가 지켜야 할 3가지 원칙이 있습니다.

첫째, 중립성과 절차 유지 원칙이 있습니다. 항의의 강도와 상관없이 교사는 가해자, 피해자를 섣불리 규정하지 말아야 합니다. "왕따"와 "절도 의혹"은 각각 독립적으로 조사하고, 사실 확인을 위한 객관적 기록(출결, 수업 참여, 진술 내용)을 남기는 것이 중요합니다.

둘째, 학부모와의 소통 기술입니다. 강한 감정을 보이는 학부모에게는 먼저 공감의 문장을 사용합니다. 이후에는 중립적 절차를 설명하며, 결론이 아니라 확인 중인 과정을 강조합니다.

셋째, 문제 해결의 협력 프레임을 제사하는 것입니다. 학부모와 교사는 함께 해결이라는 프레임을 유지합니다.

교사로서의 신뢰를 쌓는 핵심은 중립성, 절차, 협력의 세 가지 원칙을 일관되게 지키는 것입니다.

A4. 학부모의 개입, 균형을 찾아주는 선생님의 역할 갖기

학부모님의 간섭이 아이의 교우관계에 미칠 수 있는 영향을 부드럽게 짚어주는 것이 좋습니다. 학교라는 공간에서 친구들과 어울리고, 선생님의 지도를 받으면서 스스로 작은 갈등을 해결해 나가는 과정이 정말 중요하다는 것을 알려 주세요. 가령, 작은 다툼이 생겼을 때 부모님이 즉시 개입해 해결하려 들면 아이는 스스로 문제를 해결하는 방법을 배우기 어렵고 또래 친구들 사이에서 부모님께 지나치게 의존한다는 인상을 남길 수도 있다는 것을 학부모님이 이해하셔야 합니다.

만약 특정 상황에 대해 지적을 받았다면 너무 길게 변명하기보다는 핵심만 딱 짚어서 설명하고 넘어가세요. "아이가 잠깐 혼자 있었던 건 맞지만 곧 친구들과 다시 어울려 놀고 있더라고요."처럼요. 그리고 가정에서도 아이가 스스로 설 수 있도록 믿고 지켜봐 주시면 아이 성장에 큰 도움이 될 거라 의견을 건네주세요.

Q3. 학생에게 문제가 발생한 상황에서의 학부모 상담이 진행될 때 어떻게 대처해야 할까요?

> 학부모님과 상담을 진행할 때 단어 선택에 신중을 기하려고 노력하고 있지만, 특히 학생에게 문제가 발생한 상황에서는 더욱 조심스럽습니다. 가끔은 제가 사용한 표현이 오해를 불러일으켜 상황이 더 복잡해지는 경우도 있어 당황스럽고 난처할 때가 있습니다. 보다 효과적으로 소통할 수 있는 표현 방법에 대해 고민이 많습니다.

A1. 신뢰를 쌓는 상담, 사실에 기반한 소통과 관계의 언어 사용하기

학생에게 문제가 발생한 상황에서 학부모와 상담을 진행할 때는 단어 하나에도 신중해야 하기에 더욱 부담이 클 수 있습니다. 상담에서는 먼저 사실을 객관적으로 전달하고, 그 뒤에 교사의 관찰과 생각을 덧붙이는 방식이 도움이 됩니다. 아이가 어떤 상황에 있었고, 교사로서 어떤 판단과 대응을 했는지를 명확하고 간결하게 설명하면 오해의 소지를 줄일 수 있습니다. 이때 아이를 돕고자 하는 마음을 함께 전하면 학부모의 신뢰를 얻는 데에도 효과적입니다.

말을 고를 때는 지적보다는 함께 해결하려는 의도가 전해지도록 표현하는 것이 좋습니다. 같은 의미라도 다듬어진 언어는 학부모에게 훨씬 부드럽게 전달됩니다. 예를 들어 '문제가 있다.'보다는 '이런 상황이 있었다.', '지적했다.'보다는 '이야기를 나눴다.'라는 식으로 표현하면 부담이 덜합니다. 상담은 단순한 설명이 아니라 관계를 만들어가는 대화입니다. 예를 들어 선생님이 학부모에게 이렇게 이야기해 보세요. "아이 입장에서 서운하거나 답답했을 수도 있겠다 싶어서, 오늘은 감정보다 상황을 함께 풀어보려는 쪽으로 접근했습니다. 학교에서는 이런 경우 비슷한 상황에서 잘 효과를 본 방식이 있어서 그에 따라 지도했고요. 다만 모든 아이가 같을 수는 없으니, 집에서는 어떻게 반응하는지 함께 나눠주시면 더 도움이 될 것 같습니다." 이러한 대화는 학부모가 방어적이지 않도록 배려하면서도 교사의 전문성과 진심이 드러나도록 합니다.

A2. 조심스러운 상황에서의 중립적 표현, 준비된 언어 사용, 협력적 태도 유지하기

학생에게 문제가 생겼을 때 학부모님과의 상담은 더 조심스럽고 말 한마디도 부담스럽게 느껴지실 수 있습니다. 특히 단어 하나로 오해가 생기면 상황이 더 복잡해질 수 있어 더욱 긴장되기도 합니다.

이럴 때는 사실 중심으로, 감정은 배제하고, 중립적인 언어로 표현하는 연습이 중요합니다. 예를 들어, "문제를 일으켰다"보다는 "그 상황에서 학생이 ○○한 행동을 했습니다." 처럼 행동 중심의 설명이 효과적입니다. 또한, 상황별로 자주 쓰게 되는 표현들을 미리 정리해 두고 연습해 보는 것도 큰 도움이 됩니다. 실제 상담에서는 당황하지 않고 부드럽게 소통할 수 있게 됩니다.

무엇보다 중요한 건 학부모와의 대화에서도 학생을 함께 돕는 '협력자'로 만나는 태도입니다. 표현보다 진심이 전달될 수 있도록, 차분하고 일관된 태도를 지키는 것이 가장 큰 힘이 될 수 있습니다.

A3. 신뢰를 여는 언어 사용하기

교사의 언어는 학부모 상담에서 매우 중요한 역할을 합니다. 특히 문제를 일으킨 학생의 학부모와 상담하는 경우에는 더욱 세심한 주의가 필요합니다. 이때 교사의 언어는 단순히 사실을 전달하는 도구가 아니라 신뢰를 형성하고 해결을 향해 나아가게 하는 다리 역할을 합니다. 문제 상황에서 교사의 언어가 공격적이거나 방어적으로 느껴지면, 학부모는 방어 태세를 강화하게 되고 협력적인 해결이 어려워집니다. 반대로 교사의 언어가 공감과 존중을 담고 있다면 학부모는 문제를 함께 해결할 파트너로 교사를 인식하게 됩니다.

문제가 있는 학생의 학부모 상담 시 교사의 언어 전략을 4가지 팁으로 정리하겠습니다.

첫째, 학생의 인격과 행동을 구분해서 표현합니다.
둘째, 부모의 감정을 인정하는 공감 언어 사용을 사용합니다.

셋째, 문제 원인을 함께 탐색하는 협력적 언어를 사용합니다.

넷째, 해결 방향을 제시하며 긍정적 전망을 남기면 문제해결에 도움이 됩니다.

문제 상황에서의 상담은 단순히 사실을 전달하는 자리가 아니라, 교사와 학부모가 한 팀이 되어 학생을 지원하는 첫걸음입니다. 교사의 언어가 그 첫걸음을 열어주는 열쇠입니다.

A4. 오해를 줄이는 소통의 기술, '관찰된 행동만 구체적으로' 안내하기

학생에게 문제가 발생한 상황에서의 학부모 상담은 매우 섬세한 접근이 필요합니다. 때로는 사용하는 표현 하나하나가 오해를 불러일으켜 상황을 더 복잡하게 만들기도 하죠.

이런 상황에서는 사실 중심의 객관적인 표현이 가장 중요합니다. 감정적인 언급이나 추측은 피하고, 관찰된 행동과 구체적인 상황을 바탕으로 이야기해주세요. 예를 들어, "아이가 친구를 때렸어요." 대신 "○○이가 친구를 밀쳐서 넘어뜨리는 상황이 있었습니다."와 같이 객관적으로 묘사하는 거죠. 또한, 문제 상황을 이야기하기 전에 학생의 긍정적인 면이나 노력을 먼저 언급하여 학부모의 마음을 열어보는 것이 좋습니다. "○○이가 평소에는 친구들과 잘 어울리는데, 오늘 특정 상황에서 어려움을 겪었습니다."와 같이요.

그리고 해결 방안은 '함께' 고민하고 노력하자는 태도를 보여주는 것이 효과적입니다. "어머님(아버님)과 함께 이 문제를 해결하고 싶습니다."라고 말씀드리는 거죠. 가정에서의 협조를 구할 때도 "가정에서 혹시 이런 부분에 대해 이야기 나눠주실 수 있을까요?"처럼 구체적이고 정중하게 요청하는 것이 좋습니다. 이런 대화 방식이 학부모님 마음을 좀 더 열게 하고, 선생님과 함께 아이 문제를 풀어나가는 데 훨씬 도움이 될 것입니다.

Q4. 담임 학급의 학생끼리 학교폭력 사안이 발생했어요.

> 학급 내에서 학생 간 학교폭력 사안이 발생하여 담임 교사로서 양측 학생과 학부모를 대상으로 상담을 진행하였습니다. 상담 과정에서 저는 모든 학생의 이야기를 공정하게 듣고, 이해와 공감을 표현하며 중립적인 태도를 유지하고자 노력했습니다. 그러나 일부 학부모로부터 "왜 우리 아이에게만 잘못을 묻느냐?", "피해자 측에 잘 말해서 학교폭력 사안으로 접수되지 않도록 해달라.", "이런 일이 생길 때까지 담임 교사는 무엇을 하고 있었느냐?"와 같은 말을 들으며 큰 상처를 받았습니다. 이러한 상황에서 담임 교사로서 학부모 상담을 어떻게 대처해야 할까요?

A1. 비난보다 절차, 흔들림 없는 교사의 원칙 있는 대응

학급에서 학교폭력 사안이 발생하면 담임 교사로서 누구보다 마음이 무겁고 조심스러울 수밖에 없습니다. 모든 학생을 아끼는 마음으로 중립적인 태도를 유지하려 노력하지만, 상담 과정에서 학부모의 말에 상처를 받게 되는 순간도 생깁니다. "왜 우리 아이한테만 잘못했다고 하냐.", "피해자 측에 잘 말해서 접수되지 않게 해 달라.", "그동안 담임 교사는 뭘 하고 있었냐"는 말은 단순한 비난이라기보다 자녀를 걱정하는 마음에서 비롯된 감정일 수 있습니다. 그 마음을 이해하려는 자세를 잃지 않되 교사로서 지켜야 할 원칙과 전문성은 흔들리지 않도록 하는 것이 중요합니다.

학교폭력 사안은 민감하고 절차가 중요한 사안인 만큼 담임 교사의 역할은 누군가의 편을 드는 것이 아니라 모든 학생이 안전하게 보호받고, 공정한 과정을 통해 갈등이 해결될 수 있도록 돕는 중재자에 가깝습니다. 이 점을 학부모에게 부드럽지만 분명하게 전달하는 태도가 필요합니다. 예를 들어, 이런 식으로 말할 수 있습니다. "저도 학부모님의 걱정을 충분히 이해합니다. 학교에서는 사실관계를 정확히 확인하고, 모든 학생이 안전하고 존중받는 환경 속에서 지낼 수 있도록 절차를 밟아가고 있습니다. 담임 교사로서 아이가 정서적으로 위축되지 않도록 잘 살피고 있고, 양쪽 모두가 공정하게 보호받을 수 있도록 책임감을 갖고 함께하고 있습니다."

감정적인 반응보다는, 차분하고 따뜻한 언어로 설명을 이어가면 교사의 진심과 안정감이 전달됩니다. 아이를 위한 조심스러운 판단과 배려가 교사의 말 한마디, 태도 하나하나에서 드러나야 신뢰도 회복됩니다.

A2. 사실에 근거한 설명과 공감으로, 혼자가 아닌 협력으로 대응하기

학교폭력 사안이 발생하면 담임 교사는 양측 입장을 조율해야 하는 어려운 위치에 놓이게 됩니다. 아무리 중립적으로 설명해도 부모님 입장에서는 '우리 아이'만 생각하기 때문에 오해나 원망이 생기기 쉽습니다. 이럴 때는 사실 중심으로 상황을 설명하고, 감정적인 판단이나 해석은 피하는 것이 가장 중요합니다. 예를 들어 "현재까지 확인된 사실은 이렇습니다."처럼 말하며, 교사가 판단하지 않는 모습을 보여야 신뢰를 얻을 수 있습니다.

또한, 학부모님의 격한 반응은 결국 아이를 지키고 싶은 불안감에서 나온다는 점을 알아주면 좋습니다. "걱정되시는 마음 충분히 이해합니다. 저도 아이들이 더 안전하게 생활할 수 있도록 함께 노력하겠습니다."처럼 공감의 한마디가 오히려 긴장을 낮춥니다.

무엇보다 이 과정에서 담임 교사 혼자 모든 걸 책임지려 하기보다 관리자나 관련 업무팀과 협력하고 적극적으로 도움을 받는 것이 필요합니다. 감정적으로 너무 지치지 않도록 선생님 자신도 살피는 것이 중요합니다.

A3. 혼자 짊어지지 않기

학교폭력 사안이 학급 내에서 발생하면 담임 교사는 사건의 중심에서 양측 학생과 학부모를 모두 만나게 됩니다. 이 과정에서 교사는 양측의 이야기를 경청하고 이해하려는 마음을 갖지만 때로는 학부모의 격한 반응과 요구 속에서 감정적으로 위축되고 상처를 받을 수 있습니다. 하지만 중요한 것은 담임 교사가 모든 것을 혼자 해결해야 하는 것이 아니라는 사실입니다.

학급 내 학생끼리 학교폭력 사안이 발생했을 때 교사가 할 수 있는 전략을 4가지로 정리하겠습니다.

첫째, 학교폭력 사안을 혼자 짊어지지 않기입니다. 즉, 학교폭력은 개인 담임 교사가 단독으로 처리할 수 있는 문제가 아니라, 학교폭력 전담기구와 행정 절차에 따라 진행됩니다.

둘째, 학부모의 격한 발언은 개인에 대한 것이 아니라는 것을 인식해야 합니다. 학부모의 격한 반응은 자녀를 지키려는 방어 반응이라는 것을 이해하면 감정적 상처를 조금 줄일 수 있습니다.

셋째, 중립과 일관성을 유지하는 것입니다. 즉, 양측 모두에게 같은 원칙과 같은 언어로 대응하는 것이 중요합니다.

넷째, 자기 회복과 지원망을 확보하는 것이 중요합니다. 사건 진행 중 담임 교사의 감정 소진은 매우 흔합니다. 동료 교사, 관리자, 상담 자원을 통해 정서적 지지를 받도록 조언합니다.

학교폭력 사안은 혼자의 책임이 아니며, 규정과 시스템 속에서 팀으로 대응해야 한다는 것입니다. 격한 학부모의 반응 속에서도 교사의 전문성을 지키고, 자신을 보호하는 것이 가장 중요합니다.

A4. 감정보다는 원칙으로 대응하기

우선 선생님은 감정적으로 흔들리지 않는 중심을 잡는 것이 중요합니다. 학부모의 격앙된 감정은 아이에 대한 걱정에서 비롯된 것임을 이해하려 노력하되 선생님의 전문성과 역할에 대한 확신을 가지셔야 합니다.

대화 시에는 객관적인 사실과 학교의 절차를 명확하게 설명하는 것이 중요합니다. "이런 상황이 발생했고, 학교는 학교폭력 예방 및 대책에 관한 법률에 따라 이러이러한 절차를 진행하게 됩니다."라고 차분하게 안내해야 합니다. 감정적인 호소나 개인적인 판단을 앞세우기보다는, 규정과 절차에 기반한 설명이 학부모의 무리한 요구를 방어하고 선생님의 전문성을 지키는 데 도움이 됩니다.

"왜 우리 아이한테만 잘못했다고 하냐"는 질문에는 "○○이가 이런 행동을 했고, 그로 인해 다른 친구가 피해를 입었기에 이 부분에 대한 지도가 필요합니다. 하지만 ○○이의 평소 긍정적인 모습도 잘 알고 있습니다."와 같이 행동과 아이를 분리하여 설명하고, 객관적인 관찰 내용을 바탕으로 이야기하세요.

"피해자 측에 잘 말해달라."라는 요구에는 "학교폭력 사안은 피해 학생과 학부모의 의사가 가장 중요하며, 학교는 관련 법규에 따라 중립적인 입장에서 절차를 진행합니다."라고 단호하게 선을 긋는 것이 필요합니다. "뭘 하고 있었냐."는 비난에는 "이런 일이 발생하게 되어 안타깝습니다. 앞으로는 아이들이 안전하게 학교생활을 할 수 있도록 더욱 세심하게 살피겠습니다."와 같이 책임을 회피하지 않으면서도 감정적으로 휩쓸리지 않는 태도를 보여주세요.

이 과정에서 선생님 혼자 모든 것을 감당하려 하지 마세요. 교장, 교감, 교무부장, 학교폭력 담당 교사 등 학교 내 전문가들과 긴밀히 협력하고, 필요한 경우 상담 전문가의 도움을 받는 것도 중요합니다. 선생님의 마음을 돌보는 것이 이 어려운 상황을 헤쳐나갈 힘이 됩니다.

동료교사와의 관계

Q1. 교사와 학생 간의 관계를 바라보는 시각이 다른 동료 선생님이 계십니다.

> 저는 학생들과 친구처럼 허물없이 지내며 다정한 관계를 만들고 싶습니다. 그런데, 저의 생각과 다른 관점을 가지고 있는 동료 선생님 때문에 고민입니다. 교무실에서 학생들과 웃으며 이야기하고 있을 때도, 일부 선생님께서 "예의가 없다.", "학생이야?, 교사야?"라며 비아냥거리는 말을 하십니다. 이런 반응 때문에 제 생각이 틀린 건 아닌지, 다정함과 예의를 어떻게 균형 있게 지켜야 할지 혼란스럽습니다. 친구 같은 선생님이 되는 것이 잘못된 걸까요?

A1. 시선에 흔들리지 않는 교사, 친밀함 속의 전문성 유지하기

학생들과 가까이 지내며 다정한 관계를 만들고자 하는 선생님의 마음은 교육자로서 충분히 존중받아야 할 가치입니다. 교사마다 학생을 대하는 방식은 다를 수 있고, 친밀함을 바탕으로 신뢰를 쌓는 교육 방식 역시 효과적인 방법 중 하나입니다. 하지만 일부 동료 선생님의 말이나 시선이 불편하게 느껴질 때, 자신의 방식이 틀린 것은 아닌지 흔들릴 수 있습니다.

이럴수록 중요한 건 다름을 받아들이되, 내 방식의 방향성을 스스로 점검하며 정립하는 것입니다. 학생과의 친밀함 속에서도 교사로서 품위와 기준이 분명히 느껴진다면 그 관계는 분명 건강한 것입니다. 웃고 대화를 나누더라도 학생이 선을 넘지 않도록 자연스럽게 경계를 지킬 수 있다면 그건 오히려 존경받는 교사의 모습입니다.

교무실에서의 시선은 때로 선입견에서 비롯되기도 합니다. 모든 사람에게 인정받으려 하기보다 학생과 교실 안에서의 관계가 긍정적으로 흐르고 있다면, 그것만으로도 충분히 의미 있는 성과입니다. 친구 같은 교사가 되려는 마음은 결코 잘못된 것이 아니며, 그 안에 교사로서 책임감이 함께 있다면 오히려 더 깊은 관계를 만들 수 있습니다.

A2. 다양한 관점에 대한 수용적인 태도와, 열린 마음으로 소통과 균형 찾아가기

교사마다 학생과의 관계를 바라보는 관점은 다를 수 있습니다. 선생님께서 다정한 방식으로 소통하고자 하는 마음은 결코 틀린 게 아닙니다. 다만 그 방식이 오해받는 것 같다면 동료의 시선도 열린 마음으로 듣고 조율해 보시는 것도 도움이 됩니다. 예를 들어 "학생들과 다정하게 지내고 싶은데 혹시 오해가 생긴 건 아닌지 조언 부탁드려요."처럼 먼저 다가가면 상대도 존중받는다고 느끼며 선생님의 진심을 이해할 가능성이 높습니다. 서로 다른 교육관은 틀림이 아니라 '다름'이니 감정적으로 반응하기보다 솔직하고 차분하게 내 입장을 나누는 것이 건강한 관계를 이어가는 열쇠가 됩니다.

A3. 다름을 인정하기

동료 교사와 학생을 바라보는 관점이나 관계 형성 방식에서 차이가 생기는 것은 자연스러운 일입니다. 우리는 각자 다양한 생각과 가치관, 교육 철학을 가지고 있기 때문입니다. 이러한 차이가 곧 갈등으로 번지지 않고, 건강한 논의와 발전의 계기가 되기 위해서는 관계를 해치지 않는 조율 방식이 필요합니다. 시각 차이를 무시하거나 억누르면 일시적으로는 조용해 보일 수 있지만, 결국 신뢰가 약해질 수 있습니다. 반대로 차이를 적절히 조율하면 서로의 관점을 이해하고 보완하는 건설적인 협력이 가능합니다.

동료 교사와의 시각 차이를 조율하기 위한 팁을 3가지로 정리하겠습니다.

첫째, 다름을 인정하는 태도를 갖추도록 노력합니다.
둘째, 비판보다 공유 중심의 대화를 하도록 시도합니다.
셋째, 교사들의 공동 목표는 학생의 성장으로 공통 목표로 연결하는 대화를 갖도록 합니다.

동료 교사와의 시각 차이는 갈등의 원인이 아니라 다양성을 활용한 발전의 기회가 될 수 있습니다. 다름을 인정하고, 공통 목표를 중심에 두며, 존중하는 언어를 사용하면 관계를 해치지 않고 조율할 수 있습니다.

A4. 소통하며 함께 찾는 관계의 지혜 갖기

학생들이 선생님과 친해지더라도, 학급의 규칙이나 선생님이 중요하게 여기는 가치(예: 약속 지키기, 서로 존중하기)는 일관되게 강조해야 합니다. 친밀함이 규칙 위반에 대한 면죄부가 되어서는 안 됩니다.

동료 교사의 비아냥거리는 듯한 반응에 직접 대응하기보다는, 기회가 될 때 존경하는 선배 선생님께 솔직하게 고민을 이야기하고 조언을 구해보는 것도 좋은 방법입니다. 다른 선생님들은 어떤 방식으로 학생들과의 관계를 설정하는지 묻고, 선생님의 고민을 나누면 의외의 해답을 얻거나 오해를 풀 수도 있습니다.

Q2. 교과 담당 선생님께서 학급 학생들과의 갈등을 담임 교사인 저에게 책임 지우는 상황이 힘들어요.

> 다른 교과 선생님과 담임 학급 학생이 수업 중 발생한 갈등 문제나 관계의 어려움이 담임 교사인 제게 전가되는 상황이 종종 발생합니다. 교과 교사가 학생과의 갈등 해결을 요청하면서 그 책임까지 담임 교사에게 지우는 경우, 부담이 클 뿐 아니라 다소 부당하다는 생각이 들기도 합니다.
> 이러한 상황에서 협업적인 관계를 유지하면서도 적절한 역할 분담을 하기 위해서는 어떻게 대응하는 것이 좋을까요?

A1. 담임 교사의 역할 명확화, 협력 속에서 책임의 경계 세우기

담임 교사로서 학생을 폭넓게 이해하고 지원해야 한다는 역할은 분명 중요합니다. 하지만 교과 수업 중 발생한 갈등까지 전적으로 담임 교사가 해결해야 한다는 인식은 지나친 책임 전가일 수 있습니다.

이럴 때는 감정적으로 받아들이기보다는 협력의 프레임 안에서 '역할의 선'을 분명히 정리하는 것이 필요합니다. 교과 선생님이 갈등을 전달할 때, 우선 그 상황에 대해 경청하고 공감하는 태도는 관계 유지에 도움이 됩니다. "그 상황이 참 어려우셨겠어요. ○○ 학생이 수업에서 그런 반응을 보였다면 당황스러우셨을 것 같아요." 이후에는 자연스럽게 역할을 나누는 제안으로 이어가 보세요. "아이의 평소 생활 모습은 제가 함께 고민해 보겠지만 수업 중 갈등 상황은 선생님의 판단과 경험이 더 효과적일 수 있을 것 같아요. 필요한 경우 제가 함께 조율해 보겠습니다." 이런 말은 책임을 피하지 않으면서도 담임 교사와 교과 교사의 고유 역할을 존중하며 경계를 세우는 표현입니다. 무조건 도와주거나 반대로 거리를 두는 방식이 아니라 "함께 고민하되, 주도는 상황의 당사자가 맡는다"라는 협업 구조를 만드는 것이 핵심입니다. 그리고 이는 동료 교사 간 신뢰를 유지하면서도 담임 교사의 부담을 조절할 수 있는 건강한 방식입니다.

A2. 책임은 명확하고 소통은 유연하게! 협업을 위한 건강한 경계 세우기

교과 수업 중 생긴 갈등이 담임 교사에게 전가될 때, 충분히 부담스럽고 억울하게 느껴질 수 있어요. 이런 상황에서는 책임을 떠안기기보다 역할을 나누고 협력하는 방식으로 대화를 시도하는 것이 중요합니다. 예를 들어, "그 상황은 교과 수업 중 일어난 일이라 선생님의 판단이 가장 중요할 것 같아요. 저는 학생의 평소 태도나 관계를 바탕으로 도와드릴 수 있는 부분이 있다면 말씀 주세요."처럼, 책임은 명확히 구분하면서도 협력의 뜻은 분명히 전하는 표현이 효과적입니다.

만약 이런 상황이 반복될 경우 관리자, 동료 교사와의 조율을 통해 학교 차원의 역할 분담 기준을 확인하고, 공동 대응 체계를 요청하는 것도 방법입니다. 중요한 것은 조용히 감내하지 말고, 정중하면서도 분명한 입장 표현 연습을 하는 것입니다. 그래야 서로의 역할을 존중하며 건강한 협업이 이루어질 수 있습니다.

A3. 시스템적 변화 분위기 조성하기

교과담임 선생님들이 수업시간에 있었던 일을 담임 교사에게 전가하는 듯한 상황은 단순한 개인 간의 문제라기보다 학교 문화 속에 자리 잡은 오래된 인식에서 비롯됩니다. 학교 현장에서는 '학생 문제는 궁극적으로 담임 교사가 책임진다.'라는 인식이 암묵적으로 작동하고 있습니다. 이러한 구조에서는 담임 교사에게 부담이 과도하게 쏠리고, 교과담임 교사의 즉각적 지도 기회가 줄어듭니다. 결국, 이는 학생 지도의 효과성에도 부정적 영향을 미치게 됩니다.

이 문제는 개별 교사의 노력만으로 해결되기 어렵습니다. 학교 전체가 함께 역할을 공유하고 협력하는 문화를 만들어가야 합니다. 즉, 학년 회의, 생활지도 협의 등에서 교과담임-담임 교사 협력 프로세스를 합의하고 문서화하여 공동 대응 문화를 형성해야 합니다. 또한, 담임 교사에게만 집중되는 생활지도 부담을 줄이기 위해 상담 인력, 생활지도 인력의 적극 활용하여 도움을 요청할 수 있습니다.

이 문제는 한 교사의 역량이나 성향이 아니라 학교 문화 속 인식의 문제입니다. 학교 전체에서 시스템을 변화하는 분위기를 조성하고, 협력 구조를 제도화해야 담임 교사와 교과담임 교사가 함께 학생을 지도하는 건강한 문화가 자리 잡을 수 있습니다.

A4. 담임 교사의 역할과 현명한 책임 분담의 기술 익히기

가장 먼저 기억해야 할 것은 교과 수업 중에 생긴 문제는 일차적으로 해당 교과 선생님이 해결하는 게 이상적입니다. 담임 교사는 학급 전체를 아우르지만 모든 교과 수업의 자잘한 문제까지 직접 뛰어들어 해결할 수는 없습니다.

이런 상황에 부닥치면 감정적으로 휘둘리기보다는 차분하고 전문적인 태도로 대화하는 게 중요합니다. 먼저 "어떤 상황에서 정확히 무슨 일이 있었는지 구체적으로 알려주실 수 있을까요?" 하고 물어서 정확한 사실관계를 파악하세요. 그리고 "제가 담임 교사로서 OO이의 평소 모습을 고려해 조언은 드릴 수 있지만, 수업 중에 발생한 일이니, 선생님께서 먼저 학생과 직접 이야기해 보는 게 어떨까요?"하고 부드럽게 교과 선생님의 역할을 상기시키면서도 협력할 의사를 내비치는 거죠.

만약 이런 일이 계속 반복된다면, "교과 수업 중 갈등은 선생님께서 먼저 해결을 시도하시고, 그래도 어려우면 담임 교사로서 함께 고민하겠습니다."라는 식으로 명확한 역할 분담 원칙을 제시하는 것도 필요합니다.

관리자와의 관계

Q1. 중요한 학교 사안이 사전 협의 없이 일방적으로 통보되어 당황스럽습니다.

> 교과 시수 조정이나 상치 교과 수업 배정과 같은 중요한 사안이 사전 협의 없이 일방적으로 통보되는 경우가 있었습니다. 특히 제 전공과 관련성이 낮은 과목의 수업을 요청받을 때는 당혹스러움을 느끼게 됩니다.
> 이러한 상황에서 학교 운영에 협조하는 태도를 유지하면서도 제 입장을 효과적으로 전달하려면 어떻게 해야 할까요?

A1. 전문성 기반의 교육 참여, 일방적 결정에 대한 합리적 소통 전략

중요한 사안이 사전 협의 없이 일방적으로 통보될 때, 교사로서 당황스럽고 소외감을 느끼는 것은 당연한 일입니다. 특히 전공과 관련 없는 수업 배정이나 교과 시수 변경은 교사의 전문성과 수업의 질에도 직접적인 영향을 주는 문제이기에 신중하게 다뤄져야 합니다. 이런 때일수록 학교 운영에 불필요한 갈등 없이, 교사로서의 입장을 분명하고 차분하게 전달하는 방식이 필요합니다.

먼저 통보받은 사안에 대해 격앙된 감정보다는, 이해하려는 태도로 접근하며 대화를 시작하세요. "학교 전체 운영을 고려한 결정이라는 점은 충분히 이해합니다." 그 뒤에, 본인의 전문성과 학생 학습권을 함께 고려한 의견을 덧붙이면 설득력이 높아집니다. "다만 ○○ 과목은 제 전공과 거리가 있어 수업 준비에 어려움이 있고, 학생들에게도 깊이 있는 학습 경험을 제공하기 어렵지 않을까 우려됩니다. 조금만 여유가 있다면 협의의 기회를 가졌으면 합니다." 이런 방식은 학교 운영에 협조하려는 태도는 유지하면서도, 자신의 입장을 부드럽고 효과적으로 전달할 수 있는 전략입니다. 교사는 단순히 배정받는 사람이 아니라 전문성과 교육 철학을 가진 동료이자 주체적인 교육자입니다.

A2. 예상치 못한 학교의 요청엔, 침착한 소통과 원칙 있게 조율하기

전공과 관련 없는 수업 요청은 부담이 크고 사전 협의 없이 중요한 사안이 통보된다면 매우 당황스러울 수밖에 없습니다. 이럴 땐 학교 운영에 협조적인 태도를 보이되 선생님의 입장을 차분하고 논리적으로 전달하는 것이 중요합니다. 예를 들어, "학교 상황은 이해하지만, 전공과 거리가 있어 수업의 질이 걱정되니 다른 방식으로 도움이 될 수 있을지 함께 논의해보고 싶습니다."처럼 말하면 협조적이면서도 입장을 분명히 할 수 있습니다.

또한, 시수 조정 등은 교육과정 협의회를 통해 결정되는 것이 원칙이므로, 행정적인 절차를 요청하고 관련 자료를 미리 준비해두는 것도 필요합니다. 협조하되 기준과 전문성은 지키는 태도가 가장 현명한 대응입니다.

A3. 학교 전체 효율성 관점에서 제안하기

학교에서 중요한 사안이 사전 협의 없이 일방적으로 통보되면 저경력 교사라면 특히 당황스럽습니다. 이는 단순한 실수가 아니라 학교 구성원 간 소통 역량의 부족 혹은 업무 절차의 문제에서 비롯된 경우가 많습니다.

저 역시 교과 시수 조정이나 상치 교과 수업 배정 같은 중요한 사안이 통보로 받은 적이 있었습니다. 특히 제 전공과 관련성이 낮은 과목 수업 요청이 있을 때는 상당한 당혹감을 느꼈습니다. 그러나 학교는 협력과 소통을 전제로 운영되는 조직이기에 교사로서의 입장을 명확히 하면서도 운영에 협조하는 태도를 함께 유지하는 것이 필요합니다.

협조적 태도를 유지하며 입장을 효과적으로 전달하는 팁을 4가지로 정리하겠습니다.

첫째, 사실 확인과 상황 이해부터 먼저 파악합니다. 감정적으로 반응하기 전에, 상황의 맥락을 이해하면 대화가 부드러워집니다.
둘째, 협조의 의사를 기본 입장으로 먼저 밝히면, 관리자나 동료가 방어적으로 반응할 가능성이 줄어듭니다.

셋째, 단순 거절이 아니라 대안과 근거를 제시하며 입장을 전달합니다.

넷째, 개인의 요구가 아닌 학교 전체 효율성을 위한 제안으로 사전 협의의 필요성을 정중하게 표현합니다.

학교 운영은 교사의 협조를 전제로 하지만, 그 협조는 상호 존중과 사전 소통 위에서 더 건강하게 작동합니다. 저경력 교사라도 사려 깊고 근거 있는 방식으로 의견을 제시하면 협조적인 태도를 유지하면서도 스스로 전문성을 지킬 수 있습니다.

A4. 감정적인 대응보다 합리적인 근거를 바탕으로 제안하기

선생님, 중요한 학교 사안이 사전 협의 없이 일방적으로 통보될 때의 당혹스러움, 특히 전공과 무관한 시수 배정이라면 더욱 그러할 겁니다. 학교 운영에 협조하려는 마음은 있지만, 이런 방식은 선생님을 정말 힘 빠지게 합니다.

이럴 땐 일단 침착하게 상황을 파악하고 정보 수집을 해보는 게 중요합니다. 혹시 정해진 절차가 있었는데 내가 미처 몰랐던 건 아닌지, 아니면 정말로 일방적인 통보였는지 등을 확인하는 거죠.

그리고 감정적으로 대응하기보다는 합리적인 근거를 바탕으로 선생님의 입장을 전달하는 게 좋습니다. 예를 들어, "제가 맡게 된 OO 과목은 제 전공과 거리가 있어 수업 준비에 어려움이 예상됩니다. 혹시 해당 과목을 더 전문적으로 가르칠 수 있는 선생님은 없는지, 또는 제가 수업 역량을 높일 수 있는 지원 방안은 없는지 여쭤보고 싶습니다."와 같이요. 단순히 '못 하겠다'가 아니라 '더 잘하기 위한 협조'의 형태로 접근하는 겁니다.

이때 중요한 것은 '협의'의 의지를 보여주는 것이에요. "이런 중요한 사안은 앞으로 미리 논의해 주시면 학교 운영에도 더 효율적일 것 같습니다."라고 부드럽게 제안하는 거죠. 혼자 고민하기보다는 존경하는 선배 선생님이나 학년 부장님과 먼저 상의하여 도움을 받는 것도 좋은 방법입니다. 선생님의 협조적인 태도와 합리적인 목소리는 분명 학교에 긍정적인 영향을 줄 겁니다.

Q2. 교내 업무 및 학생 지도에 집중하기를 바라는 관리자와의 갈등이 고민입니다.

> 교사로서의 전문성과 수업 역량을 키우기 위해 자발적으로 연수를 찾아 듣고자 하지만 관리자는 연수나 외부 활동보다는 교내 학생 생활지도를 더 중요하게 여기는 편입니다. 특히 조회나 종례와 같은 일상적인 관리 활동에 담임 교사의 '항상적인' 참여를 당연시하시는데, 이로 인해 개인적인 성장 기회를 확보하는 일에 한계가 있다고 느껴집니다. 이러한 상황에서 관리자와의 관계를 해치지 않으면서도 교사로서의 성장 기회를 지켜내려면 어떻게 해야 할까요?

A1. 갈등보다 설득, 교사의 성장과 학교 운영의 접점 만들기

교사로서 연수나 외부 활동을 통해 스스로의 전문성을 키우고자 하는 노력은 매우 가치 있는 일입니다. 하지만 때로는 관리자께서 생활지도나 교내 업무를 우선시하며 교사의 성장을 위한 외부 활동을 부담스럽게 보는 시각도 존재합니다. 이럴 때는 갈등보다는 상호 이해의 접점을 찾는 방향으로 접근하는 것이 중요합니다.

우선 관리자분이 강조하시는 생활지도 역시 학교 운영의 기본이자 학생 안전과 직접 연결된 일임을 이해하고 인정하는 태도를 보여주는 것이 관계 유지의 시작입니다. "조회나 종례, 생활지도의 중요성을 저도 충분히 공감하고 있습니다." 그다음에는 연수 참여가 단순한 개인 활동이 아닌 학교 교육의 질을 높이기 위한 전문성 강화의 일환임을 자연스럽게 연결 지어 설명해 보세요. "최근 ○○ 수업 연수에 참여하면서 실제 수업 운영에 바로 적용할 수 있는 전략들을 얻을 수 있었습니다. 이런 기회를 통해 저도 학생들에게 더 좋은 수업을 제공할 수 있을 것 같아 지속적으로 참여해 보고 싶습니다."

이처럼 교사의 성장이 학생의 성장과 학교 운영에 기여하는 과정임을 함께 설계해 나간다는 메시지를 전달하면 관리자도 점차 이해의 폭을 넓힐 수 있습니다. 관리자와의 관계를 해치지 않으면서도 자신의 전문성을 지키는 길은, 나의 성장이 '나만을 위한 것'이 아님을 꾸준히 보여주는 것에서 시작됩니다.

A2. 학교 조직의 운영 존중하며 교사 성장도 균형있게 지켜가기

담임 교사로서 조회·종례 등 학생 생활지도를 중요하게 생각하는 관리자의 입장은 학교 조직 운영상 충분히 이해할 수 있는 부분입니다. 특히 조·종례는 학급의 분위기와 학생 관계 형성에 핵심적인 역할을 하기에 담임 교사의 지속적인 참여가 기대되죠. 하지만 교사로서의 전문성 향상도 결국 학교 교육의 질을 높이고 학생을 위한 일이라는 점에서 두 영역 모두 중요합니다. 따라서 연수가 꼭 필요할 경우에는 관리자께 연수 목적과 학교 교육에 어떤 긍정적 영향을 줄 수 있는지를 분명히 설명드리고, 가능한 시간 조율 방안을 함께 제안해 보세요.

또한, 평상시에는 연수와 학교 일정이 충돌하지 않도록 미리 일정을 파악하고, 방학 기간을 전략적으로 활용하는 것도 좋은 방법입니다. 학교 조직의 흐름을 이해하면서도 성장 기회를 꾸준히 확보해 가는 균형 잡힌 접근이 중요합니다.

A3. 갈등 없이 성장 기회 지키기

선생님의 고민은 많은 중견·저경력 교사들이 실제로 겪는 관리자의 기대와 교사의 자기 성장의 갈등 문제를 잘 보여줍니다. 교내 업무와 학생 생활지도는 필수적이지만 교사의 장기적인 전문성 성장 또한 학교 교육의 질을 높이는 중요한 요소이기 때문에 균형 잡힌 접근이 필요합니다. 저 역시 이러한 상황에서, 관리자와의 관계를 해치지 않으면서도 제 성장 기회를 지켜내기 위해 많은 고민을 했습니다. 그 과정에서 깨달은 것은 관리자와의 갈등을 대립으로 두기보다 학교의 필요와 교사의 성장을 연결시키는 방식으로 설득하는 것이 가장 효과적이라는 점이었습니다.

관리자와의 관계를 해치지 않으면서 성장 기회를 지키는 팁을 3가지로 정리하겠습니다.

첫째, 연수와 교내 업무의 연계성 강조하기입니다. 연수 주제가 교내 학생 지도나 학교 운영 개선에 어떻게 기여할 수 있는지 구체적인 사례나 계획을 미리 제시합니다.

둘째, 일정 조율과 사전에 미리 대안 제시입니다. 조회·종례 등 필수 참여 활동은 가능한 한 준수하되, 연수 일정과 겹치는 경우 미리 관리자에게 대안을 제시합니다. 부담임 선생님이나 학년부장님으로 대리자를 지정하고 이것을 관리자에게 제시하는 것입니다.

셋째, 소통으로 신뢰 쌓기입니다. 관리자와 자주 소통하는 기회를 가지고 상의를 드리는 시간을 많이 가지는 등의 소통의 기회를 늘려서 신뢰를 쌓으면 관리자도 선생님의 성장이 곧 학교의 성장이라는 인식을 하게 될 것입니다.

교사의 성장은 학생 지도와 학교 발전에 직결됩니다. 관리자의 기대를 무시하지 않으면서도, 연수와 외부활동의 필요성을 학교의 목표와 연결시키는 방식으로 설득하면, 갈등 없이 성장 기회를 지켜낼 수 있습니다.

A4. 선생님의 성장이 학교에 미친 긍정적인 변화를 구체적으로 설명하기

연수나 외부활동을 통해 역량을 키우고 싶은데, 생활지도에 더 집중하라는 요구를 받으면 답답하고 개인적인 성장이 막히는 듯 느껴질 거예요. 이럴 땐 관리자분의 입장을 먼저 이해하려는 노력이 중요해요. 그분들은 학교 운영의 안정과 학생들의 안전을 최우선으로 생각하시거든요. 조회나 종례 참여를 중요하게 여기는 것도 다 이유가 있겠죠.

하지만 선생님의 성장 욕구는 분명 소중합니다. 이걸 효과적으로 전달하려면, 단순히 '연수를 가고 싶다.'가 아니라, '이 연수를 통해 얻은 지식으로 우리 반 학생들을 더 잘 지도하고, 학교에도 긍정적인 영향을 줄 수 있다.'라는 식으로 선생님의 성장이 학교에 어떻게 이바지할지를 구체적으로 설명해 보세요.

그리고 연수 계획이 있다면 미리 말씀드리고, 그 시간 동안 조회나 종례 참여가 어렵다면 다른 선생님께 도움을 청하거나 대안을 마련하는 등 책임감 있는 모습을 보여주는 거예요. 일상적인 생활지도에 충실하면서도 선생님의 성장이 학교에 도움이 된다는 것을 보여주면 관리자분도 분명 선생님의 노력을 인정해 주실 겁니다.

5. 분업과 협업, 학교 업무

학교 업무 이해와 시작

Q1. 발령 첫 주, 무엇부터 해야 하나요?

> 저는 올해 처음 교사로 발령받아 첫 출근을 했습니다. 교무실에 앉아 있는 것도, 인사드리는 것도 어색하기만 합니다. 담임 교사도 맡았고 부서 업무도 함께 맡게 되었지만, 어디서부터 어떻게 시작해야 할지 막막합니다. 출결이나 생활기록부, 회의 등 기본적으로 무엇을 언제까지 파악해야 할지 우선순위가 궁금합니다. 신규 교사로서 첫 주에 꼭 챙겨야 할 일은 무엇인가요?

A1. 학생 지도를 위한 체계적인 준비 하기

교사의 본질은 학생과의 만남에 있습니다. 학기 초 담임 교사를 맡은 학급 학생들에게 체계적인 안내와 안정된 모습을 보이는 것이 중요합니다. 선생님의 1년 학급 지도를 좌우할 수 있는 중요한 순간이니 준비를 철저하게 하시길 바랍니다. 신규 교사라서 부족하다는 등의 발언은 추천하지 않습니다.

가장 먼저 학생들의 이름과 얼굴을 최대한 빨리 외우세요. 이름이 불리는 순간, 학생은 비로소 '나'라는 인격체로 존중받는다고 느낍니다. 사소해 보이지만 가장 강력한 관계 형성의 시작입니다. 학생들에게 자리 배치를 안내하고, 교탁에 부착해 놓으면 다른 교과 선생님들도 도움을 받을 수 있으며, 이름을 기억하는 데 도움이 됩니다.

학생에 대한 기초 조사 양식 활용하여 필요한 정보를 정리합니다. 개학 날 담임 교사 시간에 선생님을 소개하거나, 각자 앞에 나와서 자신을 소개하는 활동을 하기도 합니다. 이러한 마음 열기 과정도 중요하지만, 학생의 가정환경, 교우관계, 건강상의 특이사항(질병, 알레르기 등), 이전의 학교생활 적응 수준 등 지도에 필요한 정보를 미리 파악하는 것은 학생을 입체적으로 이해하고 혹시 모를 위기 상황에 대비하는 데 필수적입니다. 대개 학교에는 '선생님께 알려드리는 나의 이야기'와 같은 공통 양식이 있습니다. 없다면 주변 선생님들에게 문의하면 공유해주실 것입니다. 요즘은 개인 정보 보호법에 따라 조사를 하지 못하는 부분도 있으니 동학년 선생님들과 협의하여 같은 양식으로 조사를 하기를 추천합니다. 혹시 조사 양식을 구하기 어렵다면 인근의 수석선생님께 연락하세요.

학기 초에는 학부모로부터 출결이나 학교 일정에 대한 문의를 많이 받습니다. 출결에 관한 지침이나 처리 방법, 학사일정을 사전에 인지하고 있으면 대처를 잘할 수 있을 것입니다. 또한, 조회 시 철저한 출결 확인을 통해 담임 교사가 체계적이고 꼼꼼하다는 인식을 준다면 아주 순조로운 출발이라고 할 수 있습니다. 만약 1학년 담임을 맡았다면 보건실, 행정실, 체육관과 같은 학교의 특별실을 문의하는 경우가 많으니 학교 구조를 미리 숙지하여 바로 안내하고 대처하시길 바랍니다.

A2. 기본적인 NEIS(나이스) 사용법 익히기

개학 첫날, 혹은 개학 전 교육과정 준비 기간에 'NEIS(나이스)' 인증서 발급 신청을 합니다. 'NEIS(나이스)' 인증서가 있어야 학교의 모든 업무 시스템에 접속할 수 있습니다. 'NEIS(나이스)' 인증서는 C:드라이브의 GPKI 폴더에 저장되며, 따로 백업을 해두셔야 합니다. 퇴근 후 집에서 업무를 보시기 위해서는 '원격업무지원서비스(EVPN)'을 신청하셔야 합니다. 신청 방법과 사용 방법은 학교의 정보부장님께 문의하시면 됩니다.

우리가 많이 사용하는 업무포털 사이트의 하위 사이트는 'NEIS(나이스)'와 'K에듀파인'입니다. 'NEIS(나이스)'는 선생님의 복무 처리, 학생의 성적 처리 등을 하는 시스템인데 학기 초에 가장 급한 것은 복무 처리 방법을 익히는 것입니다. 긴급한 상황에서 당황하지 않으려면, 복무 상신 방법과 결재라인을 숙지하세요. 그리고 담임 교사학급의 학생들의 인적사항을 훑어 보는 것도 추천합니다. 1학년이 아니라면, 전년도 생활기록부의 '행동 특성 및 종합의견'을 읽어보는 것도 학생을 이해하는 데 도움이 됩니다.

'K에듀파인'은 공문서와 관련된 시스템입니다. 첫날부터 공문을 접수하고, 기안해야 하는 경우가 많으니 기본적인 접수 방법, 기안하는 방법을 익혀 놓으시길 추천합니다. 선생님 업무의 전년도 담당자가 기안하고 접수한 문서를 조회하여 업무의 흐름을 파악하는 것도 좋고, 인수인계 자료를 확인하는 것도 좋습니다. 어려움이 있으면 주변 선생님이나 부장님께 문의하시는 것을 추천합니다.

A3. 든든한 내 편 만들기

모든 집단과 사회가 그렇듯이 학교라는 곳도 동료와의 협업이 중요합니다. 옆자리 선생님이 가장 좋은 멘토가 될 수 있습니다. 같은 사무실을 사용하는 선생님들과 대화를 통해 긍정적인 관계를 형성하세요. 그리고 어려움이 있는 경우 "선생님, 제가 처음이라 잘 모르는데 잠시 여쭤봐도 될까요?"라며 정중하게 도움을 청하는 것을 두려워하지 마세요. 배우는 자세로 생활한다면 대부분의 선생님은 기꺼이 자신의 경험을 나누어 줄 것입니다.

출근과 퇴근, 수업 시간은 동료 교사의 인상을 좌우합니다. 수업에 늦게 참여하거나 출근 시 지각이 잦은 경우, 회의에 늦는 경우가 많으면 불성실한 사람으로 인식되기 쉽습니다. 첫 직장생활에서 관계를 잘 맺기 위해서는 성실한 자세로 임하시기를 바랍니다. 아침 인사로 "안녕하세요.", 퇴근할 때 "수고하셨습니다."와 같이 간단히 인사하는 정도로도 좋은 관계를 형성할 수 있습니다.

혹시 같은 학교에 함께 발령받은 신규 교사가 또 있다면 가장 좋은 친구가 될 수 있습니다. 같은 어려움을 겪고 있는 상황에서 알게 된 정보를 공유하고 어려움을 나누면 해결할 수 있는 일들이 많을 것입니다.

신규 교사의 가장 든든한 '내 편'은 수석교사입니다. 같은 학교가 아니더라도 인근의 학교의 수석선생님께 어려움을 이야기하세요. 수석교사는 교사를 지원하는 역할을 합니다. 언제든지 환영합니다.

Q2. 업무 관련 용어가 어색하고 어려워요.

> 저는 올해 발령받은 신규 교사입니다. 전결/품의/협조 같은 용어도 생소하고 결재선 지정도 헷갈립니다. 실수 없이 결재를 올리고 회신을 받는 전 과정이 어렵게 느껴집니다. 저만 모르는 것 같아서 자꾸 여쭤보기도 죄송합니다. 학교에서 일반적으로 사용하는 결재 흐름은 어떤 방식으로 익히면 좋을까요?

A1. 결재 서류 앞에서 주눅 들지 말고 질문하기

낯선 행정 용어와 결재 과정 앞에서 주눅 들지 마세요. 학생들과의 관계 맺기에도 벅찬 시기에 눈에 보이지 않는 행정의 벽까지 넘으려니 막막한 마음이 드는 것은 당연합니다. 모든 선배 교사가 똑같이 겪었던 과정이니 너무 자책하지 않으셔도 괜찮습니다. 그리고 결재가 반려되는 것을 실패로 여기지 마세요. 그것은 선생님에 대한 평가가 아니라, 일을 더 완벽하게 만들기 위한 공식적인 피드백이자 보완 요청입니다. 반려 사유를 통해 배우고 수정하면 오히려 더 성장하는 계기가 됩니다.

일을 처리하며 가장 유의할 점은 확실하지 않은데 짐작으로 처리하는 것입니다. 조금이라도 애매하다면 반드시 질문해야 합니다. 결재를 올리기 직전에 부장님께 "작년처럼 이렇게 진행하면 될까요?"라고 짧게 확인받는 습관만으로도 실수를 획기적으로 줄일 수 있습니다. 또한, 결재를 올린 뒤 "제가 방금 결재 올렸습니다. 수정할 부분 있으면 알려주세요."와 같이 말씀하셔도 됩니다. 모르는 것을 인정하고 배우려는 태도가 바로 성실함입니다. 질문은 나의 부족함을 드러내는 것이 아니라, 일을 더 정확하고 책임감 있게 처리하려는 의지의 표현입니다. 지금 겪는 서툰 과정 하나하나가 선생님을 더 단단하고 유능한 교사로 만들어 줄 소중한 밑거름이니, 자신감을 잃지 마세요. 선생님은 충분히 잘 해내고 있습니다.

A2. 이론 공부보다 핵심은 '모방'

학교의 업무는 매년 새롭게 진행되는 업무도 있지만, 매년 반복되는 업무가 대부분입니다. 학교의 결재 시스템을 익히는 핵심은 이론 공부가 아닌 모방에 있습니다. 선배들의 결재 문서를 교과서 삼아 따라 해보는 것이 가장 빠릅니다.

전년도 문서함 보는 방법을 알려드리면, [K-에듀파인]의 [업무관리-업무메뉴-문서관리]의 [문서함-문서등록대장]을 선택합니다. [문서등록대장]은 학교의 모든 기안문서를 볼 수 있는 데이터베이스입니다.

| 제목 | | 등록일자 | 2025-07-31 | ~ | 2025-08-31 | | 개월 ▼ | 년도 ▼ |

먼저 위 그림의 맨 오른쪽 [년도]를 전년도로 지정하고, [제목]란에 해당 문서의 키워드를 입력하여 조회합니다. 조회가 어려우면 오른쪽 끝의 ≫펼치기 를 선택하여 [기안(접수)자]란에 전년도 업무 담당자의 이름을 입력하고 조회합니다. 또한, 전년도 업무 담당자가 같은 학교에 근무한다면 직접 찾아뵙고 문의를 하시거나 다른 학교에 근무하신다면 소통메신저 등을 통해 연락하여 문의하는 것도 방법입니다. 그러나 가장 많이 알고, 도움을 줄 수 있는 분은 부장님이므로 문서함을 살펴보신 뒤 부장님과 상의하시길 바랍니다. 공문서의 작성은 행정안전부에서 제공하는 '행정업무 운영편람'의 방향과 기준을 준수합니다. 그러므로 내용은 다를지라도 같은 형식으로 작성하므로 다른 업무 담당자의 문서를 참조하는 것도 도움이 됩니다. 문서함에서 비공개로 지정되지 않은 문서는 열어서 형식을 참고할 수 있습니다. 이때, 일반 기안문서는 [재작성] 기능을, 품의 문서인 경우는 [품의 복사] 메뉴를 활용하면 더욱 쉽게 문서를 작성할 수 있습니다. 첫해에는 완벽한 이해보다 실수를 줄이는 것이 중요합니다. 이것이 작년의 유사 업무 결재 문서나 다른 부서의 결재 문서를 찾아보는 이유입니다.

A3. 공문서 작성 규칙 및 용어 확인

행정안전부에서는 「행정 효율과 협업 촉진에 관한 규정(대통령령)」에 따라, 행정기관의 업무 운영과 관리에 대한 이해를 돕기 위해 행정업무운영편람을 제작합니다.

이를 바탕으로 각 시·도교육청에서는 교사들을 위해 공문서 작성법을 안내하고 있으며, 해당 문서를 직접 읽어보는 것이 큰 도움이 됩니다.

자주 쓰이는 행정 용어를 정리하면 다음과 같습니다.

- 기안: 행정기관의 의사를 결정하기 위해 문안을 작성하는 것. 원칙적으로 전자문서로 작성하지만, 업무 성격상 전자문서로 처리하기가 곤란하거나 특별한 사정이 있으면 종이 문서로도 기안할 수 있습니다.
- 검토: 기안된 내용을 분석하고 점검하여 동의 여부를 결정하는 단계. 직제상 수직적 합의에 해당합니다.
- 협조: 기안 내용과 관련 있는 다른 부서나 기관의 합의를 얻는 절차로, 수평적 합의를 의미합니다.
- 결재: 해당 사안에 대해 행정기관의 의사를 최종적으로 결정하는 행위. 학교의 경우 모든 업무의 최종 결정권자는 교장입니다. 따라서 일반적인 결재선은 기안자 → 부장 → 교감 → 교장 순으로 이어집니다.
- 전결: 행정기관의 장이 사안의 성격에 따라 결재권을 부여(위임)하여, 위임받은 자가 처리하는 결재. 세부 사항은 기관의 위임전결규정에 따릅니다.
- 대결: 결재권자가 출장·휴가 등으로 결재할 수 없을 때, 직무를 대리하는 자가 대신 결재하는 것. 이때 중요한 내용은 반드시 사후에 결재권자에게 보고해야 합니다.

또한, 품의는 '1학년 현장체험학습 실시 계획(안) 품의'처럼 어떤 업무의 실행에 대해 허락을 구하는 문서를 말합니다. 특히 학교에서는 물품 구매 등 예산 집행 시 품의 절차가 많이 활용됩니다. 예를 들어, [K-에듀파인]의 [업무관리] 메뉴에서 [학교회계]로 전환하면 [사업담당], [사업관리카드], [기준정보] 메뉴가 보입니다. 이 중 [사업담당 - 품의/정산] 메뉴에서 품의를 새로 등록하거나 기존 품의 문서를 확인할 수 있습니다.

이처럼 학교 행정에는 다양한 용어와 절차가 활용됩니다. 그러나 처음부터 모든 용어를 완벽히 외울 필요는 없습니다. 실제 업무를 하나씩 수행하면서 자연스럽게 익혀도 충분하니, 너무 부담 갖지 않으셔도 됩니다.

Q3. 행사 담당이 되었는데 너무 막막해요.

> 학교 축제 업무를 담당하게 되었습니다. 처음에는 물품 신청, 홍보, 학생 관리까지 모두 맡아야 합니다. 외부 인사도 방문하시고, 학교의 이미지를 좌우하는 것 같아 부담이 있는 업무라 생각됩니다. 처음 행사를 맡는 교사로서 어떤 순서로 준비해야 하고, 협조 요청은 누구에게 어떻게 해야 할까요?

A1. 큰 그림 잡기

처음 축제 업무 맡으셨다니 학교의 큰 행사를 혼자 책임져야 한다는 부담감에 어디서부터 손을 대야 할지 정말 막막하실 것 같습니다. 가장 먼저 해야 할 일은 '우리가 어떤 축제를 만들고 싶은지' 큰 그림을 그려보는 과정이 필요합니다.

이 과정에서는 행사 목적과 규모를 파악하고, 행사 일정과 장소를 확정하는 일이 가장 우선입니다. 부장님과 상의를 하면 필요한 경우 부장님은 다른 부서의 장, 관리자분들과의 협의를 통해 결정해주실 것입니다. 이 부분은 선생님 혼자 결정할 부분은 아니니 걱정하지 마세요. 이 부분이 결정이 나면 역할을 분담합니다. 어느 부서에 어디까지 맡겨야 하는지가 정해지면 부장님을 통해 업무 협조를 요청하면 됩니다. 주로 예산이나 물품 구매는 행정실, 안전이나 학생 지도는 학생안전부, 학급 참여는 학년부에 협조를 요청합니다. 부서장이 먼저 공식적인 협조를 요청한 뒤 담당자가 "축제 성공을 위해 선생님 도움이 꼭 필요해요."라는 식의 메시지나 대화를 통해 협조를 요청하면 다들 기꺼이 도움을 주실 것입니다. 축제는 함께 만들어가는 것이니까요.

A2. 최고의 가이드북, 전년도 자료 참고하기

해마다 반복되는 학교 행사는 전년도 행사를 기준으로 기대를 받게 됩니다. 그러므로 전년도 자료가 최고의 가이드북이라고 할 수 있습니다. 전년도 계획서, 예산안, 결과 보고서를 참고하여 전체적인 흐름과 시기별로 뭘 준비해야 하는지, 예산은 얼마나 되는지만 파악해도 막막함이 절반은 사라질 것입니다.

그러나 전년도 행사를 그대로 재현하는 것은 권장하지 않습니다. 참고한 내용을 바탕으로 선생님의 의도, 철학을 담아 새로운 계획을 세워봅니다. 주변 선생님들께 전년도 행사에 대한 피드백을 받아보고, 좋은 점은 계승하되 개선할 점은 개선하는 방향으로 고민해 보는 것도 좋습니다.

또한, 학생들의 피드백을 받는 것도 좋습니다. 모든 학생의 피드백을 받아들여 모든 이의 취향에 맞게 할 수는 없습니다. 그러나 학생회 임원들과 같이 축제의 운영에 참여했던 학생들의 의견을 들어보면 선생님들이 생각하지 못했던 참신한 아이디어나 개선점을 알게 될 수도 있습니다. 전년도 담당자에게 피드백을 들어보는 것도 매우 중요합니다. 예산은 부족하지 않았는지, 행사 준비나 운영하는 과정에서 겪었던 어려움은 무엇인지, 예상치 못한 일들은 무엇이었는지 등을 문의하고 참고하면 마음의 부담을 덜고 막막한 마음이 축제를 준비하는 설레는 마음으로 바뀔 것입니다.

A3. 역할 분담하기

축제의 주인공은 학생들입니다. 학생회 임원들이나 '축제 준비 위원회'와 같은 임시 기구의 위원들과 협의체를 구성합니다. 학생들과의 협의체를 통해 구체적인 계획을 세워봅니다. 이때 홍보물 만들기, 무대 기획, 부스 운영 같은 부분을 학생들이 스스로 해나가게 하면 선생님의 부담이 줄고 축제가 더욱 풍성해질 뿐만 아니라 학생들에게도 좋은 경험이 될 것입니다. 담당 부서가 학생부가 아닌 경우 학생부와 긴밀한 협조가 필요합니다.

학생 안전에 관련해서는 생활안전부, 보건교사, 학년부에 협조를 요청합니다. 생활안전부에서는 행사 시 입·퇴장, 이동 동선 관리와 같은 질서 지도, 행사 중 학생들의 복장 및 행동을 지도합니다. 보건교사는 응급 상황 대비를 위해 응급 약품 및 구급함을 준비합니다. 또한, 폭염·한파·감염병 등 상황별 보건 안전 지침을 안내합니다. 교무부에서는 학사일정과의 충돌 여부를 파악하여 행사 전체 일정을 조정합니다. 또한, 교육청 보고, 외부 인사 초청 안내 등과 같은 대외 공문 처리를 담당합니다. 연구부에서는 공연·부스 활동이 교육과정과 연계될 수 있도록 동아리, 특별활동, 수업 산출물 전시를 연계할 수 있습니다. 정보부에서는 행사장 음향·영상 장비 설치 및 점검을 하며 행사 진행 시 영상 송출을 지원합니다. 행정실에서는 축제를 위한 물품 구입·대여·임차 계약 처리를 담당하며 급식실에서는 행사 당일 급식 시간 조정, 식중독 예방 점검 및 위생 관리를 담당합니다. 학년부에서는 학년별 프로그램을 기획하거나 학급단위 공연, 부스 운영을 관리합니다. 학부모 담당 부서에서는 학부모의 행사 참여와 그에 대한 안내를 담당합니다. 축제 담당부서 및 담당자는 축제 슬로건, 포스터, 홍보물을 제작하고 교내 방송 및 홈페이지, 가정통신문을 통해 축제를 홍보합니다. 행사 전반을 관리하고 역할 분배 및 협조 요청에 힘쓰며 모든 부서가 유기적으로 연계되어, 행사가 원만하게 진행될 수 있도록 합니다.

A4. 행사 업무 순서

행사 업무 처리 순서를 간단히 정리하면 다음과 같습니다.

먼저 행사의 개요(큰 그림)를 세우고, 전년도 운영 자료를 참고하여 세부 항목을 결정합니다. 이후 세부 항목별로 예산을 분배하고, 각 부서에 업무 협조 요청을 합니다. 예산 집행 및 물품 구매를 진행한 뒤, 행사일이 다가오면 홍보하고 안내합니다. 행사 직전에는 리허설을 통해 미리 점검하고, 본행사를 운영합니다. 행사가 끝난 후에는 정리 및 행정적 마무리(예: 봉사활동 시간 부여, 결과 정산 등)를 진행하고, 피드백을 수렴하여 차기 행사 운영에 반영되도록 합니다.

어떤 업무든 처음부터 완벽할 수는 없습니다. 너무 부담 갖지 마시고, 배우며 성장한다는 마음으로 임하시면 충분합니다. 무엇보다 중요한 것은 학생과 동료 교사들과의 협력입니다. 축제는 혼자가 아닌 함께 만들어가는 행사라는 점을 꼭 기억하시길 바랍니다.

Q4. 사업계획서, 어떻게 써야 할까요?

> 공모/신청 사업을 맡게 되어 계획서를 쓰라는 말을 들었습니다. 형식도 모르고 어떤 항목을 포함해야 하는지도 헷갈립니다. '교육청 공문 및 작년 거 참고해.'라는 말은 들었지만, 형식이 너무 어렵고 그대로 베낄 수도 없을 것 같아 걱정입니다. 업무 계획서를 쓰는 요령이나 반드시 포함해야 할 기본 항목과 주의할 점은 무엇인가요?

A1. 사업계획서의 본질, 목적과 필요성

새로운 업무를 맡아 계획서를 작성하려니 막막한 마음이 드는군요. 처음 마주하는 형식의 글, 특히나 예산과 평가가 뒤따르는 사업계획서는 누구에게나 큰 부담으로 다가옵니다. '작년 것을 참고하라.'라는 조언이 때로는 더 큰 막막함으로 다가온다는 것도 잘 알고 있습니다. 하지만 이 과정은 선생님의 교육적 상상력을 구체적인 현실로 만들어나가는 첫걸음이니, 너무 걱정하지 말고 차근차근 함께 풀어가 보는 게 좋겠습니다.

사업계획서의 본질은 '나는 우리 학생들을 위해 이런 교육활동을, 이런 방법으로, 이만큼의 예산을 들여 추진하여, 궁극적으로 이런 긍정적 변화를 끌어내고 싶습니다.'라는 설득의 글입니다. 심사위원을 포함한 다른 사람들에게 내 계획의 가치를 명확히 전달하는 것이 핵심이지요. 작년 계획서는 훌륭한 참고서이지 정답지가 아닙니다. 형식과 목차의 흐름을 파악하는 도구로 활용하되, 내용은 올해 우리 반, 우리 학교 학생들의 특성과 선생님의 교육 철학을 담아 새롭게 채워야 합니다.

가장 먼저 사업 공모 공문을 다시 한번 꼼꼼히 읽어보세요. 공문 안에는 사업의 취지, 목표, 심사 기준 등 주최 측이 원하는 방향이 모두 담겨 있습니다. 이 방향에 맞춰 계획서의 큰 뼈대를 세우는 것이 중요합니다.

추진 목적에서는 현재 우리 학교 학생들이 겪는 어려움이나, 더욱 성장시키고 싶은 역량을 구체적인 근거를 들어 제시하며 사업의 당위성을 설명해야 합니다. '세부 추진 내용'은 막연하게 나열하기보다 시기별, 단계별로 구체적이고 체계적으로 작성하여 심사위원이 계획의 실현 가능성을 신뢰할 수 있도록 해야 합니다. 이때 선생님의 창의적인 아이디어가 가장 빛을 발하는 부분이지요. 기대 효과에서는 이 사업을 통해 학생, 교사, 학교에 어떤 긍정적인 변화가 일어날 것인지를 구체적으로 그려주어야 합니다.

마지막으로 '예산 계획'은 세부 활동과 긴밀하게 연계하여 꼭 필요한 곳에 합리적으로 책정되었음을 보여주어야 합니다. 각 항목이 유기적으로 연결되어 하나의 설득력 있는 이야기를 만들어낸다고 생각하면 조금 더 수월할 것입니다.

A2. 세부 추진 내용 및 예산 계획

보통 사업계획서는 크게 '왜 이 사업이 필요한가(추진 목적 및 필요성)', '무엇을 할 것인가(추진 목표 및 세부 내용)', '어떻게 평가하고 어떤 결과를 기대하는가(기대효과 및 성과 활용 방안)', 그리고 '예산은 어떻게 사용할 것인가(예산 활용 계획)'의 흐름으로 구성됩니다.

공모/신청 사업 신청 안내 공문에는 신청서 양식이 포함되어 있어 그 양식을 사용하여 내용을 채워 넣는 식으로 작성을 합니다. 그러나 세부 추진 내용의 경우 특별한 형식을 따르기보다 사업의 대상, 기간, 운영 방식, 세부 일정을 구체적으로 설명합니다. 예를 들어 어떤 학년의 몇 명을 대상으로, 언제부터 언제까지, 어떤 방법으로 운영할지를 서술합니다. 부스 활동이나 프로그램을 어떻게 구성할지, 외부 강사나 기관과의 연계가 있는지도 함께 제시하면 좋습니다. 일정은 표로 정리하거나 개조식으로 작성하면 한눈에 보기 쉽고 내용 파악에도 도움을 줍니다. 중요한 점은 이 사업이 실제로 실행이 가능하겠다는 확신을 주는 것입니다.

사업계획서의 예산은 변경 가능한 예산이므로 너무 세세하게 짜는 것보다는 세부 항목별로 전체 예산을 어떻게 배분할 계획인지 드러나게 하는 것이 좋습니다.

예를 들면, 전체 예산이 800만 원인 경우, 네 개의 세부 항목을 계획했다면 중요도에 따라서 한 항목 당 100~200만 원씩 배분하고 학생 식비나 간식비에 100만 원 정도 예산을 세우는 것이 일반적입니다. 행사를 추진하면서 학생들이 참여하는 경우 간식이나 식사를 제공하는 경우가 많기 때문입니다.

또한, 차량 운행이 필요할 경우 대략적인 버스 임차비를 알아보고 예산을 세워놓으시기를 추천합니다. 공모/신청 사업이 선정되면 성립 전 예산을 세워야 하기 때문에 원가통계비목별로 예산을 세우는 경우도 있습니다. 원가통계비목이란 일반수용비, 교육운영비, 운영수당 등과 같이 학교회계 예산·결산의 표준 분류 체계입니다. 한마디로 '이 비용은 어떤 성격의 지출인가?'를 표시하는 분류 코드와 같은 것이지요. 세부 사업별로 예산을 작성하던지 원가통계비목별로 예산을 작성하던지는 상관없지만, 선생님께서 어떤 사업을 운영하고, 그에 필요한 예산을 어떻게 분배하는지에 대한 내용이 충분히 드러나게 작성하세요.

마지막으로 예산 계획에서 가장 중요한 점은 사업 설명서에 제시된 지침을 준수하는 것입니다. 협의회비는 몇 % 이내로 배정하고, 자산 취득을 위한 구매는 지양한다든지 등의 주의 사항이 제시되는데, 이 점을 꼭 명심하셔서 예산 계획을 세우시면 됩니다.

A3. 사업계획서 작성을 위한 꿀팁

사업계획서 작성에 대한 꿀팁을 조심스럽게 제시하면 추진 목적, 배경 등은 신청 공문에 제시된 내용을 활용하여 작성합니다. 교육청에서 제시한 목적에 학교 상황을 반영한 학교의 목적, 세부 추진 계획과 관련된 목적을 추가합니다.

세부 추진 내용은 공문에서 과제로 제시하는 항목에 대한 세부 활동에 선생님께서 추진하고 싶은 항목을 더해 작성합니다. 예를 들면 공문서 상에 'AI 역량 강화를 위한 노력'이 과제로 제시가 되었다면 교사의 AI 역량 강화를 위해 할 수 있는 일과 학생의 AI 역량 강화를 위해 할 수 있는 일을 생각해서 계획을 세워봅니다. 대부분의 공문에서는 사업의 목적과 세부 과제 등이 자세하게 제시되기 때문에 그 내용을 기준으로 생각하면 됩니다. 만약 선생님께서 AI를 활용한 디지털 아트에 관심이 있어 그 활동이 교사나 학생의 AI 역량 강화에 도움이 될 것이라고 판단되면 세부 항목으로 넣어 작성하시면 됩니다.

기대 효과와 평가 부분에서는 이 사업을 통해 기대되는 효과를 정리하면 되는데, 이 부분은 사업의 목적과 관련이 깊습니다. 사업의 목적을 참고하여 작성하시고, 평가는 어떤 방식으로 평가하고 피드백을 수렴할지 제시합니다.

최근 생성형 AI가 선생님의 업무에 많은 도움을 주고 있습니다. 생성형 AI의 결과에 너무 의존하는 것은 좋지 않지만, 선생님의 철학과 사업의 목적을 명확하게 제시하는 프롬프트를 통해 작업하는 것은 사업계획서 작성에 도움이 될 수 있습니다.

Q5. 가정통신문은 어떻게 써야 하나요?

> 저는 가정통신문을 처음 써보는 교사입니다. 어떤 문체로 써야 하는지, 필수 포함 문구는 무엇인지 알지 못한 채 예전 양식을 복붙하다가 실수한 적이 있습니다. 공문도 마찬가지로 기안 결재 과정이 낯섭니다. 신규 교사로서 문서 작성 시 반드시 알아야 할 기본 문서 작성 규칙은 무엇인가요?

A1. 인사말

문서 작성에는 공통적인 기본 규칙이 있어서 이것만 알면 시행착오를 크게 줄일 수 있습니다. 학교마다 인사말은 '존경하는 학부모님께'나 '학부모님 안녕하십니까?'와 같이 동일하게 하는 경우도 있습니다. 그러니 첫 인사말은 학교의 다른 가정통신문을 참고하여 작성합니다.

이후 날씨에 대한 안부나 학교에 대한 관심에 감사 인사 등을 작성하는데, 이는 다른 가정통신문과 다르게 작성하시는 것이 좋습니다. 예전에는 포털 검색이나 교사 네트워크의 가정통신문을 검색하여 다양한 인사 문구를 알아보았다면, 요즘은 생성형 AI를 활용하여 인사 문구를 작성하기도 합니다. 다만 선생님께서 어떤 마음으로 시작하는지 충분히 프롬프트에 작성하시길 바라며 학부모님에 대한 존중과 친절함이 느껴지는 문체로 작성하시면 됩니다.

가정통신문의 인사말에는 '시작 인사 – 관례적 문구 – 전달하려는 내용 설명 – 마무리 감사인사 – 신청서 제출 안내 또는 문의에 대한 안내'의 순서로 작성합니다. 그러나 대부분 학부모님은 인사말에 크게 신경 쓰지 않으시고 전달하려는 내용에 집중하므로 인사말에 너무 에너지를 쏟지 않기를 추천합니다.

A2. 본문

본문에는 행사나 안내의 구체적인 내용과 동의나 신청 서식 등이 들어갑니다. 일시, 장소, 대상, 신청 기한, 준비물, 비용, 유의 사항 등 필요한 내용을 명시합니다. 공문과 달리 딱딱하지 않고, 쉽고 명료하게 작성합니다. 문장은 되도록 짧게, 학부모가 바로 이해할 수 있도록 가급적 개조식으로 작성합니다.

전년도 자료나 다른 부서의 자료를 참고하여 작성하면 도움을 받을 수 있는데, 날짜, 금액, 연락처, 행사명을 실수하는 경우가 많으니 반드시 꼼꼼하게 확인하시길 바랍니다. 또한, 작은 오류라도 신뢰를 해칠 수 있으므로 맞춤법, 띄어쓰기 등을 철저하게 확인합니다. 본문의 마무리에 날짜, 기관장 명, 관인을 기록하는데, 이는 기존 가정통신문을 참고하시면 됩니다.

가정통신문의 전달 방식은 종이 배부뿐 아니라 e 알리미, 알림장 앱 등 전자 방식을 병행할 수 있으며, 동의서나 신청서를 회수해야 하는 경우는 본문 다음에 작성하는데, 점선이나 실선으로 구분하며, 맨 아래에 '○○학교장 귀하' 문구를 삽입합니다. 이때 회수하는 방법(기한, 제출처)이 본문에 상세하게 기재되었는지 확인해야 합니다. 내용이 길어져 페이지가 넘어가는 경우, 뒷장에 동의서 및 신청서 양식을 작성하는 것이 좋습니다. 또한, 신청서에 기재되는 학생의 개인정보에 대한 동의서, 필요시 초상권 제공에 대한 동의서 등을 함께 첨부하여야 하는데, 이는 기존 가정통신문 양식에 기재된 내용을 수정하여 사용하면 됩니다. 가끔 개인정보동의서 내 문구가 수정되지 않는 경우가 있으니 유의하세요!

A3. 자주 하는 실수

예전 양식을 그대로 복붙하여 연도가 이전년도로 기재되는 경우가 가장 흔한 경우입니다. 또한, 법령이 개정된 경우, 개정 전 문구가 그대로 들어가 오류가 발생하는 경우가 있습니다.

그리고 불필요하게 개인정보를 과다 수집하는 경우가 있습니다. 필요치 않은 경우 학생의 주소, 주민등록번호, 휴대폰 번호를 요구하여 지적되는 사례도 있습니다. 특히 주민등록번호는 법령에 근거가 없으면 수집이 불가합니다. 대부분 학생은 생년월일만으로 처리합니다.

가정통신문은 담당자가 홈페이지에 게시하는 경우도 있지만, 가정통신문 게시 담당자를 별도로 지정하는 경우도 있습니다. 이때, 결재 시 담당자를 넣어 기안하는 등 일반 공문서 결재와 결재선이 다를 수 있으므로 꼭 확인하시길 바랍니다. 또한, 이러한 경우, 담당자에게 게시를 부탁하고, 잘 게시가 되었는지 확인합니다. 또한, 홈페이지에 가정통신문을 게시하는 경우 이미지로 변환하여 게시하는 것이 가독성이 좋으니 이 점도 참고하시길 바랍니다.

Q6. NEIS(나이스), 어디까지 익혀야 할까요?

> 저는 올해 발령받아 담임 교사를 맡게 되었습니다. 생활기록부 작성, 출결 입력, 성적 관리까지 'NEIS(나이스)'를 활용해야 하는 업무가 많습니다. 하지만 메뉴가 복잡하고, 한 번 틀리면 되돌리기도 어렵습니다. 'NEIS(나이스)'의 기본 기능 중 학기 초 신규 교사가 반드시 익혀야 할 항목과 가장 실수하기 쉬운 부분은 무엇인가요?

A1. 출결 관리

처음부터 모든 기능을 다 익히려 하기보다는, 학기 초에 꼭 필요한 핵심 기능부터 차근차근 익혀나가는 것이 중요합니다. 매일 아침 출결 상황을 입력하고, 혹시 변동 사항이 생기면(예: 질병 조퇴, 결석) 이를 'NEIS(나이스)'에 즉시 반영하는 습관을 들이는 것이 좋습니다. 출결은 학생의 학교생활에서 가장 기본이 되는 기록이자, 생활기록부 작성과도 직접 연결되기 때문입니다.

질병 결석, 미인정 결석, 기타 결석은 반드시 구분해서 입력해야 하는데, 학부모와의 통화를 통해 사유를 확인하는 절차가 중요합니다. 질병 결석의 경우 학교 내부 규정에 따라 필요한 서류가 있을 수 있으므로 사전에 숙지하여 학부모에게 안내해야 합니다. 미인정 결석은 학교에서 결석 사유로 인정을 하지 않는다는 것이지, 학생이 잘못했다는 의미가 아닙니다. 기타 결석은 질병은 아니지만 불가피한 사유로 결석하는 경우입니다. 기타 결석 여부는 혼자 결정하지 마시고 해당 부장님과 상의 후 결정하시길 바랍니다.

법정 감염병이나 징계 등으로 인한 결석의 경우 처리가 어렵게 느껴집니다. 법정 감염병의 경우 관련 서류를 첨부하여 내부 기안을 통해 출석 인정 처리를 하고, 징계의 경우는 출석 인정이 되는 경우와 미인정 결시로 처리되는 경우가 있으니 주의하시길 바랍니다. 이렇게 특수한 경우까지 사전에 숙지하기란 쉽지 않습니다. 사안이 발생한 경우 규정을 문의하고 처리해도 괜찮으니 너무 걱정하지 마세요.

학교나 교육청의 행사로 인해 공결 처리되는 경우도 있습니다. 이러한 경우 대부분 업무 담당자가 내부 기안이나 수기 문서를 통해 출석 인정 처리를 합니다. 수기 문서는 공가 대장이라 부르는데, 이는 학교에 따라 다를 수 있음을 알아두세요. 담임 교사는 공문을 확인하여 NEIS(나이스)에 출석인정결석으로 처리합니다.

학기 초 경조사로 결석을 하거나 교외체험학습을 요청하는 경우도 있습니다. 경조사의 경우 법정 기준이 명시되어 있으니 주변에 문의하시어 처리하시고, 교외체험학습의 경우에는 신청 및 결과 보고에 관한 교내 규정을 확인해야 합니다. 특히 교외체험학습의 경우에는 학기 초 가정통신문이나 담임 교사 안내문에 명시하여 학부모 및 학생이 숙지할 수 있도록 하는 것이 좋습니다.

출결 관리는 종류(결석, 지각, 조퇴, 결과)와 구분(질병, 미인정, 기타, 출석인정)을 잘 선택하여 기재해야 합니다. 그때그때 기록을 해도 실수할 수 있으니 매월 출결 마감 전 근거 자료와 대조하여 정확하게 처리하시길 바랍니다.

A2. 생활기록부 관리

생활기록부는 학생의 학교생활을 종합적으로 기록하는 문서로 학기 초에는 학생의 인적 사항과 학적 사항이 정확히 입력되어 있는지부터 확인해야 합니다. 보호자 연락처는 생활기록부에 기재하지는 않지만 주소, 전출입 여부 등과 함께 학급 운영의 기초가 되며, 이후 각종 가정통신문 발송, 긴급 상황 발생 시 보호자 연락 등과 직결되기 때문에 반드시 사실 확인이 필요합니다. 이사를 간 경우 관련 증빙자료를 통해 확인하여 기존의 주소에 누가 기록을 해야 합니다. 사망 등에 의해 가족 관계가 변경이 있는 경우나 개명을 한 경우에도 법적 근거 서류를 확인한 뒤 지침에 따라 처리합니다. 생활기록부는 입력한 뒤 마감되면 수정하기가 매우 어려우므로 「생활기록부 기재 요령」 문서를 반드시 확인하고, 항목별로 어떤 용어를 사용할 수 있는지, 금지된 표현은 무엇인지 숙지해야 합니다.

아울러 생활기록부는 단순한 행정 문서가 아니라 학생의 진학·취업·장학금 신청

등 다양한 진로 과정에서 직접 활용되는 공식 자료입니다. 담임 교사는 학생의 성장 과정을 존중하면서 객관적이고 사실적으로 기록하는 태도를 유지해야 합니다. 따라서 학기 초에는 기초 조사를 확인한 후 학생에 대한 사랑과 관심을 갖는 것이 가장 중요합니다.

A3. 성적 관리

성적 입력은 주로 교과 담당 교사가 맡지만, 담임 교사 또한 교과 교사이므로 처리 과정을 익혀야 합니다. 다만 학기 초에는 성적 입력 메뉴의 위치와 기본 절차를 익혀 두는 것으로 충분하며, 본격적인 작업은 학기 말에 진행됩니다. 성적은 입력이 완료되고 마감된 이후에는 수정이 매우 번거롭기 때문에 마감 전에 반드시 교과 교사들과 함께 기준과 수치를 검토하는 것이 필요합니다. 이는 학생과 학부모 민원으로 이어질 수 있는 중요한 부분이므로 성적 관리의 흐름을 초기에 파악해 두는 것이 담임 교사의 중요한 역할입니다.

A4. 복무 관리

'NEIS(나이스)'에서 교사의 복무 처리란 연가, 병가, 출장, 공가, 특별휴가, 초과근무 등의 근무 형태를 공식적으로 기록·승인받는 절차입니다. 교사의 근무, 출장, 휴가, 병가, 연가, 초과 근무 등 모든 근태 상황은 'NEIS(나이스)' 시스템에 기록됩니다. 교사의 복무 처리는 사전 신청이 원칙이며 불가피하게 사후 신청한 경우 사유를 기록하게 되어있습니다. 그러므로 복무 처리 방법을 숙지하는 일은 매우 중요합니다. 또한, 병가, 경조사 휴가, 공가 등은 증빙서류가 필요할 수 있으므로 유의해야 하며, 연가 일수 역시 개인별로 다르므로 잔여 일수를 확인하고 신청해야 합니다.

초과 근무의 경우 필요한 경우 진행하며, 사전에 사유를 적어 관리자의 승인을 받아야 합니다. 또한, 근무를 이행한 뒤 퇴근 시 지문 등록 등으로 증빙을 해야 하는데, 이를 위해서는 사전에 행정실에서 지문을 등록해야 합니다. 지문 등록이 되지 않은 경우 내부 기안 등으로 증빙할 수 있지만, 사전 등록을 통해 불편함을 최소화하는 것을 추천합니다.

협업과 관계 맺기

Q1. 동료 선생님들과 어떻게 어울려야 할까요?

> 저는 올해 중학교 2학년 담임 교사를 맡게 된 신규교사입니다. 동학년 선생님들과 함께 수업자료를 나누고 생활지도 방안을 논의해야 하지만 아직 관계가 서먹해서 쉽게 말을 꺼내지 못하고 있습니다. 자칫 '끼어드는 느낌'을 줄까 조심스럽고, 괜히 흐름을 깨뜨릴까 봐 눈치도 보입니다. 게다가 새로 부임한 이 학교는 연령이나 경력에 따라 자연스레 역할이 정해진 분위기가 강하고, 친목 중심의 조직 문화가 형성돼 있어 외부인처럼 느껴질 때도 있습니다.
>
> 혼자 겉도는 느낌에서 벗어나고, 동료들과 자연스럽게 관계를 맺으며 협업을 시작하려면 어떤 태도와 접근이 필요할까요?

A1. 교육 활동과 관련된 구체적인 질문

새로운 환경에서 동료들과의 관계 때문에 마음고생이 많으시군요. 낯선 조직 문화 속에서 느끼는 소외감과 혹시나 동료들에게 부담을 줄까 조심스러워지는 그 마음, 충분히 이해됩니다. 특히 교직은 개인의 역량만큼이나 동료와의 협력이 중요하기에 그 고민의 무게가 더욱 무겁게 느껴질 것입니다. 하지만 혼자 겉도는 것 같다는 생각에 너무 위축될 필요는 없습니다. 이는 많은 신규 선생님들이 겪는 자연스러운 과정이며, 선생님의 작은 노력으로 충분히 긍정적인 관계를 만들어갈 수 있습니다.

중요한 것은 함께 학생을 성장시키는 교육적 동지라는 관점에서 접근하는 것입니다. 친목 중심의 관계도 중요하지만, 우리의 본질적인 연결고리는 학생과 수업에 있습니다. 따라서 사적인 대화로 어색한 문을 열기보다, 교육 활동과 관련된 구체적인 질문으로 자연스럽게 다가가 보세요. 예를 들어, "선배님, 이번 국어 수행평가를 준비하는데 작년에는 어떤 주제로 진행하셨는지 여쭤봐도 될까요?"와 같이 구체적인 도움을 요청하는 것은 끼어드는 것이 아니라 더 나은 수업을 위해 노력하는 동료의 열정적인 모습으로 비춰질 수 있습니다.

여기에 '기브 앤 테이크(Give & Take) 전략'을 활용하는 것도 좋은 방법입니다. 먼저 선생님이 가진 좋은 자료나 아이디어를 나누는 모습을 보여주세요. 동학년 회의 시간이나 메신저를 통해 "제가 이번 단원 수업을 위해 만들어 본 활동지인데, 선생님들께도 도움이 될까 싶어 공유합니다."라며 먼저 손을 내미는 것입니다. 이러한 나눔은 선생님을 도움이 필요한 신규 교사가 아닌 함께 성장하고 싶은 동료로 인식하게 만들고, 자연스럽게 다른 선생님들의 마음과 자료를 얻는 선순환을 만들어낼 것입니다.

또한, 교육심리학자 레프 비고츠키(Lev Vygotsky)가 강조한 '사회적 상호작용'의 중요성처럼, 동료 교사와의 지식과 경험 공유는 교사 개인의 전문성 신장을 넘어 학생들에게 더 풍부한 학습 경험을 제공하는 핵심적인 역할을 합니다.

새로운 관계를 맺는 것은 누구에게나 용기가 필요한 일입니다. 조급해하지 마시고, 수업과 학생에 대한 진심을 매개로 조금씩 다가가 보세요. 선생님의 진심 어린 노력은 동료들의 마음을 움직이고, 결국 학생들의 긍정적인 성장으로 이어지는 가장 중요한 밑거름이 될 것입니다.

A2. 학교 조직 문화 읽기

학교 조직은 다양한 연령층이 함께 공존합니다. 경력이 많은 선생님과의 대화가 조심스럽고 어려울 수 있습니다. 그러나 사실 선배 교사들도 신규 교사가 다가와 주기를 기다리는 경우가 많습니다. 잘하는 모습을 보여주는 것보다 '배우고 싶다. 그리고 함께하고 싶다.'라는 메시지를 행동으로 보여주는 것이 중요합니다. 소소한 감사 표현은 선배를 존중하며 배우려는 태도를 나타내며, 관계를 더욱 단단하게 만듭니다. 또한, 분위기를 먼저 관찰하고 기존 리더십을 존중하는 태도가 중요합니다. 그러나 동시에 선배 교사들이 보기에도 꼭 필요한 순간에는 의견을 내는 것이 오히려 신뢰를 줍니다. 예를 들어 생활지도 방안 논의 중 학생 안전이나 학급 운영에 직접 연관되는 사안은 신규 교사라도 의견을 밝히는 것이 바람직합니다. 협업은 완성된 결과물이 아니라 함께 성장하는 과정이라는 것을 잊지 마세요.

A3. 자연스러운 발화 예시

신규 교사 선생님이 동학년 회의나 교무실 대화에서 바로 활용할 수 있는 자연스러운 발화의 예를 몇 가지 준비해 보았습니다. '끼어드는 느낌'보다 '배우려는 태도 + 공감 + 협업 의지'가 드러나는 표현입니다.

〈자료 공유 요청할 때〉

"선생님이 준비하신 자료가 너무 좋아 보여서요. 제 반에서도 적용해 보고 싶은데, 혹시 공유해 주실 수 있을까요?"

"저도 이 부분이 고민이었는데, 선생님 자료가 큰 도움이 될 것 같아요. 혹시 활용해도 괜찮을까요?"

〈생활지도 방안을 물어볼 때〉

"요즘 우리 반에서 지각하는 학생이 좀 늘었는데, 선생님 반에서는 어떻게 지도하고 계세요?"

"학급 분위기를 잡는 게 쉽지 않은데, 선생님께서 쓰시는 생활지도 방법이 있으면 저도 참고하고 싶습니다."

〈의견을 조심스럽게 제안할 때〉

"혹시 이런 방법은 어떨까요? 제가 초임이라 아직 경험이 부족해서, 선생님들 의견도 꼭 듣고 싶습니다."

"제가 본 반 아이들 상황에서는 이런 방식도 도움이 될 것 같은데, 혹시 다른 반에서도 비슷하게 적용 가능할까요?"

〈회의 분위기에 자연스럽게 참여할 때〉

"아, 우리 반에서도 비슷한 일이 있었어요. 선생님 말씀 들으니까 더 공감이 되네요."

"말씀해 주신 방법, 저도 이번 주에 한 번 시도해 보고 결과를 공유해 드릴게요."

〈감사와 협력의 표현〉

"오늘 선생님들 의견 덕분에 정말 많이 배웠습니다. 제 반에도 적용해 보겠습니다."

"자료도 공유해 주시고, 지도 경험도 알려주셔서 감사합니다. 저도 도움이 될 수 있는 부분은 꼭 함께 나누겠습니다."

Q2. 회의 때 말이 너무 없다는 이야기를 들었어요.

> 저는 교직 2년 차의 저경력 교사입니다. 학년협의회나 부서 회의에 참석할 때마다 주로 조용히 듣고 메모만 합니다. 반대 의견을 말하면 선배 선생님의 기분을 상하게 할까 걱정되고, 괜히 분위기를 흐릴까 봐 말하기가 쉽지 않습니다. 실제로 한 번은 행사 운영 방안에 대해 제안을 드렸다가 강하게 반박을 받았고, 이후에는 말문이 막혀 회의 자체가 부담스러워졌습니다. 그런데 또 어떤 선배는 "너무 조용한 것도 문제야."라고 말씀하셔서 더 혼란스럽습니다.
> 말하지 않아도 문제, 말하면 더 위축되는 상황에서 초임 또는 저경력 교사도 갈등 없이 자연스럽게 의견을 말하며 회의에 기여할 수 있는 실질적인 소통 전략이 있을까요?

A1. '보완형, 질문형'으로 말하기

선생님의 고민은 '내가 문제가 있다.'가 아니라, '어떻게 하면 더 건강하게 기여할 수 있을까?' 하는 긍정적인 성장의 신호라는 점을 먼저 말씀드리고 싶습니다. 선생님의 어려움은 개인의 소통 능력 문제라기보다 아직 심리적 안전감을 충분히 느끼지 못하는 상황에서 비롯된 자연스러운 반응입니다. 그렇다면 이 상황을 어떻게 지혜롭게 헤쳐나갈 수 있을까요? 처음부터 대단한 반대 의견이나 혁신적인 제안을 해야 한다는 부담감에서 벗어나는 것이 중요합니다.

먼저 반대가 아닌 보완의 방식으로 접근해 보세요. 선배 교사의 의견을 경청한 후, "선생님 말씀에 전적으로 동의합니다. 거기에 한 가지 덧붙이자면 이런 부분은 어떨까요?"와 같이 일단 긍정과 수용의 자세를 보이는 것입니다. 이는 상대방의 의견을 존중한다는 신호를 주어, 이어지는 내 의견에 대한 방어적인 태세를 누그러뜨리는 효과가 있습니다.

반대 의견이나 제안을 질문의 형태로 바꿔보는 것입니다. 예를 들어, "A방안으로 진행하는 것에 대해 혹시 우려되는 점은 없을까요?" 또는 "학생들의 입장에서 생각해 보면 B라는 변수도 고려해볼 수 있지 않을까요?"와 같이 질문을 던지는 방식은 직접적인 제안보다 부드럽고, 다른 사람들의 생각을 이끌어 내며 논의를 풍성하게 만듭니다. '의견 제시 + 배우려는 태도'를 드러내는 "제가 잘 몰라서 그런데, 혹시 이런 방법도 가능할까요?"나 "혹시 이렇게 하면 선생님들께서 더 편리하실까요?"와 같은 방법도 갈등을 줄이는 방법입니다.

A2. '경험 공유' 형식 활용

선생님의 경험이나 구체적인 자료에 근거하여 이야기하는 것도 좋은 방법입니다. "저희 반에서 아이들과 이 활동을 해보니 이러이러한 반응이 있었습니다."와 같이 개인적인 경험을 공유하면 비판이 아닌 사실의 공유이기 때문에 자연스러운 대화가 이어집니다. 또한 "관련된 교육 자료를 찾아보니 이런 사례도 있었습니다."라며 객관적인 근거를 제시하면, 주관적인 주장으로 비치지 않고 설득력을 더할 수 있습니다.

A3. 소극적인 의견 제시

선생님의 신선한 시각과 패기는 학교 조직에 꼭 필요한 새로운 바람입니다. 지금 당장 유창하게 의견을 말하지 못한다고 해서 자책할 필요는 없습니다. 작은 동의의 표현, 사소한 질문 하나부터 시작해 보세요. 그 작은 시도들이 쌓여 선생님의 존재감을 자연스럽게 드러내고, 회의에 기여하는 즐거움을 안겨줄 것입니다.

큰 행사 운영 방안 전체를 건드리기보다는, 작은 부분 수정이나 보완 아이디어를 제안하는 것도 좋은 방법입니다. 예를 들면 "행사 순서 자체는 너무 좋습니다. 그런데 학생 안내 멘트는 조금 더 짧게 하면 어떨까요?"와 같은 발언은 부담이 덜하면서도 참여한다는 인상은 충분히 줄 수 있습니다.

회의 후 개별 피드백을 활용하는 방법도 좋습니다. 회의가 끝난 뒤 선배 교사에게 조용히 다가가 보충 의견을 전달하는 것이지요. "회의 때는 말씀 못 드렸는데, 혹시 OO 부분은 이렇게도 해볼 수 있을까요?"와 같이 이야기하면 직접 충돌 없이도 의견을 반영할 기회가 생기고, 선배에게 긍정적인 인상을 줄 수 있습니다.

A4. 다른 의미에서의 참여

회의에서 선생님의 의견을 말하기가 어렵다면, 회의 자료를 정리하는 역할을 수행하거나 실행 단계에서 역할에 적극적으로 참여하는 것도 좋습니다. 회의 시 어떤 의견이 나왔을 때, 선생님이 할 수 있는 일이라면, "그 일은 제가 해겠습니다."라는 발언을 통해 회의에 참여한다는 인식을 주고, 그 발언을 한 사람에게 좋은 인상을 줄 수 있습니다. 또한, 회의 분위기를 부드럽게 할 수도 있습니다. 배운다는 마음으로 학교 업무에 적극적으로 참여한다면 신뢰를 쌓고 좋은 인상을 심어줄 수 있을 것입니다.

Q3. 업무 파트너와 갈등이 생기면 어떻게 해야 하나요?

> 저는 교직 3년 차 교사로, 올해 선배 교사와 함께 행사를 준비하게 되었습니다. 저는 일정표를 짜고 사전 협의를 통해 준비하는 스타일인데, 선배 선생님은 상황에 맞춰 즉흥적으로 처리하시는 편입니다. 그래서 일의 방향이나 순서가 계속 바뀌고 혼란스러울 때가 많습니다. 비효율적인 부분을 조심스럽게 제안 드렸지만, "원래 그렇게 해왔어."라며 일축당한 적도 있습니다. 이후에는 괜히 건방져 보일까봐 아무 말도 못 하고 따라가게 되는데, 일은 자꾸 꼬이고 부담은 커집니다.
> 갈등을 만들지 않으면서도 개선이 필요한 점은 어떻게 조심스럽게 이야기할 수 있을까요? 선배 교사와 스타일이 다를 때 협력하는 법, 피드백을 전달하는 바람직한 태도는 무엇일까요?

A1. 존중을 먼저 표현하기

이럴 때 가장 중요한 것은 비난이나 평가의 언어가 아닌, '나'를 주어로 하는 솔직하고 정중한 소통 방식(I-Message)입니다. "이 방식은 비효율적이에요."라고 말하는 대신 "제가 경험이 부족해서 전체 흐름을 놓칠 때가 많습니다. 괜찮으시다면 아침에 5분 만이라도 오늘 할 일의 순서를 간단히 짚어주시면 제가 선배님을 돕는 데 훨씬 수월할 것 같습니다."라고 정중히 요청하는 것이지요. 이는 선배의 방식을 공격하는 것이 아니라, 나의 어려움을 해결하기 위해 도움을 요청하는 것이기에 상대방도 훨씬 부드럽게 받아들일 수 있습니다.

또한, 선배의 경험을 인정하는 말로 시작하면 거부감이 줄어들 수 있습니다. "선생님께서 예전부터 이 행사를 맡아오셔서 노하우가 많으시잖아요. 저도 배우고 싶은데, 이번에 혹시 일정표를 함께 검토해 보시면 어떨까요?"와 같이 '내가 더 효율적이다'가 아니라 '선생님 경험 + 제 시도'로 조합하는 것이 핵심입니다.

A2. 우리 공동의 계획판 만들기

다른 효과적인 방법은 구글 문서나 공동 작업 앱 등을 활용하여 '우리 공동의 계획판'을 만드는 것입니다. 특정 개인의 계획이 아닌, 우리 모두가 따르는 '객관적인 시스템'을 만드는 것이지요. "선배님, 저희가 진행 상황을 한눈에 볼 수 있게 여기에 간단히 정리해두면 어떨까요? 제가 먼저 아는 내용부터 채워두겠습니다."라고 제안하며 선생님이 먼저 솔선수범하는 모습을 보인다면 선배님도 자연스럽게 협조하게 될 가능성이 큽니다. 이는 감정적인 대립을 피하고, 일 자체에 집중하여 효율적으로 협력할 수 있는 좋은 기반이 됩니다.

A3. 작은 부분부터 바꾸기

처음부터 전체 방향을 바꾸려 하면 선배 교사는 오랜 경험에 대한 도전을 받는 것처럼 느껴 반발이 생기기 쉽습니다. 따라서 전면적인 변화를 요구하기보다 사소해 보이지만 실제 운영에 도움이 되는 작은 부분부터 개선안을 제안하는 것이 효과적입니다. 예를 들어 "전체 순서는 선생님 말씀대로 진행하되, 안내 멘트는 제가 미리 적어두겠습니다."라고 하면 전체 틀을 건드리지 않으면서도 준비 과정에서 분명한 차이를 만들어낼 수 있습니다.

이런 방식의 장점은 두 가지입니다. 첫째, 선배 교사 입장에서는 자신의 권위를 존중받으면서도 편리함을 느낄 수 있습니다. 둘째, 작은 성공이 쌓이면 후배 교사가 준비하는 방식이 실제로 도움이 된다는 것을 자연스럽게 체감하게 됩니다. 그렇게 되면 점차 "이 부분은 ○○ 선생님이 정리해 주니 훨씬 수월하다."는 인식이 형성되고, 나중에는 더 큰 범위의 제안도 수용할 여지가 커집니다.

핵심은 '전체를 흔들지 않고, 부분에서 신뢰를 얻는 것'입니다. 작은 부분부터 시작하는 태도가 결국 협업의 안정성과 선배 교사와의 관계를 동시에 지켜주는 지혜로운 접근입니다.

A4. 행사 후 피드백 태도

행사가 진행되는 도중에는 분위기를 흐리지 않기 위해 갈등을 만들지 않는 것이 바람직합니다. 하지만 그렇다고 해서 개선점을 전혀 말하지 않고 넘어가면 같은 문제가 반복될 수 있습니다. 따라서 행사가 끝난 뒤 짧게 대화를 나누면서, 긍정적인 부분과 보완할 점을 함께 전달하는 것이 좋습니다. 이때는 칭찬 → 아쉬움 → 제안 순서로 말하는 것이 가장 효과적입니다. 예를 들어 "이번에 선생님 덕분에 무사히 넘어갔습니다. 그런데 중간에 일정이 조금 바뀌어 학생들이 다소 헷갈려 했더라고요. 다음에는 그 부분만 미리 정리하면 더 매끄러울 것 같습니다."라고 말하면, 먼저 감사와 존중을 전한 뒤 보완점을 언급하고, 마지막에 대안을 제시하는 자연스러운 흐름이 만들어집니다.

또한, 피드백은 짧고 구체적일수록 좋습니다. 모호하게 "다음에는 좀 더 체계적으로 했으면 좋겠다."라고 말하기보다는 "일정 변경 부분만 사전에 합의하면 더 좋을 것 같다."처럼 구체적인 대상을 지목해야 상대가 부담 없이 받아들일 수 있습니다. 결국, 중요한 것은 갈등 없는 개선이며, 이를 위해서는 타이밍과 표현 방식이 결정적입니다.

Q4. 불공정한 업무 배정, 어디까지 감내해야 할까요?

> 저는 교직 2년 차 교사입니다. 처음엔 "뭐든지 해보는 게 공부"라는 말에 잡무나 보조 업무도 당연히 해야 한다고 생각했습니다. 하지만 시간이 지나도 상황은 크게 달라지지 않았고, 부서 회의나 행사 준비에서도 유독 저에게 자잘하고 반복적인 일이 몰리는 느낌을 받습니다. 물론 경력이 짧은 만큼 배우는 입장이긴 하지만, 어느 순간부터는 제 역할이 '보조자'로만 고정되는 것 같아 회의감이 들기도 합니다. 그렇다고 "왜 저만 이걸 하나요?"라고 직접 말하기엔 분위기도 어렵고, 관계가 어색해질까 걱정됩니다.
>
> 초임이나 저경력 교사가 지나치게 무거운 업무를 맡았다고 느낄 때, 관계를 해치지 않으면서 역할 분담을 조율하거나 조심스럽게 의견을 전할 수 있는 방법은 무엇일까요?

A1. 객관적인 상황 파악

'뭐든지 해보는 게 공부'라는 긍정적인 마음으로 시작했지만, 어느새 반복되는 보조 업무 속에서 나의 역할과 성장에 대한 회의감이 드는 것은 어쩌면 당연한 과정일지도 모릅니다. 스스로를 탓하거나 관계에 대한 걱정으로 혼자 끙끙 앓지 않았으면 합니다. 그 마음은 선생님께서 교사로서 더 성장하고 싶다는 건강한 신호이기 때문입니다.

문제의 핵심은 단순히 업무의 양이 아니라 '성장 가능성이 보이지 않는 역할의 고착화'에 대한 우려입니다. 이를 해결하기 위해서는 정면으로 부딪치는 방식보다는, 나의 성장을 위한 건강한 욕심을 세련되게 드러내는 지혜가 필요합니다. 우선, 감정적으로 호소하기보다 객관적인 상황을 파악하는 것이 중요합니다. 일주일 정도 본인이 맡은 업무의 종류와 소요 시간, 업무의 성격(단순 보조, 기획, 실행 등)을 간략하게 기록해 보세요. 이는 훗날 부장 선생님이나 선배 교사와 대화할 때 "저만 힘들어요."라는 감정적 호소가 아닌, "제가 주로 이런 업무들을 맡고 있는데, 업무 역량을 키우기 위해 다른 역할도 경험해보고 싶습니다."라고 말할 수 있는 객관적인 근거가 되어줍니다.

단순 반복처럼 보여도 업무 구조를 이해하거나 교무실 관행을 익히는 단계라면 초임 교사에게 필요한 과정일 수 있습니다. 그러나 같은 업무가 계속 고정되거나, 학습·경험과 무관한 허드렛일 수준으로만 몰릴 때는 문제입니다. 즉 '내가 성장하는 경험을 얻고 있는가?'를 스스로 질문해 보면서 감내할 수 있는 선을 찾아보세요.

A2. 조심스럽게 의견을 전하는 태도

그다음은 대화의 타이밍과 방식입니다. 모두가 바쁜 회의 시간이나 감정이 상한 순간은 피해야 합니다. 비교적 여유로운 시간에 부장 선생님께 "잠시 드릴 말씀이 있는데, 시간 괜찮으실까요?"라며 정중하게 대화를 요청하는 것이 좋습니다. 대화를 시작할 때는 불평이나 비난이 아닌, 배우고 기여하고 싶다는 긍정적인 의도를 먼저 보여주세요. 예를 들어, "부장님, 제가 그동안 여러 업무를 보조하면서 전체적인 흐름을 익힐 수 있어 좋았습니다. 이제는 제가 조금 더 주도적으로 기여할 수 있는 부분을 찾아보고 싶은데, 혹시 다음 행사 기획 단계부터 함께 참여하며 배울 기회가 있을까요?"와 같이 제안하는 방식입니다. 이는 현재의 불만을 토로하는 것이 아니라 미래의 발전을 도모하는 적극적인 후배의 모습으로 비추어져 긍정적인 인상을 줄 수 있습니다.

교사는 유능한 동료의 도움을 받아 현재 수준을 넘어 한 단계 성장할 수 있습니다. 선생님의 의견 제시는 단순히 편한 일을 하겠다는 이기심이 아니라, 동료 교사로서 함께 성장하고 시너지를 내기 위한 필수적인 소통 과정입니다. 용기를 내어 자신의 성장을 위한 목소리를 내는 것은 스스로 전문성을 지키고 장기적으로 더 나은 교사로 나아가는 중요한 첫걸음이 될 것입니다.

A3. 배우고 성장하는 기회

교직의 저경력 시기는 자연스럽게 반복적이고 보조적인 업무가 몰리는 시기임을 어느 정도는 받아들일 필요가 있습니다. 이는 선배 교사들이 후배를 일부러 소외시키려는 것이 아니라 학교 조직에서 새로운 구성원이 익숙해지고 전체 업무 흐름을 배우는 과정이기도 합니다. 따라서 처음부터 모든 것을 공정하게 나누겠다는 기대보다는 지금은 배우고 성장하는 단계라는 인식을 가지면 부담이 덜어집니다.

그러나 그렇다고 해서 스스로 보조자의 역할에만 머물게 해서는 안 됩니다. '나는 단순히 잡무를 처리하는 사람이 아니라, 점차 내 역량을 드러내고 역할을 확장해 나가는 사람'이라는 목표 의식을 갖는 것이 중요합니다. 예컨대 작은 업무를 맡더라도 그것을 꼼꼼하고 책임감 있게 처리하면, 선배 교사들에게 신뢰를 얻을 수 있고 이후 더 큰 역할을 맡을 기회로 이어집니다.

이때 필요한 것은 균형 감각입니다. 관계를 지키는 것도 중요하지만, 동시에 나의 전문성을 키우는 경험을 찾아야 합니다. 선배의 방식에 무조건 맞추기만 하기보다는 작은 부분에서 "이건 제가 해보면 좋겠습니다."라며 조심스럽게 의사를 밝히는 것도 한 방법입니다. 이렇게 하면 갈등을 만들지 않으면서도 점차 자신만의 영역을 넓혀갈 수 있습니다.

결국, 중요한 것은 주어진 일을 감내하면서도, 그 안에서 성장의 기회를 스스로 발견하는 태도입니다. 이런 마음가짐이 있으면 초임 시기의 반복 업무도 단순 소모가 아니라 미래를 위한 토대가 될 수 있습니다.

업무로 인한 스트레스 및 마음 회복

Q1. 제가 왜 교사가 되었을까요?

> 알람 소리가 지옥 같아요. 아침마다 심장이 쿵 내려앉고, '오늘 하루 또 어떻게 버티지?' 이 생각밖에 안 들어요. 아이들 웃는 모습이 예뻐서 교사가 됐는데, 지금은 애들 얼굴 보고 이야기할 시간은커녕 매일 쏟아지는 공문 처리랑 NEIS(나이스) 업무에 파묻혀서 제가 행정가인지 교사인지 모르겠어요. 이러한 생각에서 벗어날 수 있는 방법이 있을까요?

A1. 가치 인식하기

내가 아이들을 가르치는 교사인지, 아니면 끝없이 밀려드는 서류를 처리하는 행정가인지 정체성의 혼란을 느끼는 그 마음, 저 또한 겪어봤기에 누구보다 깊이 공감합니다. 매일 아침 심장이 쿵 내려앉는 그 절망감은, 아이들의 웃는 모습 하나만 보고 교직에 들어선 선생님과 같은 열정 넘치는 분들이 현실의 벽에 부딪힐 때 겪는 지극히 자연스러운 성장통일지도 모릅니다.

우리가 하는 행정 업무의 본질을 조금 다른 시각으로 바라보는 연습이 필요합니다. 교육 행정은 교육 활동과 분리된 별개의 잡무가 아니라, 아이들이 안전하고 안정적인 환경에서 마음껏 배우고 성장할 수 있도록 튼튼한 울타리를 치는 일과 같습니다. 선생님께서 'NEIS(나이스)'를 통해 학생들의 기록을 꼼꼼히 정리하는 것은 한 아이의 성장 과정을 담는 소중한 역사를 집필하는 것과 같고, 수많은 공문을 처리하는 것은 우리 반 아이들에게 더 좋은 교육 기회와 자원을 연결해주는 다리를 놓는 일입니다. 즉, 행정 업무는 교육이라는 큰 그림을 완성하기 위한 필수적인 밑그림 작업인 셈이지요. 이렇게 업무의 의미를 재정의하는 것만으로도 일에 대한 통제감과 효능감을 조금이나마 되찾을 수 있습니다.

그러나 행정 업무가 교사의 전부가 아니라 일부분일 뿐이라는 것을 잘 구분해야 합니다. 아이들과 함께하는 시간은 줄어들었지만, 그 시간 자체가 여전히 가치 있는 핵심임을 잊지 말아야 합니다. 그러므로 공문이나 'NEIS(나이스)'와 같은 행정 업무는 '빠르게, 틀리지 않게'를 목표로 최소한의 에너지를 들이세요. 대신 학생과의 관계 맺기에는 '짧아도 깊게'를 목표로 투자하세요. 즉, 업무의 완벽함보다 교육적 순간을 더 중시하는 균형을 스스로 세우는 것입니다.

A2. 의미 회복 루틴 만들기

아이들과의 깊은 대화나 웃음을 나누는 시간이 줄었다고 느끼지만 사실 짧은 순간에도 교사의 존재감은 드러납니다. 의도적으로 교사 본연의 시간을 확보하는 구체적인 행동이 필요합니다. 하루에 단 10분이라도 좋습니다. 모든 행정 업무를 잠시 멈추고 온전히 아이들에게 집중하는 시간을 의식적으로 만들어 보세요. 예를 들어, 아침 활동 시간이나 점심시간 직후 10분을 관계 맺기 시간으로 정하고, 하루에 세 명의 아이와 눈을 맞추며 어제와 다른 점을 칭찬해 주거나, 그 아이만이 가진 특별한 이야기에 귀를 기울여주는 것입니다. 이러한 작은 상호작용이 모여 선생님의 고갈된 에너지를 채우고, 왜 교사가 되었는지에 대한 답을 매일 새롭게 확인시켜 줄 것입니다.

또한, 퇴근 전 5분 동안 그날 만났던 아이들의 예쁜 말 한마디, 빛나는 눈빛을 본 순간을 간단히 기록하는 보석 노트를 써보는 것도 좋은 방법입니다. 아침에 교실 들어갈 때 아이가 웃으며 인사하는 순간, 수업 중 질문 하나에 아이들의 눈이 반짝이는 순간, 복도에서 지나가며 짧게 나눈 농담 한마디와 같은 기록은 지치고 흔들릴 때마다 그 기록들은 선생님을 단단히 붙잡아주는 닻이 되어줄 것입니다.

A3. '교사'라는 보석 찾기

선생님, 지금의 혼란과 고민은 결코 약함이나 부족함의 신호가 아닙니다. 오히려 그것은 선생님이 아이들을 진심으로 사랑하고, 더 좋은 교사가 되고자 하는 열망이 크다는 확실한 증거입니다. 잠시 방향을 잃은 듯 느껴질 수 있지만, 선생님의 마음속 나침반은 결코 고장 나지 않았습니다. 교직 초반에는 누구나 흔들리고, 자신이 잘하고 있는지 끊임없이 묻게 됩니다. 그러나 그 과정 속에서 선생님은 단순히 업무를 감당하는 교사가 아니라, 아이들을 지키는 든든한 울타리를 세우는 지혜와 학생 한 명 한 명과 눈을 맞추며 교감하는 따뜻함을 함께 키워나가고 계신 겁니다.

'나는 왜 교사가 되었을까?'라는 질문은 사실 모든 선생님이 걸어가는 통과의례와도 같습니다. '내가 적성에 맞지 않나?' 하는 불안보다는, 이 또한 성장을 위한 자연스러운 단계라는 사실을 기억하세요. 지금의 고민이야말로 더 큰 성장을 예고하는 징검다리입니다. 선배 교사들 역시 이 시기를 지나며 자신만의 호흡과 균형을 찾아갔습니다. 선생님 역시 시간이 흐르면, 아이들과의 만남에서 오는 기쁨과 교사의 전문성이 조화를 이루는 자기만의 길을 발견하게 될 것입니다.

Q2. 밀려드는 업무, 무엇부터 해야 할까요?

> 어젯밤에도 새벽 1시까지 혼자 교실에 남아서 내일 쓸 수업 PPT 만들고 학습지 제작하고 갔거든요. 그런데 동기 카톡 프로필 보니까 일찍 퇴근하고 필라테스 갔더라고요. 저만 이렇게 허덕이는 건가요? 제가 유독 요령이 없고 무능한 것 같아 자괴감이 들어요.
>
> 지금 당장 오늘 중으로 말썽 피운 학생 학부모님이랑 상담 전화도 드려야 하고, 내일모레 공개수업이라 준비도 해야 하는데, 다음 주까지 학급 특색 활동 계획서 결재도 받아야 해요. 무엇부터 해야 할지 모르겠어요.

A1. 하나씩 차근차근

가장 먼저 해야 할 건 학부모님과의 상담 전화예요. 이건 미룰수록 더 어려워져요. 통화하기 전에 간단히 메모 정리하시고, 학생에 대한 관심과 걱정을 먼저 표현하면서 대화를 시작해 보세요. 이것만 끝내도 마음이 한결 가벼워질 거예요.

그다음은 공개수업 준비겠죠. 완벽한 수업을 만들어야 한다는 부담 갖지 마세요. 신규 교사에게 원하는 건 완벽함이 아니라 아이들을 향한 진심이거든요. 처음부터 다 만들려고 하지 말고, 기존 자료들을 잘 활용해 보세요. 선배들 지도안 참고해서 내 상황에 맞게 수정하는 게 훨씬 효율적이에요. 학급 특색 활동 계획서는 공개수업 끝나고 나서 해도 충분해요. 이것도 작년 자료들 찾아보시면 도움이 많이 될 거예요.

A2. 비교는 멈추기

동기가 일찍 퇴근했다고 해서 선생님이 뒤처지는 것은 절대 아닙니다. 교사마다 맡은 학급의 분위기, 담당하는 부서 업무, 학교의 조직 문화, 그리고 개인의 수업 준비 방식까지 모두 다르기 때문입니다. 누군가는 상대적으로 업무량이 적은 시기를 보내고 있을 수도 있고, 또 다른 누군가는 눈에 보이지 않는 다른 영역에서 고군분투하고 있을 수 있습니다.

따라서 겉으로 보이는 단편적인 모습만 보고 자신을 깎아내리는 것은 무의미합니다. 나만 못한다는 비교보다는 지금 내 앞에 놓인 일을 차근차근 정리하고 처리하는 데 집중하는 것이 훨씬 생산적입니다. 비교는 자괴감을 키우지만 작은 업무라도 내가 해낸 것에 시선을 두면 성취감이 커집니다. 결국, 교직은 남과의 속도가 아니라 내가 어떻게 성장하며 아이들과 만나는 시간을 지켜가느냐가 더 중요한 여정이라는 것을 잊지 마세요.

그리고 SNS는 그 사람의 하이라이트만 보여주는 거라는 점 기억하세요. 보이지 않는 곳에서 그 사람도 분명 힘들어하고 있을 거예요. 다른 사람과 비교하지 마시고, 선생님만의 속도로 가시면 돼요. 새벽까지 아이들 생각하며 준비하시는 그 마음이 선생님의 가장 큰 장점이에요. 지금 힘든 시간이 나중에는 다 소중한 경험이 될 거예요. 너무 자책하지 마시고, 하나씩 차근차근히 해나가세요.

A3. 아이젠하워 매트릭스

아이젠하워 매트릭스란 미국 대통령 드와이트 아이젠하워가 사용했다고 알려진 시간·업무 관리 도구입니다.

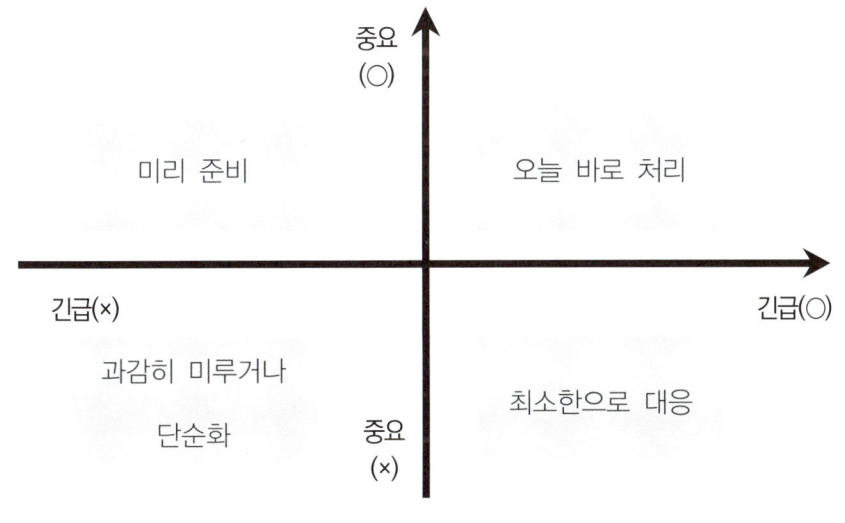

아이젠하워 매트릭스 도식도

핵심은 업무를 중요도와 긴급도라는 두 축으로 나누어 우선순위를 정하는 것입니다. 긴급하고 중요한 일은 지금 바로 처리하지 않으면 큰 문제가 되는 일입니다. 학부모 상담 전화나 오늘 제출해야 하는 결재문서가 그 예입니다. 이는 즉시 실행해야 합니다.

긴급하지는 않지만 중요한 일은 당장은 급하지 않지만, 장기적으로 꼭 필요한 일입니다. 공개수업 준비, 학급 운영 계획, 자기 연수와 같은 일입니다. 이는 계획을 세워 일정에 넣고 실행하세요.

긴급하지만 중요하지 않은 업무는 갑작스러운 잡무나 반복되는 행정요청처럼 급해 보이지만 사실 큰 가치는 없는 일입니다. 이러한 일은 최소화하거나 위임하는 방법이 있습니다.

마지막으로 긴급하지도 중요하지도 않은 일입니다. PPT 디자인 꾸미기나 불필요한 문서처리와 같은 일입니다. 이러한 일들은 과감히 미루거나 버리면 됩니다. 이렇게 정리하면 '무엇부터 해야 하는지'가 눈에 보이고, 불필요한 자괴감도 줄어들 것입니다.

Q3. 업무 실수를 했을 때 어떻게 대처해야 하나요?

> 업무 중 중요한 파일을 잘못 전송하거나 공문을 누락한 적이 있습니다. 선배에게 알리자니 괜히 문제를 키우는 것 같고, 조용히 넘어가자니 나중에 더 큰 문제가 될까 걱정됩니다. 실수를 인정하는 것이 맞을지, 아니면 방법을 찾아 스스로 해결하는 것이 좋을지 혼란스럽습니다. 그리고 실수가 계속 이어지면 제가 무능하다고 인식될 것 같아 걱정되고, 스트레스를 받습니다. 그 스트레스 때문에 기안을 올릴 때마다 초조하고 식은땀이 납니다. 초임이나 저경력 교사가 실수했을 때 책임감 있게 대처하는 올바른 방법은 무엇인가요?

A1. 즉각 보고 및 해결책 제시

중요한 파일을 잘못 보내거나 공문을 빼먹었을 때, '선배한테 혼날까?', '나를 못한다고 생각하면 어떡하지?' 하며 가슴이 쿵쾅거리는 건 신규 교사라면 누구나 겪는 일이에요. 가장 중요한 건 실수를 발견하는 순간, 바로 관리자에게 솔직하게 말씀드리는 거예요. 혼자서 어떻게든 해결해 보려고 끙끙대다가 문제가 더 커지는 경우가 정말 많거든요. 빨리 털어놓는 게 오히려 문제를 작게 만드는 지름길이에요.

실수의 크기를 혼자 판단하려 하지 마시고, 일단 부장님께 말씀드려 보세요. "부장님, 제가 이런 실수를 한 것 같은데요. 어떻게 하면 좋을까요?"라고 용기 내어 말하는 거죠. 언제, 어떤 일에서, 무슨 실수였는지만 간단명료하게 설명하면 돼요. 괜히 변명하거나 축소하려 들면 오히려 신뢰만 잃게 되니까요. 솔직하게 인정하고 해결하려는 모습이 훨씬 멋있어 보여요.

부장님이나 관리자분께 보고할 때 "실수했습니다."에서 끝내는 것보다는 가능한 해결책을 함께 제시하는 것도 좋은 방법입니다. 예를 들면 "파일을 잘못 전송한 걸 방금 확인했습니다. 바로 수정본을 보내고, 해당 수신자에게 정정 안내를 드리겠습니다."라 한다면 단순한 실수자가 아니라 스스로 문제를 수습할 줄 아는 교사로 보입니다.

A2. 작은 절차라도 체크리스트화

실수가 계속되면 자신감도 떨어지고, 다음 일할 때마다 조마조마할 수 있어요. 이럴 때는 '기안 올릴 때 확인할 4가지'처럼 개인용 체크리스트를 만들어 두세요.

① 내부기안인가? 아니면 수신처를 확인했는가?
② 첨부파일은 맞는가?
③ 결재선 지정은 정확한가?
④ 날짜와 시간을 정확히 표기했는가?

위와 같은 체크리스트가 있으면 불안이 줄고, 실수 확률도 낮아집니다. 실수한 것들을 따로 메모해두는 것도 좋은 방법이에요. 같은 실수를 반복하지 않게 되고, 나중에 보면 '아, 내가 이렇게 성장했구나.' 하는 뿌듯함도 느낄 수 있을 것입니다.

A3. 실수도 성장의 한 걸음

신규 교사가 처음부터 모든 업무를 실수 없이 완벽하게 해내는 것은 불가능합니다. 누구나 시행착오를 겪으며 배우는 과정이 필요하고, 그 과정에서 실수는 피할 수 없는 동반자입니다. 중요한 것은 실수를 통해 배웠고, 다음에는 같은 실수를 줄일 수 있다는 태도를 갖는 것입니다. 선배 교사들 역시 "나도 초임 때는 수없이 틀려봤어."라고 말하곤 합니다. 다시 말해 지금 선생님이 겪는 어려움은 혼자가 아니라는 뜻입니다.

신규 시기의 실수는 결코 무능의 증거가 아니라, 오히려 성장하기 위해 반드시 필요한 디딤돌입니다. 지금 느끼는 무거운 마음과 책임감이야말로 선생님이 더 나은 교사로 성숙해지고 있다는 징표입니다. 그러니 스스로 과도하게 자책하기보다 이 과정을 소중한 배움으로 여기며 한 걸음씩 나아가시길 바랍니다.

다만 실수가 두려워서 기안만 해도 긴장하고 식은땀이 난다면 그것은 '실수 공포'가 심리적 압박으로 작용하고 있는 신호입니다. 이때는 작은 습관과 훈련을 통해 불안을 완화할 수 있습니다.

호흡법: 기안을 올리기 전 3분간 심호흡을 하며 긴장을 풀고 마음을 차분히 정돈합니다.

시뮬레이션: 실제 결재를 올리기 전에 '가짜 기안'으로 연습을 해보고, 절차를 몸에 익힙니다.

선배 피드백: 초안 단계에서 "이 부분 확인해 주실 수 있나요?"라고 조용히 부탁하면, 혼자 고민하는 시간과 불안이 줄어듭니다.

이런 작은 방법들을 실천하면 실수 공포가 점차 줄어들고, 업무에 대한 자신감도 자연스럽게 회복될 것입니다.

6. 교사의 성장과 역량 개발

Q1. 교사의 성장 로드맵 어떻게 그려야 할까요?

> 몇 년 전 발령받은 교사입니다. 친구로부터 안부 전화를 한 통 받았습니다. 일반 회사에 취업한 그 친구는 승진 준비를 하고, 자격증을 여러 개 취득하는 등 눈에 보이는 성과가 있는 생활을 하고 있었습니다. 그동안 학교에서 열심히 지낸 건 맞는데, 뚜렷한 목표가 없이 지냈다는 생각이 듭니다. 입학한 학생들을 한 해 한 해 지도하며 졸업을 시키는 과정이 현재는 보람 있습니다만 앞으로 장기적 안목을 갖고 꾸준히 성장하는 교사로서의 로드맵을 그려보고 싶습니다. 교직에서 교사의 진로 설계에는 어떤 방향이 있나요?

A1. 교육적 변화를 이끌어가는 성장형 마인드와 실천, 직급 승진

교사의 상위 직급에는 교육전문직과 교감, 교장, 수석교사가 있습니다. 이에 관한 사항은 교육공무원법과 교육공무원 승진규정, 승진가산점 평정 규정, 인사관리기준 등에 명시되어 있습니다. 그렇다면 교감, 교장, 교육전문직으로의 승진은 어떻게 이루어질까요?

교사에서 교감으로의 승진은 교육경력을 기반으로 가산점 규정에 의한 가산점을 합산하여 작성되는 순위명부에 의거하여 이루어지고 이후 교육전문직을 응시하여 전문직으로 이동하거나 교장으로 승진할 수 있습니다. 교육전문직(장학사·교육연구사)으로의 승진은 교사 경력을 기반으로 하되 공개전형을 거쳐 선발되며 이후 교감 이직을 통한 교장 승진, 장학관·교육연구관, 교육장 등 상위직으로 승진할 수 있습니다. 초임 또는 저경력 교사가 교육전문직이나 교감, 교장으로 성장하려면 교사 경력 10년 이상이 기본입니다. 그만큼 교직에서 실제 수업과 생활지도 경험이 중요하지요. 여기에 교직 경험의 폭과 깊이를 넓히고, 연구와 연수, 보직 경험을 충실히 쌓으며, 교육정책과 행정 전반에 대한 이해를 높이는 체계적 노력이 필요합니다.

교직 경험의 폭과 깊이를 넓힐 수 있도록 벽지, 농산촌, 연구학교, 기숙형학교 등 다양한 학교와 지역에서 근무 경험을 하고 연구회와 학습공동체에서 활동하며 인적 네트워크와 실적을 쌓을 수 있습니다. 연구와 연수, 교육 업무 경험을 통해 전문성과 역량을 기르도록 합니다. 매년 60시간 이상 직무연수를 이수하며 최신 교육정책, 수업·평가 혁신, 생활교육 관련 전문성을 쌓도록 하고 경력이 쌓이면 보직을 경험하며 학교 경영과 교육행정 이해도를 높입니다. 교과 및 교육학, 교육정책 및 행정, 교육평가 등 관련 분야 석사·박사 학위를 준비하거나 정보화·연구· 기술 관련 공인된 자격증을 취득할 수도 있습니다. 전국 또는 시도 규모의 수업·생활지도·교육과정 연구대회에 참여하여 입상 실적을 만드세요. 이는 가산점에 도움이 됩니다. 또한, 학회지 및 교육 전문지에 논문 게재, 연구자료 및 수업자료 발표 등으로 연구 역량을 키워 갈 수도 있습니다.

교사의 승진이나 경력 누적에는 공적 책임성과 사명감, 학교 현장을 지원하는 봉사적 태도와 리더십이 수반됩니다. 교육 현장 경험에서 마주하며 고민하게 되는 학생, 교사, 학교, 교육의 본질에 대한 철학적 성찰과 교육적 변화를 이끌어 가려는 성장형 마인드와 실천이 필요합니다. 이러한 노력이 직급 승진에만 도움이 되는 것은 아닙니다. 교사 입문 후 정년 은퇴까지 30여 년의 시간이 흐르게 되는데 10년이면 강산이 변하니 적어도 서너 번의 교육사회적 변화의 흐름을 어떻게든 겪어내야 하거든요.

A2. 동료교사와 함께 하는 성장, 수석교사로 지내기

교사의 진로 설계에는 수업 전문가로서 수석교사의 길도 있습니다. 15년 이상의 교육경력이 있는 1급 정교사 자격증을 소지한 교사는 지원 자격이 되며 선발에 도전해 볼 수 있습니다. 도교육청 선발 공고 후 서류심사, 동료 교직원 평가, 심층 평가, 역량 평가 등 1, 2차 심사를 거쳐 선발, 지역별 균형 배치가 됩니다. 수업에 열정이 있고, 교육과정-수업-평가-기록의 과정에 전문성을 갖추고 싶은 선생님은 관심을 가져 봐도 좋습니다. 동료, 후배 교사들에게 도움을 주고, 나눔을 실천하려는 성격의 선생님이라면 수석교사의 역할 수행에 잘 맞을 것 같습니다.

수석교사의 필수 직무는 수업, 동료 교사의 교수활동 지원과 연구활동 지원이 있습니다. 소속 학교의 학생 대상 수업과 동료 교사에게 상시 수업을 공개하고, 교수활동 지원으로 수업 및 생활교육 컨설팅, 교사 대상 연수, 수업 나눔, 신규교사 멘토링 등의 일을 합니다. 연구활동 지원은 현장 연구, 수업 자료 개발 및 보급, 수업 사례 공유 및 일반화, 교육연구회 운영, 학습공동체 지원 등을 합니다.

학교 안, 밖 선생님들과 수업을 매개로 수업에 대한 고민을 나누고, 방법을 같이 찾아보며 동료 교사와 함께 성장하는 경험을 하게 됩니다. 도간 수석교사 교류를 통해 다른 지역의 교육적 상황도 파악하게 되고요. 수업과 평가 방법을 연구, 적용하는 교육 실천가로 가르치는 교사 본연의 모습을 만들어가며 교사 정체성을 회복해 가는 것이지요. 또한, 멘토링이나 컨설팅을 통해 어려움을 공유하며 교사의 본질적 고민을 마주합니다. 교직관, 수업철학 성찰, 수업방법 개선 등을 나누며 선생님들과 함께 하는 시간은 배움으로 연결됩니다.

학교 현장에서 축적된 노하우와 경험들을 교육조직에 지원으로 환원하고, 스스로 배움을 멈추지 않고 성장하기를 바라는 교사의 길, 수석교사의 길입니다.

A3. 교사로서의 영향력을 넓히는 다양한 길 - '나만의 속도와 색깔로 걷는 길'

관리직이나 수석교사와 같은 공식적인 승진 경로가 아니더라도 교사로서 충분히 의미 있고 지속 가능한 성장을 이어갈 수 있는 길은 많습니다. 더 자신답고, 더 오래도록 즐길 수 있는 방향의 길을 찾는 것도 가치 있는 일입니다. 예를 들어, 학습공동체를 주도하며 동료 교사들과 함께 수업을 연구하거나, 연수 강사로 활동하며 자신만의 수업철학을 널리 나누는 일도 있습니다. 또, 교과 교육과정을 개발하거나 수업 콘텐츠를 직접 제작하여 학교 현장에 필요한 자료를 만드는 활동, 후배 교사를 멘토링하며 경험을 전수하는 일, 나아가 교육 관련 팟캐스트나 영상을 기획·제작하거나 자발적인 연구회를 이끄는 일 등도 모두 교사로서 영향력을 넓히는 소중한 실천입니다.

이러한 길들의 공통점은 분명합니다. 바로 '내가 잘하고 좋아하는 것을 찾고, 그것을 다른 이들과 나누는 과정'이라는 점입니다. 그렇게 한 걸음 한 걸음 쌓여가는 실천들은 어느 순간 하나의 흐름이 되고, 어느새 "그 분야라면 그 교사가 참 잘하지"라는 이야기를 듣게 됩니다.

결국, 이것은 '나만의 색을 지닌 교사'로 성장하는 과정입니다. 특별한 직함이나 경력의 길이가 아니라, 교육에 대한 철학과 수업에 대한 믿음, 그리고 그것을 실천하고 나누는 태도가 곧 진로가 되는 거죠. 누구나 갈 수 있지만, 누구나 가지는 않는 이 길, 당신의 속도로, 당신의 방향으로 걸어갈 수 있는 진로입니다.

Q2. 학교 이동, 안정과 성장을 위해 어떤 길을 택해야 할까요?

> 발령받은 지 어느덧 몇 년이 지났습니다. 그동안은 하루하루 적응하느라 정신없이 달려왔지만, 이제는 '앞으로 어떤 교사가 되고 싶은가?'라는 질문을 스스로에게 던지게 됩니다. 마침 우선 전보 신청 시기도 다가오고 있어요.
>
> 그런데 전보 제도에 대해 아는 것이 별로 없어 막막합니다. 주변에서는 초빙제도나 파견제도를 활용하면 좀 더 의미 있는 경험을 쌓을 수 있다고 조언하지만, 어떤 학교를 선택해야 성장에 도움이 될지는 여전히 잘 모르겠어요. 단지 집에서 가까운 학교, 편한 학교를 선택하기엔 뭔가 아쉽고, 너무 벅찬 학교로 가자니 두렵기도 합니다. 혁신학교, 연구학교처럼 시도와 협력이 활발한 학교에 도전해볼까 싶기도 하고, 반대로 내가 잘 적응할 수 있을지 걱정도 됩니다. 어떤 기준으로 학교를 선택하면 좋을까요?

A1. 우선 전보 – 삶과 교직의 균형을 위한 숨 고르기

매년 말이 되면 교원 전보 시기와 함께 교육청에서는 전보 관련 지침을 학교로 안내합니다. 이때 교사들은 일반 전보, 우선 전보, 초빙 전보 등 여러 이동 방식 가운데 선택할 수 있습니다. 그중 우선 전보는 생활 여건을 배려하는 제도로, 가족 돌봄이나 건강 등 개인적 사유가 있는 교사가 우선적으로 배치되는 제도입니다.

A 영어 교사는 두 자녀가 모두 초등 저학년이던 시절, 아이들의 양육 문제로 인해 우선 전보를 신청했습니다. 그는 "출퇴근 거리가 짧아지면서 아이들과 보내는 시간이 늘어났고, 덕분에 교사로서도 더 안정된 마음으로 수업에 집중할 수 있었다"고 장점을 꼽았습니다. 다만 "희망 지역의 모든 학교가 다 열려 있는 것은 아니어서 선택의 폭이 제한적이라는 점은 아쉬웠다."라고 말했습니다.

B 과학 교사는 부모님의 병환으로 돌봄이 필요해 우선 전보를 통해 가까운 지역 학교로 이동했습니다. 그는 "매일 병원 진료에 함께할 수 있어 마음의 짐을 덜 수 있었고, 생활 안정이 곧 교사로서의 에너지가 되었다."라고 경험을 전했습니다. 그러나 단점으

로는 "전보의 목적이 안정에 맞추어져 있다 보니, 교사로서의 새로운 도전이나 혁신 경험은 상대적으로 부족할 수 있다."라는 점을 언급했습니다.

정리하자면, 우선 전보의 장점은 가족, 건강 등 삶의 안정성을 보장하여 교사가 수업과 생활지도를 안정적으로 이어갈 수 있다는 데 있습니다. 반면, 단점으로는 원하는 학교 선택 폭이 넓지 않고, 교사로서 새로운 실험이나 네트워크 확대를 기대하기에는 한계가 있다는 점이 있습니다. 삶과 교직은 언제나 균형을 필요로 합니다. 도전과 성장은 다른 제도를 통해서도 가능하지만, 지금 내 삶에 가장 필요한 것이 안정이라면 우선 전보는 주저 없이 고려할 수 있는 선택지입니다. 안정된 삶 위에서 교사로서의 성장은 더욱 깊어지고 단단해질 수 있으니까요.

A2. 초빙 – 책임과 도전으로 성장하는 길

초빙제도는 일반적인 전보와는 달리, 특정 분야나 학교에서 필요로 하는 교원을 별도의 지원절차를 통해 임용하는 형태입니다. 예컨대, 학생 수요가 높은 과목이나 교육과정 특성화된 교과의 전문성을 요구하는 학교에서 초빙을 통해 새로운 기회를 제공하기도 합니다. 대신 정해진 기간동안 이동하지 않고 해당 학교에서 좀 더 책임감을 갖고 근무할 것을 고려하는 것이 필요합니다.

초빙 관련 규정은 인사관리 규정의 신규 임용 및 승진에 관한 조항에 있습니다. 초빙은 지원서를 받아 학교장이 초빙교사 임용을 요청하게 되며 학교운영위원회의 심의를 거쳐야 합니다. 초빙교사로 임용되고자 하는 경우 현임교 근무 3년 이상이어야 하고 현임교 소속교사는 현임교에서 초빙할 수 없습니다. 자세한 초빙교사 임용에 관한 사항은 별도 계획을 따릅니다. 따라서 이와 관련한 사항은 도교육청 홈페이지 각 학교별 초빙교원 임용에 관한 안내와 공고 게시판(채용–시험/임용정보–초빙교원임용 안내)을 통해 수시로 살펴보며 정보를 새롭게 하는 것이 필요합니다. 매년 인사이동에 관한 업무가 시행되는 즈음 규정과 함께 일정이 공문으로 안내되므로 전년도 자료를 토대로 관련된 서류나 자격을 미리 준비하는 것도 좋은 방법입니다.

A3. 파견 – 교사로서의 영향력을 넓히는 다양한 길

　11월 말부터 12월 초가 되면 교육부, 시·도교육청, 지역교육지원청, 직속기관 등 여러 기관에서 파견 교사 모집 안내에 관한 공문을 학교로 발송합니다. 학교에서 계속 근무를 할 수도 있지만, 학교 밖의 새로운 환경에서 일해 보고자 한다면 파견을 추천합니다. 파견은 대학원 파견도 있어 깊이 있는 연구도 하고, 익숙함에서 벗어나 낯선 환경으로의 다양한 도전이 될 수도 있으며, 몰랐던 자신의 재능을 발견, 확장하는 계기가 될 수도 있습니다.

　A 국어 교사는 대학원 파견의 경험을 통해 전공 혹은 관심 영역이나 분야에 대한 다양한 논문을 읽으면서 관심 주제에 대한 질문을 토대로 개인 연구를 할 수 있다는 점을 장점으로 꼽았습니다. 다만 파견 기간 동안 소속이 불분명하다는 점이 불편할 수 있다고 했습니다.

　국내 직속기관 및 해외 세르비아로 파견을 다녀온 B 기술 가정 교사의 견해를 소개하겠습니다. 국내 파견의 경우 장점은 교육부, 시·도교육청, 직속기관 등에서 근무하며 교육정책의 기획·집행 과정을 직접 경험할 수 있어 현장 교사로서 정책과 제도를 깊이 이해하고 적용할 수 있고 다양한 지역·학교의 교사, 행정가, 연구자와 협업하면서 폭넓은 인적 네트워크를 형성하며 협업의 에너지를 낼 수 있습니다. 또한, 정책 기획, 연구, 연수 운영 등 다양한 교육 관련 경험을 쌓음으로써 교사로서 전문성을 다각도로 확장하는 등 교육 경험을 확대할 수 있습니다. 단점으로는 교육 연구·기획보다 행정적 업무 비중이 커질 수 있습니다. 또 실제 학교 현장의 어려움과 괴리가 생길 수 있다는 점이 있습니다.

　해외 파견의 경우 장점으로는 선진국 및 다양한 문화권의 교육제도, 수업 방식, 학생 지도법을 직접 경험하면서 글로벌 교육 활동을 이해하며 국제적 시야를 확대할 수 있고, 외국어 능력 및 문화 소양을 강화할 수 있습니다. 단점으로는 문화적·언어적 적응의 어려움과 국내 교육과의 괴리를 꼽았습니다. 또 주거·의료·자녀 교육 등 생활 여건이 불안정할 수 있다고 합니다. 학교 밖 생활을 경험해보고 자신의 성장을 추구한다면 고려해 볼 수 있는 파견입니다.

Q3. 슬럼프에 빠졌을 때, 어떻게 극복하시나요?

> 며칠 전부터 출근길이 유난히 무겁게 느껴졌습니다. 수업 준비를 해도 아이들의 반응은 미지근하고, 생활지도는 반복되는 문제로 지치는 일이 많아졌습니다. 분명 열심히 하려는 마음은 있는데, 결과는 따라주지 않고, 학교 안에서도 나만 뒤처지고 있는 것 같다는 생각이 듭니다. 예전엔 뿌듯함을 느꼈던 수업도 요즘은 허무하게 끝나고, 아이들과의 관계에서도 예전만큼 유대감을 느끼지 못해요. 교사로서 자격이 없다는 생각까지 들면서 자존감이 많이 흔들립니다.
>
> 이럴 때 어떻게 다시 중심을 잡아야 할까요? 모두가 겪는 시기일까요? 아니면 저만 유난히 크게 느끼는 걸까요? 이런 슬럼프, 어떻게 극복하셨나요?

A1. 내면에 집중하기

'이대로 괜찮은가?'를 묻는 용기에서 슬럼프는 시작됩니다.

가수 아이유는 데뷔 초, 자신이 직접 만든 자작곡이 '별로다, 진정성이 없다'는 혹평을 받으며 깊은 슬럼프에 빠졌다고 고백한 바 있습니다. 진심을 담아 만든 결과물이 부정당했을 때, 오랜 시간 자존감을 회복하지 못했다고도 말했습니다. 그러나 아이유는 그 시간을 지나며, 남이 원하는 음악이 아닌 자신이 진심으로 들려주고 싶은 이야기를 담기 시작했습니다. 그 과정에서 '좋은 날', '밤편지', '이 지금' 등과 같은 곡이 탄생했고, 지금은 자신만의 언어와 감성을 가진 아티스트로 자리 잡았습니다.

이 경험은 슬럼프를 겪는 교사에게도 시사하는 바가 큽니다. 수업을 준비하고 아이들과 관계를 맺기 위해 진심을 다했음에도 불구하고, 기대한 만큼의 반응이나 변화가 보이지 않을 때, 누구나 스스로에 대한 의문과 회의감을 가질 수 있습니다. '나는 좋은 교사인가?', '계속 이 길을 걸어도 괜찮은가?' 하는 질문은 어쩌면 진심으로 교육을 고민하고 있다는 방증이기도 합니다.

슬럼프는 능력 부족의 결과가 아니라 교육에 진심인 교사에게 찾아오는 성장통이라는 것입니다. 애써도 되지 않는 현실 앞에서 '이대로 괜찮은가?'를 묻는 용기에서 슬럼프는 시작되었습니다.

저는 처음부터 무언가를 바꾸려고 하지 않았습니다. 그저 하루에 딱 하나만 회복해 보기로 했습니다. 수업이 끝난 후 학생 한 명에게 '오늘 수업 어땠어?' 하고 조심스레 물었고, 한 아이의 노트에 짧은 글을 남기기 시작했습니다. 생각보다 아이들은 조용히 응답해 주었고, 그 작은 반응이 제 마음을 다시 움직였습니다. 그 시기를 지나며 저는 이렇게 믿게 되었습니다. '슬럼프는 내가 잘못하고 있다는 증거가 아니라 더 잘하고 싶은 마음이 있다는 증거'라고요.

지금도 수업이 어렵고, 관계에 실수가 있고, 자책하는 날이 있습니다. 하지만 저는 알게 되었습니다. 그 모든 감정은 교사라는 길 위에서 너무나 자연스러운 과정이라는 것을요.

A2. 외부와 연결하며 연대를 통한 돌파구 찾기

누구에게나 슬럼프는 찾아옵니다. 슬럼프를 극복하고 교사로서의 중심을 잡기 위해서는 '외부와의 연결'을 강화하고 '연대를 통한 힘'을 얻는 것이 중요합니다.

연구회나 학습공동체 활동을 통한 소통은 큰 위로를 주고 실제적인 해결책을 제공합니다. 같은 고민을 가진 동료 교사들과 자신의 상황을 나누고 지지받으며 문제 해결의 실마리를 찾을 수 있습니다. 수업 방식이나 생활교육 노하우를 나누고, 함께 연구하며 '나만 힘든 것이 아니구나.'라는 공감대를 형성하고 고립감을 해소하며 새로운 활력을 찾을 수 있습니다.

멘토-멘티 관계 형성 또는 선배 교사와의 대화를 적극적으로 시도해 보세요. 오랜 경력을 가진 선배 교사들은 슬럼프를 현명하게 극복한 자신만의 노하우를 가지고 계십니다. 선배 교사들의 지혜와 격려는 나아가야 할 방향을 제시해 줄 것입니다. 그들의 경험담은 현실적인 조언과 함께 큰 용기를 줄 수 있습니다. 수석교사가 근무하는 학교에서는 수석교사와 친밀하게 교류하는 것도 좋은 방법입니다.

타 직업군과의 교류를 통해 새로운 시각을 얻을 수도 있습니다. 학교라는 공간 안에서만 머물다 보면 시야가 좁아지거나 갇힌 사고방식을 가질 수도 있습니다. 다양한 사람들의 삶과 가치관을 접하며 자신의 직업을 객관적으로 바라볼 기회를 가질 수 있습니다. 교사라는 직업이 가진 장점을 새롭게 인식하게 될 수 있습니다. 이는 교사로서의 정체성을 재확인하거나 자신이 가진 직업에 대한 만족감을 높이는 계기가 될 수 있습니다. 예술가의 창의적인 사고방식이 수업 디자인에 새로운 아이디어를 제공할 수도 있지요. 이러한 외부 시각은 교직에서 겪는 어려움을 해결하는 데 새로운 돌파구를 마련해 줄 수 있습니다.

이처럼 외부와 적극적으로 소통하고 연대하는 과정은 슬럼프의 원인을 파악하고 극복하는 데 필요한 에너지를 제공해 줍니다. 혼자 감당하기 어려운 부분들을 나누고, 다양한 관점을 접하며 스스로를 충전하는 시간을 가지시길 바랍니다.

A3. 새로운 도전하기 – 교실을 넘어 현장에서 길을 찾다

교직에서 맞닥뜨린 슬럼프 중 가장 깊었던 순간은 가사 과목에서 한국 음식 수업을 진행할 때였습니다. 당시 고등학교에 가사실은 있었지만 조리 실습 환경이 열악했고, 1인 교사가 7개, 8개 학급을 대상으로 매주 3시간씩의 실습수업을 진행하려면 업무의 과부하가 컸습니다. 재료 구입부터 수업시간 교환(1시간씩 나뉘어 있는 시간을 2~3시간 블럭 타임으로 아날로그식으로 교환해야 하는), 45명 이상의 학생들이 사용할 조리 도구의 준비에서 정리까지 2~3주에 걸쳐 진행되는 준비와 실습, 정리 과정은 육체적으로나 정신적으로 큰 부담이었습니다. 결국, 수업은 이론 위주로 흘러가고, 실습은 명절 음식 준비하듯 연례 큰 행사로 다가오다 보니 저 자신도 흥미를 잃고 지쳐갔습니다. 학생들에게 풍성한 경험을 제공하고 싶다는 마음과 현실적 제약 사이의 괴리에서 교사로서의 자존감도 흔들렸구요.

그때 교실 안에서만 해법을 찾으려 하지 않고, 교실 밖 현장으로 눈을 돌렸습니다. 궁중음식연구원의 시연과 전시 행사, 코엑스 음식 박람회, 박물관의 그릇 유물 전시를 직접 찾아가며, 수업을 새롭게 디자인할 아이디어를 얻었습니다. 현장에서 본 조리 과정, 전시 방식, 전통 기물의 쓰임새는 교과서 속 문장을 뛰어넘는 살아 있는 배움이었습니다. 그리고 그것을 다시 교실로 가져와 한국 음식 상차림 프로그램(죽상차림, 반상차림, 다과상차림)을 단계적으로 설계하고, 조선왕조 궁중음식 조리영상 시청-노트 정리-모둠별 실습 계획-실습 조리로 이어지는 수업으로 발전시켰습니다. 6차 교육과정의 마지막 시기, 4년 정도 기간의 수업 경험입니다.

이 과정은 학생들에게도 새로운 체험이 되었고, 무엇보다 저 자신이 다시 수업에서 보람을 느낄 수 있는 계기가 되었습니다. 학생들은 수업을 통해 얻은 경험을 일상으로 확장해 가는 것에 자신감을 표현하였습니다. 잣죽과 북어보푸라기무침, 된장찌개를 만들고 상을 차려 보았던 경험은 가족이나 자신이 아플 때 가만히 있지 않고 회복을 위해 무엇을 할지 알게 하였다고 하였습니다. 밥을 짓고 섞박지를 담그고, 조기조림과 애호박전을 만들어 반상차림을 만든 후에는 스스로 상을 차려 식사를 할 수 있게 되었다며 자신감을 표현했습니다. 또한, 송편과 다식, 배화채를 직접 만들어 다과상을 차리고 대접해 본 후에는 한국 음식에 대한 생각을 새롭게 바라보게 했다는 소감을 밝히기도 하였습니다. 매년 2~3달에 걸쳐 이루어진 각각의 조리 실습수업 후 제출된 보고서들 속에 담긴 소감과 학생들의 이야기는 교사로서 제 마음을 치유해 주는 소중한 보물과 시간의 기억으로 남아 있습니다.

이제는 일반계 고등학교에서 가사 과목이 사라져 버려 교사로서 느끼는 아쉬움과 안타까움이 매우 큽니다. 그러나 돌이켜보면 교직 생활에서 맞닥뜨리는 여러 슬럼프는 꼭 거창한 해법이나 멀리 있는 답을 통해서만 극복되는 것은 아니었습니다. 오히려 제 관심과 역량을 키울 수 있는 '놀이 같은 도전'이 해답이 되어주었습니다. 전시회를 찾아가고, 세미나에 참석하고, 복식 재현이나 전통공예 수업에 참여했던 경험들은 모두 제게 즐거운 놀이였고, 그 놀이가 교실 수업과 이어질 때 저는 다시 살아나는 힘을 느꼈습니다.

교사에게 찾아오는 슬럼프는 피할 수 없는 길일지 모릅니다. 하지만 그때마다 너무 멀리에서 해답을 찾으려 하기보다 내가 즐길 수 있는 작은 관심사와 놀이 속에서 극복의 열쇠를 발견한다면 훨씬 더 단단히 회복할 수 있습니다. 저에게는 음식과 복식, 전통문화가 그 열쇠였듯 각자의 교사에게도 자신만의 놀이와 연결된 새로운 도전이 있을 것입니다. 그리고 그 도전은 분명 교실로 돌아오는 길을 밝혀 줄 것입니다.

Q4. 보수가 낮아 이직하고 싶어요.

> 교사로 근무한 지 3년이 지났습니다. 교사가 아닌 직종에서 근무하는 친구들을 종종 만나 보수에 관한 대화를 나눌 때가 있습니다. 해마다 상승하는 급여와 다양한 복지 혜택으로 만족해하는 친구들의 모습을 보며 교사로서 느끼는 현실적인 경제 문제로 의욕을 상실하게 합니다. 정해진 날짜에 맞춰 월급이 입금되지만 앞으로 결혼생활을 시작하거나 장기적인 계획을 세우기에는 미래에 대한 막막함과 불안감이 생깁니다.
>
> 낮은 보수로 교직을 떠나 이직을 해야 할까요? 아니면 월급 외 다른 방법으로 보완을 하며 교직 생활을 계속해야 할까요?

A1. 교직의 가치와 장기적 안정성에 주목해 보세요

교직은 단기적인 급여만으로는 그 매력이 뚜렷하게 드러나지 않을 수 있습니다. 다른 전문직에 비해 당장 수입은 부족해 보일지도 모릅니다. 그러나 교직의 진정한 가치는 눈앞의 액수가 아니라, 시간이 쌓이며 드러나는 안정성과 지속성, 이를 바탕으로 가꾸고 만들어가는 삶에 있습니다.

교직은 흔들림 없는 고용 안정성을 지닌 직업입니다. 경기 변동이나 사회적 위기 속에서도 꾸준히 경력을 이어갈 수 있다는 사실은 교사 개인뿐 아니라 가족에게도 든든한 버팀목이 됩니다.

또한, 교직의 보상 구조는 경력과 함께 성실히 누적됩니다. 호봉제가 마련되어 있어 해마다 급여가 안정적으로 상승하고, 담임·연구·교직 수당 같은 제도가 더해져 생활 기반을 단단히 다져 줍니다. 단기적으로는 부족하게 보일 수 있지만, 장기적으로는 예측 가능한 삶을 가능하게 합니다.

은퇴 이후에도 이어지는 연금 제도는 교직만의 큰 강점입니다. 연금제도의 개혁으로 연금을 보완할 대비책을 마련하는 것이 필요합니다만 노후를 불안 속에 준비해야 하는 다른 직종과 달리 교직은 제도적 장치 속에서 안정된 상태에서 선택하고 가꾸는 미래를 준비할 수 있습니다. 결혼, 주거, 가족계획 등 인생의 중요한 결정을 앞두고 있다면 교직은 든든한 토대가 될 수 있습니다. 교직의 가치는 지금의 보상보다도 장기적 안정과 삶의 균형 속에서 스스로 만들어가는 삶을 가꾸어 갈 때 더욱 빛을 발합니다.

A2. 부수 소득과 재정 관리로 보완 방법 활용하기

교직을 떠나는 것이 해결책은 아닙니다. 새로운 직장에서도 나름의 어려움은 있을 수 있습니다. 보수 문제는 '부수 소득과 재정 관리'를 통해 알아보는 것도 하나의 방법입니다. 강의, 연수 강사 활동, 공동교육과정 수업 진행, 교육 콘텐츠 제작, 방과 후 프로그램 운영, 책 출판 등 교직 역량을 활용한 활동들이 있습니다.

체계적인 재정 관리도 현재 소득을 더욱 효율적으로 활용할 수 있게 돕습니다. 예산 수립 및 지출 관리에 집중하는 것입니다. 고정 수입 안에서 예산을 세우고 불필요한 지출을 줄이는 습관을 들이는 것이 중요합니다. 저축 및 투자 계획 수립도 또 다른 방법입니다. 장기적인 미래를 대비하여 구체적인 저축 목표를 세우고, 복리 효과를 기대할 수 있는 장기 계획을 세워보시는 것도 좋습니다. 금융에 관한 문해력을 높여 자신에게 맞는 방법을 찾는다면 안정적인 재정 기반을 다질 수 있습니다.

교사로서 학생들에게 긍정적인 영향을 미치고 교육 현장에서 보람을 느끼는 것은 돈으로 환산할 수 없는 가치입니다. 경제적인 어려움 때문에 소중한 직업을 포기하기보다는 부수 소득과 재정 관리를 통해 경제적 여유를 확보하고 교직에 대한 만족도를 더욱 높여나가는 방향을 고려해보면 좋겠습니다.

A3. 장기 경력 설계와 병행 전략으로 안정 위에 확장 더하기

교사로서 근무한 지 몇 년이 지나면 누구나 경제적 문제 앞에서 고민하게 됩니다. 특히 또래 친구들이 급여와 복지 혜택을 이야기할 때 상대적 박탈감을 느끼는 것은 자연스러운 일입니다. 그러나 교직은 단기간의 급여 상승은 크지 않지만, 장기적 관점에서의 안정성이라는 분명한 특징을 가지고 있습니다. 따라서 이직만이 답은 아닙니다. 장기 경력 설계와 병행 전략을 통해 해답을 찾을 수 있습니다.

A 수학 교사는 "호봉제라는 구조 때문에 초반에는 급여가 답답하게 느껴졌지만, 10년을 넘어가며 또래 직장인보다 소득이 안정적으로 유지되는 것을 실감했다."라고 말합니다. 그는 정년 보장과 퇴직연금이 주는 장기적 안전망을 가장 큰 장점으로 꼽았습니다. 다만 '초반 10년간은 성과급 외에 추가 소득이 거의 없어 생활이 빠듯했다.'라는 점은 한계로 언급했습니다.

B 역사 교사는 교직 내 병행 전략의 사례를 보여줍니다. 그는 대학원 진학을 통해 연구 역량을 쌓고, 이를 기반으로 교사 연수 강사로 활동하며 부수입과 자기 성장을 동시에 얻었습니다. 장점으로는 '교사라는 본업을 유지하면서도 또 다른 전문성을 확장할 수 있다.'라는 점을 강조했습니다. 그러나 '시간 관리의 어려움과 체력적 부담이 크다.'라는 점은 단점으로 꼽았습니다.

또 다른 C 체육 교사는 교직을 기반으로 책을 집필하거나 온라인 강의를 제작하는 병행 전략을 택했습니다. 그는 '교사로서의 경험이 콘텐츠로 이어져 또 다른 기회를 열었다.'라고 말합니다. 하지만 '경제적 수익이 당장 크지 않고, 꾸준한 자기 관리가 필요하다'는 점도 분명히 짚었습니다.

정리하자면 장기 경력 설계의 장점은 안정적인 급여 체계와 연금으로 미래의 기반을 든든히 마련할 수 있다는 점입니다. 동시에 병행 전략의 장점은 교사로서의 전문성을 확장하면서 경제적·사회적 기회를 넓힐 수 있다는 데 있습니다. 반면 단점으로는 단기적으로 소득 증가가 눈에 띄지 않고, 병행 활동은 시간과 에너지 관리가 필수라는 점이 있습니다.

따라서 이 문제는 '떠날 것인가, 남을 것인가'의 이분법이 아니라 안정된 교직을 기반으로 '어떤 확장 전략을 설계할 것인가'의 문제로 바라보는 것이 좋습니다. 교사라는 본업의 울타리 안에서 장기적인 경력 경로를 그리고, 병행 전략으로 새로운 가능성을 더해간다면 경제적 만족과 교사로서의 성취를 함께 누릴 수 있을 것입니다.

Q5. AI 활용 능력, 어떻게 키울 수 있을까요?

> AI가 우리 생활 속에 빠른 속도로 자리 잡아가고 있습니다. 이런 사회적 흐름은 학교 교육에도 변화를 주고 있습니다. AI가 낯설게 느껴져 교실에서 적용은 보류 상태입니다. 다양한 인공지능 활용 연수에도 참여해 보고 방법들을 익혀 보지만 새로운 기술을 접한다는 점에서 느끼는 피로도가 상당히 높습니다. 교무실에서도 AI를 능숙하게 다루는 동료 선생님을 볼 때면 부러운 마음도 큽니다.
> AI와 파트너라는 관점에서 AI 활용 능력을 효과적으로 키우고, 수업이나 학교 업무에 자신감을 갖고 적용해 보기 위해서 어떻게 하면 좋을까요?

A1. 작은 실험부터 시작하는 '단계적 접근', 스스로 해보기

AI 활용은 처음부터 거대한 계획으로 시작할 필요가 없습니다. 오히려 그런 접근은 교사를 지치게 하고, 새로운 기술에 마음을 닫게 만들 수 있습니다. 중요한 것은 거창한 도전이 아니라 작지만 꾸준한 시도입니다. 작은 실험이 모여 습관이 되고, 습관은 결국 변화를 이끌어 냅니다.

처음에는 일상 속에서 가장 자주 반복되는 일을 선택해 보는 것이 좋습니다. 수업자료를 간단히 요약해 보거나, 학생 활동지를 제작하는 일처럼 늘 해 오던 업무를 AI에게 맡겨 보는 것입니다. 단순한 요청이라도 AI가 보여주는 응답은 예상 밖의 가능성을 열어 줍니다. 물론 결과물이 늘 만족스럽지는 않습니다. 때로는 표현이 어색하거나, 내용이 다소 부족해 보이기도 합니다. 그러나 바로 그 지점이 교사의 자리가 됩니다. 수정하고 보완하면서 교사는 AI를 단순한 도구가 아니라 함께 다듬어 가는 협력자로 경험하게 됩니다. 그렇게 다져진 결과물은 더 이상 AI의 산출물이 아니라 교사 자신의 작품이 됩니다.

이 작은 시도는 하루 5분이면 충분합니다. 내일 다룰 교재의 한 단락을 요약해 달라고 부탁해 보고, 그것을 학생들과 나눌 수 있을지 스스로 판단해 보는 일, 그 정도면 됩니다. 중요한 것은 긴 시간을 들여 완벽히 해내는 것이 아니라 매일 이어가는 짧은 실험입니다. 익숙해지면 활용의 폭은 자연스럽게 넓어집니다. 학생 발표를 평가할 기준을 함께 만들어 보거나, 토론 주제를 정리해 달라고 요청할 수도 있습니다. 예전에는 홀로 긴 시간을 들여 고민해야 했던 작업이 AI와 나눔으로서 한결 가벼워집니다.

단계적 접근의 장점은 무엇보다 피로를 줄여 준다는 데 있습니다. 모든 기능을 한꺼번에 배우려는 조급함은 결국 좌절로 이어집니다. 하지만 작은 일들을 차근차근 AI와 함께 풀어내다 보면 어느새 배우려 하지 않아도 배움은 쌓이고, 익숙함은 힘이 되어줍니다. 더 의미 있는 것은 이 매일의 작은 실험들이 단순히 지나가는 경험으로 끝나지 않는다는 점입니다. 요약한 자료, 제작한 활동지, 정리한 평가 기준이 차곡차곡 쌓이며 교사만의 기록이 됩니다. 그 기록은 시간이 흐를수록 AI와 교사가 함께 성장할 수 있는 토대가 되고, 다시 더 정교한 수업과 새로운 아이디어의 자원이 됩니다.

결국, 중요한 것은 '처음의 한 걸음'을 내딛는 용기입니다. 하루 5분, 혹은 10분의 작은 실습이 모여 교사와 AI의 관계를 깊게 하고, 그 관계가 교실 수업을 풍성하게 만듭니다. 단계적 접근은 교사의 성장을 더디지만 단단하게 이어 주는 자기 연찬의 길이며, 동시에 AI와 함께 걷는 새로운 동반의 길이기도 합니다.

A2. 동료·전문가와 함께 네트워크 형성하기

교무실에 AI를 잘 다루는 동료가 있다면 그 선생님을 '멘토'로 삼는 것이 가장 빠른 길입니다. 궁금한 점을 바로 해결할 수 있고, '나 혼자 배우는 공부'보다 함께 연구하고 서로 피드백을 주고받을 수 있어 꾸준하게 실력을 향상시켜 공동 성장을 할 수 있다는 점 때문입니다.

먼저 학교 단위 활동을 소개해 보겠습니다. 학습공동체에서 AI 활용에 관심이 있는 희망 선생님들의 신청을 받아 소규모 'AI 학습 모임'을 만들어 각자 시도해 본 AI 활용 사례를 공유합니다. Canva, NotebookLM, Claude, Gemini 등 모임 선생님들마다 각자 사용하거나 관심있는 방식을 가르쳐 주고, 배우고, 교실 현장에서 실천해 보는 것입니다. 이것은 교사의 AI활용 능력만 키우는데 그치지 않고 수업 중심의 학교 문화를 만들어가는 것에도 역할을 톡톡히 할 것입니다.

교육청의 온라인, 대면 연수에서 실습형 AI 연수를 선택해 직접 참여하고 실행해 보는 경험을 쌓도록 합니다. AI 프롬프트 설계 지도 전략, 학습자 중심 수업과 AI 에듀테크 전략적 통합, AI 기반 평가 계획 설계 등 요즘에는 일반 연수를 넘어 강사 양성 연수까지 깊이 있는 연수들이 많이 있으므로 관심을 갖고 참여하면서 실력을 향상시킬 수 있습니다.

그 외 AI 관련 연구회 참여 방법이 있습니다. 공통된 관심사를 가진 교사가 모여 정기적인 일정을 정해서 연구를 통해 결과물까지 제작하는 과정을 1년 단위로 거칩니다. 이런 네트워크 활동을 통해 어느 사이 발전해 있는 자신을 발견하고, 자신감도 얻게 될 것입니다.

A3. 자기에게 맞는 도구를 선택하고 꾸준히 익히기

AI 활용 능력을 키우는 데 있어 가장 중요한 것은 '내게 맞는 도구를 고르고 꾸준히 쓰는 것'입니다. AI 도구는 무궁무진하게 많습니다. 하지만 모든 것을 다 익히려 하면 피로감만 커지고, 결국 손을 놓게 되기 쉽습니다. 따라서 자신이 가장 필요로 하는 영역에서 출발하는 것이 효과적입니다. 예를 들어, 글쓰기와 자료 정리가 어렵다면 ChatGPT, NotebookLM 같은 언어 기반 AI를 먼저 활용해 보세요. 수업자료를 요약하거나, 학생 활동지 초안을 만드는 것만으로도 큰 도움이 됩니다. 반대로, 수업자료의 시각화가 고민된다면 Canva AI, Napkin, Tuning 같은 시각 자료 도구를 선택하는 것이 좋습니다. 교무 업무 부담이 크다면 Google Workspace AI, Copilot, Notion AI를 활용해 회의록 요약이나 보고서 작성부터 맡겨 보는 것도 방법입니다.

핵심은 '모든 기능을 아는 것'이 아니라, '내가 자주 쓰는 기능을 꾸준히 익히는 것'입니다. 교사가 매일 사용하는 한두 가지 도구와 조금씩 친숙해지다 보면, 그 자체가 AI 활용 능력이 됩니다. 익숙한 한 도구가 나의 손에 붙을 때, 다른 도구로의 확장은 자연스럽게 따라옵니다. 꾸준히 익히는 과정에서 중요한 것은 작은 성공 경험입니다. 예를 들어, 매주 수업 준비 시간을 10분이라도 절약할 수 있었다면, 그것이 곧 AI 활용의 자신감으로 이어집니다. 이런 경험이 쌓일수록 AI는 '어려운 기술'이 아니라 교사의 하루를 가볍게 해주는 든든한 파트너가 될 것입니다.

Q6. 가정과 학교, 두 영역의 균형을 잘 맞추려면 어떻게 해야 하나요?

> 교사 생활이 3년 차에 접어들면서 업무가 늘고 수업 준비와 생활지도에 쏟는 시간이 많아졌습니다. 그런데 문제는 퇴근 후에도 머릿속이 온통 학교 일로 가득하다는 겁니다. 가정에서 아이와 보내는 시간에도 '내일 수업자료를 더 다듬어야 하나?', '학부모 상담 때 어떻게 말해야 할까?' 같은 생각이 계속 맴돌아요.
>
> 가족과 함께 있는 시간에도 온전히 몰입하지 못하니 배우자나 아이에게 미안한 마음이 쌓이고, 한편으로는 '내가 이렇게 일과 삶을 균형 있게 잘 살 수 있을까?' 하는 불안감도 커집니다. 교사로서의 삶과 가족 구성원으로서의 삶을 조화롭게 이어가려면 어떻게 해야 할까요?

A1. 아이와의 골든타임은 때가 있다

일과 가정의 양립은 일하는 부모로서는 누구나 경험하는, 충분히 고민이 되는 문제입니다. 외줄타기처럼 균형을 잘 유지해야 하지요. 저 역시 고민의 시간을 지나오면서 나름의 방법을 찾게 되었습니다. 같은 시간에 교사와 부모의 역할이 충돌할 때 '무엇을 먼저 할 것인가?' 스스로 우선순위를 정하면 덜 흔들리게 되지요. 친정과 시댁이 모두 다른 지역에 있어 부모님의 지원을 받기도 어려운 상황이었습니다. 무엇보다 정작 자식을 내가 키워보지 않고 학교에서 아이들에게 '이렇게 해라, 저렇게 해라' 한다는 게 스스로에게 모순으로 다가왔습니다.

먼저 육아 휴직을 1년 시작했습니다. 막상 아이와 함께 보내는 시간이 너무나 행복해 2년 더 휴직을 연장했습니다. 시간에 쫓기지 않고 대화할 수 있었고, 문화센터 프로그램도 같이 다니고, 평일 오전 산책도 같이하며 아이와 추억을 만들어갔습니다. 출근할 때보다 보수는 줄었지만, 무엇보다 아이의 성장 과정을 옆에서 지켜볼 수 있다는 것이 부모로서 충만한 기쁨을 느낄 수 있었습니다.

지금은 아이가 성장하여 육아의 시간을 돌아봤을 때 크게 사춘기를 겪지 않고 자라 준 것이 고맙고, 그 원동력은 어린 시절 같이 보낸 시간의 힘 덕분이 아닐까 생각합니다.

지금은 초등학교 1학년 때 휴직을 하는 경우도 많지요. 지나고 보면 아이가 부모를 원하고, 부모에게 손을 건네는 시간은 길지 않은 것 같습니다. 모든 일은 다 때가 있는 듯합니다. 우리의 생애에서 자녀와 보낼 수 있는 시간이 정해져 있는 만큼 휴직으로 아이에게 집중하고, 복직 후 학교에 나가면 학생들에게 교사이자 부모의 관점에서 관심을 줄 수도 있을 것입니다. 자녀가 어리고 일과 육아의 병행이 어렵다면 나에게 중요한 우선순위를 정하고, 실천해 보길 추천합니다.

A2. 매일매일 하루의 건강한 경계를 세우고 실천하세요

아이가 어려 손길도 많이 필요하고 일요일까지 근무하던 시절, 당직근무를 위해 아이와 함께 출근하고 교무실에서 업무하랴, 아이 돌보랴, 허둥지둥 대던 시절이 있었습니다. 하루의 대부분을 학교에서 보내고, 주말에도, 남은 시간까지 '교사 모드'를 끌 수 없었죠. 그런데 어느 날, 한 선배 선생님이 제게 이렇게 물었습니다. "아이에게 온전히 집중하는 30분과, 마음은 딴 데 있는 3시간 중 어느 쪽이 더 소중할까?" 그 말을 듣고, 저는 집에 들어서면 먼저 '교사 OOO'을 내려놓고 '엄마·아내·딸 OOO'을 꺼내기로 마음먹었습니다. 그 작은 다짐이 저를 살렸습니다.

일과 가정 양립의 핵심은 '건강한 경계 세우기'입니다. 경계는 담, 울타리와 같이 영역을 보호하고 구분하며 서로 어울리게 하는 보호장치입니다. 일과 가정, 더 나아가 자신을 건강하게 보호하며 회복시키고 가족, 직장동료와 매일의 삶 속에서 지속적으로 잘 성장하기 위해서는 물리적 경계, 시간 경계, 마음 경계를 세우고 아름답고 건강하게 각 요소를 연결시킬 것을 추천합니다.

물리적 경계 세우기의 예로는 교문을 나서 특정한 거리나 표지(자신만의 랜드스케이프)를 지날 때 '이제 생활시간으로 들어서는 거야'라고 환기하기, 현관을 들어서며 업무 메신저 알림 꺼두기 등 물리적 경계 지표를 만들고 심리적으로도 가정용 공간과 업무 공간을 분리하는 것입니다. 시간 경계 세우기는 가족생활 시간, 개인생활 시간, 업무생활 시간을 구분하여 경계를 세우는 것입니다. 희미해지기 쉬운 취약한 시간을 지정합니다. 저녁 일정 중 적어도 한 시간은 온전히 가족과 보내는 '가족생활 시간'으로 지정합니다.

마음 경계 세우기는 쉽지 않은 일입니다. 어느 순간 흘러가는 마음의 경계를 세워야 하기 때문입니다. 마음을 쓰고 생각 에너지를 소모하는 일인데 시작과 끝이 불분명한 학교 일에 대한 불안이나 미련은 메모지에 적어두고, 다음 날 아침 출근 후 처리합니다.

가정은 우리를 회복시키는 '충전소'입니다. 그 에너지가 있어야 다시 교실에서 진심을 다할 수 있습니다. 가정과 학교, 두 세계 모두를 지키는 힘은 일과 삶을 연결하되 섞어서 버리지 않는 지혜에서 나옵니다.

A3. 가족과 함께할 수 있는 제도 활용, 육아시간 현명하게 이용하기

교사의 삶에서 가정과 학교의 균형을 찾으려면, 개인의 노력만으로는 한계가 있습니다. 다행히 우리에게는 이를 지원하는 제도적 장치가 마련되어 있습니다. 그중에서도 많은 교사들이 실제로 활용하는 것이 육아시간 단축 근무입니다.

이 제도는 만 8세 이하 또는 초등학교 2학년 이하 자녀를 둔 교사가 신청할 수 있으며, 최대 3년(36개월) 동안 하루 근무시간을 2시간까지 줄여 쓸 수 있습니다. 중요한 점은 급여가 그대로 유지된다는 것입니다. 즉, 경제적 부담 없이 아이와 함께할 시간을 확보할 수 있는 유급 특별휴가 성격의 제도입니다. 사용 방식도 유연해 아침에 늦게 출근하거나 오후에 일찍 퇴근할 수 있고, 하루 중간에 나누어 활용할 수도 있습니다. 단, 최소 4시간은 근무해야 하며, 수업 배치와 교무 업무는 동료 교사와 협의해 조정해야 합니다. 최근에는 육아시간을 사용한 날에도 실제 초과근무를 하면 수당이 인정되는 등 운영이 한층 유연해지고 있습니다. 또한, 긴급 상황에서는 가족돌봄휴가를 활용할 수 있습니다. 자녀가 갑자기 아프거나 부모님이 병원 진료를 받으실 때, 연간 최대 10일까지 쓸 수 있는 제도입니다. 자녀 돌봄 사유는 일정 일수까지 유급으로 인정되므로 갑작스러운 상황에서 연가 대신 활용할 수 있는 안전장치가 됩니다.

이처럼 제도를 잘 활용하면 가정에서 필요한 시간을 더 확보할 수 있을 뿐 아니라 교사로서의 마음도 한결 단단해집니다. 결국, 아이와 함께 보내는 시간은 길지 않기에, 주어진 제도의 울타리를 현명하게 활용해 가족과의 순간을 충만하게 만드는 것이 가장 지혜로운 선택일 것입니다.

Q7. 어떤 연수가 교사 성장에 도움이 될까요?

> 교직 생활을 시작하고 나니, 학교에서 안내하는 연수, 교육청 공문 연수, 민간 기관의 프로그램 등 정말 다양한 연수가 있다는 걸 알게 됐습니다. 그런데 무엇을 어떻게 선택해야 할지 잘 모르겠습니다. 선배 선생님들께 여쭤보니 '다 좋다'고 하시는데, 막상 제 상황에 맞는 건 뭔지 감이 안 옵니다. 교사로서 성장을 돕고, 실제 현장에서 바로 적용할 수 있는 연수를 추천받고 싶습니다.

A1. 수업 전문성 성장을 위한 연수 참여하기

교사의 성장은 결국 교실 수업에서 드러납니다. 교육과정을 어떻게 해석하고, 어떤 방식으로 교수학습을 설계하며, 그 결과를 어떤 평가로 이어가느냐가 교사의 핵심 전문성입니다. 수업 전문성 연수도 크게 교육과정·교수학습·평가 세 영역으로 나눌 수 있습니다.

먼저 교육과정 연수에서는 개정 교육과정의 철학과 방향을 이해하고, 이를 학교와 학생의 맥락에 맞게 재구성하는 방법을 배울 수 있습니다. 교사는 교육과정의 소비자가 아니라 설계자라는 관점을 확인할 수 있다는 점이 큰 장점입니다. 교수학습 연수는 실제 수업 속에서 바로 활용할 수 있는 다양한 방법을 다룹니다. 수업 코칭, 수업 나눔, 수업 시연·분석 워크숍, 온, 오프라인 연수를 통해 개념기반 학습법, 백워드 설계, 질문법, 협동학습, 프로젝트 기반 학습, 수업관찰 등 구체적인 기법을 배우고, 동료 교사와 피드백을 주고받을 수 있습니다. 이러한 연수는 교사에게 '작은 변화가 학생 참여를 크게 바꾼다.'라는 사실을 직접 체감하게 해줍니다.

수석교사나 경력 교과 선배 교사에게 컨설팅이나 코칭 요청을 하고 각종 교과나 수업관련 연구회에 참여하여 수업 성찰과 연구를 지속해 나가는 것도 좋습니다. 평가 연수는 학습을 마무리하는 과정에서 더 큰 가치를 발휘합니다. 형성평가, 수행평가, 자기 성찰 평가를 통해 학생의 학습 과정을 돌아보고, 교사 역시 수업을 점검하는 기회를 갖습니다. 성적 산출 중심의 평가에서 벗어나 피드백 중심의 평가를 배우면 학생에게 는 성장의 기회가 되고 교사에게는 성찰의 계기가 됩니다.

이처럼 교육과정 - 교수학습 - 평가 연수는 각각의 영역을 넘어 서로 긴밀하게 연결되어 있습니다. 교육과정이 방향을 잡아 주고, 교수학습이 수업을 살아 있게 하며, 평가는 그 배움을 성찰로 이어 줍니다. 수업 전문성 연수는 교사가 이 세 가지 과정을 실제 수업 속에서 하나로 엮어내는 힘을 길러 줍니다. 효과 또한 분명합니다. 수업 전문성 연수를 통해 교사가 새로운 시도를 하면 학생들의 반응은 빠르게 달라집니다. 작은 변화가 쌓여 학생 참여와 학습 효과가 높아지고, 교사 자신도 수업에 대한 보람을 새롭게 느낍니다. 외부 전문가만 찾을 것이 아니라 적극적으로 주도하여 학교내 학교외 학습 공동체에서 수업탐구나눔 그룹을 형성하고 지속적으로 실천해 가도록 합니다. 이를 통해 학교 안팎에 수업 나눔의 문화가 형성되어 동료 교사와 함께 성장하는 기반이 마련됩니다.

결국, 교사의 성장은 멀리 있는 것이 아닙니다. 교육과정과 수업, 그리고 평가라는 본질적 과정을 성실히 배우고 익히는 데 있습니다. 교실에서의 작은 변화가 학생의 눈빛으로 돌아올 때, 교사 자신도 성장하고 있음을 실감할 수 있습니다.

A2. 학급 경영과 소통 연수 참여하기

교사의 전문성은 수업 실력만으로 완성되지 않습니다. 학생들과의 관계, 학급을 운영하는 방식, 학부모와의 소통까지 아울러야 교사의 하루가 안정적으로 굴러갑니다. 그래서 꼭 필요한 것이 바로 학급 경영과 관계·소통 역량을 기르는 연수입니다.

대표적으로 학급 운영 연수, 긍정훈육법(PDC), 회복적 생활교육 연수가 있습니다. 학급 운영 연수에서는 학급 분위기 조성과 규칙 설정의 실제 사례를 배우고, 긍정훈육법 연수는 벌과 보상 대신 존중과 협력의 원리를 통해 학생과 신뢰를 쌓는 방법을 알려줍니다. 회복적 생활교육 연수는 갈등 상황에서 처벌보다 대화를 통한 회복을 중시하여, 학생들 사이의 신뢰를 회복하고 학급 공동체를 강화하는 데 효과적입니다.

여기에 더해, 관계와 소통 중심 연수도 교사 성장에 중요한 역할을 합니다. 학부모 상담 연수에서는 효과적인 대화법과 공감적 경청 기술을 배우며, 비폭력대화(NVC) 연수는 교사 – 학생 – 학부모 간 오해와 갈등을 줄이고 존중 기반의 소통을 가능하게 합니다. 또한, 교사 코칭 연수를 통해서는 동료 교사와의 협력적 관계 맺기, 피드백 대화 기술을 익혀 학교 내 협업 문화에도 긍정적인 변화를 가져올 수 있습니다.

이런 연수들의 공통된 장점은 교실과 학교에서 바로 적용할 수 있는 구체적인 대화 기술과 사례를 다룬다는 데 있습니다. 아침맞이 인사법, 학부모 면담 시 대화 구조 잡기, 학생 갈등 중재 대화법 같은 작은 실천들이 쌓이면 학급 분위기가 빠르게 바뀌고, 불필요한 오해와 갈등도 줄어듭니다.

효과 또한 분명합니다. 교사의 큰 스트레스 요인 중 하나가 학생 생활교육과 학부모 상담인데, 관계와 소통 방법을 체계적으로 배우면 문제 상황이 줄어들고, 발생하더라도 훨씬 부드럽게 해결할 수 있습니다. 결국, 교사 자신도 마음이 가벼워지고, 학생 – 교사 – 학부모 모두가 건강한 관계를 맺을 수 있는 토대가 마련됩니다.

A3. 자기 돌봄(Self-care) 연수 참여하기

요즘은 정말 다양한 연수가 많이 개설됩니다. 필수 연수만 해도 많은 시간을 할애해야 하지요. 그러나 의무적으로 들어야 하는 연수 외에 자신에게 도움이 되는 연수를 찾아서 이수하는 것도 교사 성장을 바라보는 장기적 관점에서 중요합니다.

연수 중 자기 돌봄(Self-care)에 관한 연수가 있습니다. 교사 심리 회복 프로그램, 마음챙김 명상, 감정코칭, 예술치유 연수 등이 운영되고 있습니다. 이런 연수들의 장점은 교사 소진을 예방하고, 감정 관리 능력 향상할 수 있다는 점입니다. 장기적으로 교직 생활 지속 가능성을 강화한다는 효과도 가져오는 것이지요. 연수를 통해 스트레스 완화, 회복탄력성 강화, 심리적 안정, 높은 만족도, 정신 건강 개선, 자기 인식 강화 등 많은 긍정적 변화가 생길 수 있습니다.

구체적인 연수로 마음챙김 명상 연수가 있습니다. 경기 지역에서 진행되고 있는 마음챙김 기반 스트레스 감소 프로그램(MBSR)은 교사의 자존감을 회복하는 데 긍정적인 결과를 보여주었습니다. 또한, 자신의 내면 상태를 인식하고, 명상을 통해 평정심 유지와 회복력을 향상할 수 있었습니다. 대학교 행복연구센터에서 운영하는 교사행복대학 연수도 있습니다. 사회심리학, 굿라이프 심리학, 임상심리학 등에 관한 강의와 팀프로젝트를 통해 교사의 에너지를 충전할 수 있습니다.

학생·학부모의 무례한 태도로 인한 자존감 저하, 학교생활에서 느끼는 무력감과 상실감, 학생의 수업 방해, 과도한 업무 등 교사들이 직면하는 어려움은 많습니다. 번아웃의 소진으로부터 교사를 보호하고 동기를 회복하고 활기찬 학교생활로 이어질 수 있다는 점에서 의미가 있을 것입니다.

Q8. 교직 생활을 오래 지속하려면 어떻게 나를 관리해야 하나요?

> 선배 선생님들 중에는 '교직은 마라톤이다.'라는 말씀을 자주 하십니다. 그런데 몇 년 해보니 단거리 달리기처럼 매일 전력질주를 하고 있는 제 모습이 보입니다. 방학 전후로 몸이 자주 아프고, 작은 일에도 감정이 예민해지는 걸 느낍니다. 앞으로 20~30년 이 일을 건강하게 지속하려면 어떻게 나를 관리해야 할까요?

A1. 방학을 알차게 보내기

교직은 장거리 달리기와도 같습니다. 그런데 우리는 종종 방학조차도 또 다른 업무의 연속으로 채우고는 하지요. 하지만 교직 생활을 오래 지속하기 위해서는 방학을 단순한 업무 공백기가 아니라 '재충전의 시간'으로 인식하는 전환이 꼭 필요합니다.

저는 교직 초기에 방학만 되면 오히려 몸살이 나곤 했습니다. 수업과 생활교육으로 쌓인 피로가 한꺼번에 드러났기 때문입니다. 그때부터 방학을 '일을 몰아 하는 시기'가 아니라 '내 몸과 마음을 회복하는 시기'로 바꿔보기 시작했습니다.

구체적으로는 아침 기상 시간을 조금 늦추어 수면을 충분히 확보했고, 평소 미뤄두었던 건강검진이나 병원 진료를 방학에 챙겼습니다. 또 짧게라도 운동 루틴을 만들어 꾸준히 몸을 움직였지요. 주 2~3회 가볍게 걷기만 해도 체력이 회복되고, 다시 학기 중을 버틸 힘이 생겼습니다.

마음의 회복도 놓치지 않았습니다. 책을 읽거나 글을 쓰면서 생각을 정리하는 시간, 가족과의 여행이나 대화처럼 정서적 에너지를 채우는 시간을 계획적으로 만들었습니다. 때로는 아무 일정도 잡지 않고 그저 쉼을 허락하는 것도 큰 재충전이 되었습니다.

이렇게 보내고 나니, 개학을 맞이할 때 마음이 훨씬 가벼웠습니다. 학생들을 다시 만나는 일이 '버거움'이 아니라 '기대'로 다가오더군요.

방학은 교사에게 주어진 '숨 고르기'의 기회입니다. 학기 중 쉼 없이 달려온 몸과 마음을 회복하는 시간으로 삼을 때, 교직 생활은 더 오래, 더 건강하게 이어질 수 있습니다. 교사 자신이 충분히 회복되어야 학생들과의 만남도 풍성해진다는 점을 잊지 말았으면 합니다.

A2. 급변하는 교육환경에서 유연함 키우기

교직생활은 몇 년으로 끝나지 않지요. 마라톤이라는 말이 분명 맞습니다. 저도 교직 초기에 방학만 되면 몸살이 나고, 방학일이 다가오면 몸이 먼저 알아차리곤 했습니다. 잘하고 싶은 마음과 열정이 컸습니다. 그때 배운 것은 '유연함'이었습니다. 완벽한 수업, 완벽한 생활지도는 존재하지 않습니다. 수업 방식이나 생활지도에서 완벽함을 추구하기보다 학생과 환경에 맞추어 변화를 시도하고 조정할 수 있어야 합니다. 하나의 방식만을 고집하기보다는 학생들의 반응과 교육 효과에 따라 접근 방식을 바꾸는 개방적인 태도가 필요합니다.

일이 많을 때는 '지금 할 수 있는 만큼만 하자.'라는 마음으로 속도를 조절하는 것도 필요합니다. 교사는 수많은 감정 노동을 합니다. 학생, 학부모, 동료 교사와의 관계에서 발생하는 다양한 감정적 순간들을 마주할 때, 자신의 감정을 알아차리고 현명하게 표현하며 회복하는 유연한 대처 능력이 필요합니다.

변화가 빠른 교육 환경 속에서 모든 걸 통제하려 하기보다 변화에 적응하고 나에게 맞게 수용하는 태도도 마음을 가볍게 합니다. 코로나 이후 사회도, 교육현장도 변화의 속도가 빠른 지금, 교사는 모든 것을 통제할 수 없지만, 변화에 대응하는 나의 태도와 마음가짐은 선택할 수 있습니다. 경직된 사고로 정답을 찾기보다 열린 자세로 유연함을 기르면 교직 생활을 더 건강하게 할 수 있습니다. 급변하는 교육환경 속에서 유연함을 키운다는 것, 변화를 위협보다 성장의 기회로 인식하고, 불확실성 속에서도 안정감을 찾으며, 무엇보다 '나' 자신을 돌보고 지켜나가는 데 중요한 주춧돌이 될 것입니다.

A3. 평소 자기 관리하기

교직은 분명 장기전입니다. 따라서 건강한 에너지 관리와 마음 관리가 곧 직업 수명이라고 할 수 있습니다. 자기관리를 위한 평소 실천 방안으로 건강한 에너지와 마음 관리에 도움이 되는 리듬 만들기, 체력 관리하기, 정신적 회복 및 확장 습관들이기를 추천합니다.

리듬 만들기는 학기 초·중·말, 주중·주말의 업무 강약을 조절하는 것을 말합니다. 예를 들어, 금요일 오후에는 가벼운 행정 정리나 자료 읽기처럼 부담이 덜한 일을 배치합니다. '에너지 재충전 이벤트'라고 할 수 있는 가족 여행, 독서 목표, 취미 활동 등도 달력에 담아 휴식의 리듬도 만들어 줍니다.

체력 관리하기는 역시 규칙적인 운동과 식사습관을 통해 관리하도록 합니다. 운동은 '시간이 남으면 하는 것'이 아니라 '시간을 내서 하는 것'입니다. 학교에 갖추어져 있는 체력 단련실을 활용하여 매일 15분~30분 이상 근력을 키우거나 식사 전후에 학교 주변이나 정원을 산책하는 습관을 들이도록 합니다. 최근에는 주 2회 필라테스를 하며 몸의 균형이 잡으니 업무 집중력도 오히려 좋아졌습니다.

평소 세 끼니 식사와 수면을 규칙적으로 하세요. 저경력 시절 같은 부서 신규 선생님이 과로와 영양부족으로 병원에 입원한 적이 있어요. 그때 모두들 반찬도 챙겨주면서 평소 신경 쓰지 못한 점을 미안해하였어요. 그 신규 선생님은 이후로 '간단하게라도 세 끼니 식사를 하고 무조건 11시 이전 취침'을 원칙으로 세웠다고 하여 한숨을 돌렸지요. 그럼에도 다들 수시로 점검하고 서로를 챙겼는데요, 이때 든 생각이 '아, 내가 나를 돌보는 게 곧 학생을 돌보는 것이구나.'라는 거였어요.

정신적 회복 및 확장 습관들이기는 독서, 취미, 동료와의 대화처럼 마음을 환기할 수 있는 활동을 매일의 생활 속에 담는 것을 말합니다. 에너지 재충전 이벤트 활동이 끝나면 '이벤트에서 무엇을 배웠는지'를 동료나 학생들에게도 공유합니다. 이러한 습관은 학기 초의 활력을 유지하고 학생, 동료와의 관계도 친밀하고 의미 있게 할 수 있습니다. 혼자 산책하기보다 학교안·밖의 여러 사람들과 운동이나 취미활동을 통해 어울리면, 교직 안에서의 시야를 넓히는 데 도움이 됩니다.

Q9. 슬기로운 교직생활을 보내기 위한 수석선생님의 조언을 구해요.

> 고등학교 교사입니다. 발령을 받고 수업과 업무, 학생 지도를 하며 정신없이 지내다 보니 3년이라는 시간이 금방 지나갔습니다. 그 사이 담임 교사로 지내면서 학생들과 미니 체육대회, 학급 단합회 등 추억도 많이 만들었습니다. 늦은 밤까지 수업 준비를 하고 학생들과 소통하는 수업에 열정을 쏟았습니다. 그러나 때로는 퇴직 때까지 긴 교직 생활을 어떻게 해나갈지 막막함이 찾아오기도 합니다.
> 오랜 시간 학교에서 지낸 수석선생님께 교사로서 후회 없이 지내기 위해서는 무엇이 중요한지 조언을 구합니다.

A1. 퇴직 후 40년 계획 세우기

교직은 길다면 길고 짧다면 짧은 길입니다. 하지만 우리가 자주 놓치는 사실이 하나 있습니다. 퇴직 후의 시간은 교직 생활만큼, 혹은 그 이상 길 수 있다는 것입니다. 평균 수명을 생각하면 퇴직 후에도 30년, 40년 가까운 시간이 남습니다. 교직에 열정을 쏟는 것도 중요하지만 은퇴 이후의 삶을 어떻게 살아갈 것인가를 미리 준비하는 것은 교직 생활을 더욱 충실히 만드는 지혜입니다.

저는 후배 교사들에게 늘 이렇게 말하고는 합니다. '은퇴 10년 전부터는 제2의 삶을 준비하라'고요. 이 준비는 단순히 경제적인 대비만을 말하는 것이 아닙니다. 오히려 '나라는 사람으로 어떻게 살아갈 것인가'를 묻는 시간입니다. 교직 기간 동안 쌓아온 경험과 전문성을 바탕으로 지역 사회에 기여할 방법을 찾거나, 오랫동안 미뤄두었던 취미나 배움에 다시 도전할 수도 있습니다. 독서와 글쓰기, 봉사활동, 여행, 새로운 공부……. 이 모든 것들이 은퇴 후 삶을 풍성하게 만드는 밑거름이 됩니다.

퇴직을 앞두고 갑자기 삶의 방향을 고민하기 시작하면 공허함과 불안이 찾아올 수 있습니다. 그러나 10년 전부터 차근차근 설계해 나간다면 은퇴는 끝이 아니라 새로운 시작의 문이 됩니다. 또 이 과정은 역설적으로 교직 생활에도 활력을 불어넣습니다. '퇴직 후 하고 싶은 삶'이 분명해질수록 현재의 교직 생활이 그 준비 과정으로 자리매김하기 때문입니다.

교사로서의 길은 언젠가 마무리되지만, 교사 이후의 삶은 훨씬 더 길고 넓다는 사실을 기억했으면 합니다. 퇴직 후 40년을 어떻게 살아갈 것인가를 고민하는 일은 곧 지금의 교직을 더 깊고 충만하게 살아내는 일과도 이어집니다. 교실에서 학생들과 함께한 시간만큼이나 은퇴 이후의 삶도 의미와 빛을 가질 수 있도록 지금부터 작은 계획을 세워보기를 권합니다.

A2. 끊임없이 배우고 나누기

몇 년 전 퇴직한 과학 선생님의 말씀입니다. 마지막 수업을 마치고 교무실에 오셔서 "30년 훌쩍 넘은 경력이면 아이들 집중시키면서 능수능란하게 수업도 잘할 수 있을 줄 알았는데, 교직은 말년 병장이어도 왕도가 없다."라고 하셨지요. 오랜 시간 교직에 몸담으며 깨달은 바는 교직은 완성이 있는 직업이 아니라는 점입니다. 오히려 끊임없이 배우고, 적용해 보고, 나누는 과정, 그 자체에 큰 의미가 있는 직업입니다.

교사로서 보람 있는 길을 걷기 위해서는 '배움'을 게을리하지 않는 것이 중요합니다. 이는 단순히 연수를 듣거나 새로운 교육 기술을 습득하는 것을 넘어 동료 교사들과 함께 교수·학습 지도 지원을 연구하고, 자신의 수업 전문성을 깊이 있게 신장시키는 과정을 포함합니다. 이러한 끊임없는 배움은 교사로서의 역량을 강화하는 한편 변화하는 교육환경에 교사로서 자신감과 효능감을 갖고 대응할 수 있도록 돕습니다.

배운 것을 '나누는 것' 또한 중요합니다. 자신이 터득한 지식과 내용을 교실 공간의 수업 상황에서 학생들과 나눌 수 있습니다. 새로운 방식을 실천해 보며 학생들의 배움을 촉진할 수 있습니다. 경험을 동료 교사들과 공유하며 서로의 성장을 돕는 것도 교사로서의 보람을 더욱 풍성하게 만들어 줍니다. 관심 분야가 비슷한 교사들의 연구회 활동을 꾸준히 할 수도 있고, 상호작용이 원활한 학습공동체에서 활발하게 활동할 수도 있습니다. 배우고 나누는 순환을 통해 우리는 교사로서 자신을 한층 더 확장할 수 있습니다. 이러한 공유 과정은 배움의 재확산이라는 관점에서 중요합니다.

교직은 정해진 목표점에 도달하는 것이 아니라 끊임없이 배우고 나누며 새로운 의미를 찾아가는 성장의 여정입니다. 이 과정 속에서 교직의 보람과 진정한 행복을 찾으실 수 있을 것입니다.

A3. 교사의 회복 탄력성 유지하기

교사에게 가장 힘든 순간은 기대한 수업이 잘되지 않거나, 학생·학부모와의 관계에서 갈등이 생길 때입니다. 이런 일이 반복되면 쉽게 지치고, '과연 이 길을 끝까지 잘 걸어갈 수 있을까?' 하는 불안이 밀려옵니다. 그러나 교직 생활을 오래 이어가기 위해서는 어려움 앞에서 다시 일어서는 힘, 곧 회복탄력성을 기르는 것이 무엇보다 중요합니다.

회복탄력성을 키우기 위해서는 첫째, 마음을 전환하는 연습이 필요합니다. 실패한 수업이나 불편했던 상황을 곱씹기보다, 그 속에서 배울 점, 빛났던 일들을 찾는 것입니다. '오늘은 잘 안 되었지만, 다음에는 이런 방식으로 해보자.'라는 사고의 전환은 무력감을 줄이고, 다시 도전할 수 있는 힘을 길러 줍니다. 작은 긍정의 해석이 쌓일수록, 교사의 마음은 단단해집니다.

둘째, 피해의식에서 벗어나기입니다. 사건을 지나치게 개인적 문제로 받아들이거나, 문제를 확대 일반화하거나, 영원히 변하지 않을 것이라 믿는 순간, 교사는 쉽게 무력해집니다. 그러나 용서의 힘을 배울 때 교사는 다시 가벼워집니다. 나를 괴롭힌 학생,

동료, 학부모를 원망하기보다, 관계 속에서 배우고 흘려보내는 것이 회복의 시작이 됩니다.

셋째, 삶에 적극적으로 뛰어들기입니다. 새로운 프로젝트를 시도하거나, 동아리 활동을 지도하거나, 교실 밖에서 작은 봉사활동을 해보는 것도 좋습니다. 익숙한 일상에 작은 도전을 더하면, 무력감은 점차 활력으로 바뀝니다.

넷째, 관계를 통한 회복도 중요합니다. 어려운 순간을 혼자 감당하지 않고, 동료 교사와 나누는 것만으로도 마음은 훨씬 가벼워집니다. '나만 힘든 게 아니구나.'라는 공감은 큰 위로가 되고, 서로의 경험은 회복의 길잡이가 됩니다. 학습공동체나 연구회 활동은 교사에게 전문적 성장을 줄 뿐 아니라 정서적 지지를 제공하는 장이 됩니다.

회복탄력성은 거창한 계획 속에서 자라는 것이 아닙니다. 수업 속에서 학생이 보여준 작은 변화, 동료의 짧은 격려 한마디, 하루의 수업을 마친 뒤 느끼는 작지만 소중한 보람 같은 순간에서 차근차근 자라납니다. 교사가 이 순간들을 의식하고 감사하는 마음을 가질 때, 회복탄력성은 더욱 단단해집니다. 교직은 길고, 때로는 예기치 못한 어려움으로 가득하지만 회복탄력성을 잃지 않는 한 다시 일어설 수 있습니다. 흔들림 속에서도 교사로서의 길을 계속 이어갈 수 있게 해주는 힘, 그것이 바로 회복탄력성입니다. 결국, 교사의 성장은 완벽한 길을 걷는 데 있지 않고, 넘어지고 다시 일어서는 과정을 통해 더욱 깊어집니다.

수석교사에 대하여

– 수석교사의 발자취와 비전 –

1. 수석교사의 도입 배경과 역사

　수석교사제는 단순히 새로운 직위를 신설한 제도가 아니라, 교직 사회의 구조적 문제와 교사 전문성 향상이라는 시대적 요구 속에서 탄생하였다. 우리나라에서 수석교사제 논의가 본격적으로 시작된 것은 1978년 한국교육개발원이 발표한 「교육발전의 전망과 과제」 연구에서였다. 당시 보고서는 교직 사회가 관리직 중심으로 운영되고 있는 현실을 지적하며, 수업과 연구에 헌신하는 교사에게도 보상과 승진 기회를 제공해야 한다고 강조하였다. 이후 1987년 교육개혁심의회는 '교육발전 기본구상'을 통해 수석교사제 도입을 교육개혁의 중요한 과제로 제시하였다. 그러나 실제 제도가 법제화되기까지는 30여 년에 걸친 오랜 논의와 연구 과정을 거쳐야 했다.

　2000년에 들어서면서 교직 내 불균형 문제는 더욱 두드러졌다. 교사들이 탁월한 수업 실적과 교육적 성과를 내더라도, 승진을 위해서는 여전히 행정 관리 업무를 맡아야 하는 구조였다. 이러한 구조는 교사들의 사기 저하를 불러왔고, OECD 교원정책 검토단 역시 2003년 보고서에서 '한국 교직사회에는 전문성 신장을 위한 유인 기제가 현저히 부족하다.'고 지적하였다. 그들은 단위학교 차원에서 초임 교사 연수, 교내 장학, 우수 교사 지원 등이 제도화되지 못한 점을 문제로 삼았고, 이를 해결할 방안으로 수석교사제와 같은 제도를 권고하였다.

　이러한 문제의식은 2008년부터 2011년까지 진행된 전국 단위의 수석교사제 시범운영으로 구체화되었다. 1기 171명을 시작으로, 4기까지 총 1,500명 이상이 수석교사로 임용되었다. 시범운영 기간 동안 교장·교감의 71.7%, 일반교사의 64.1%가 '수석교사제가 긍정적인 성과를 거두었다.'라고 평가하였으며, 특히 수업 개선과 교사 지원에 대한 효과가 두드러졌다. 하지만 동시에 직무 역할의 모호성, 수업 시수 감축에 따른 인력 충원 문제, 정원 내 배치로 인한 동료 교사의 업무 부담 가중 등 제도적 한계도 확인되었다.

　이러한 시행착오 속에서도 수석교사제는 2011년 6월 29일, 마침내 「초·중등교육법」, 「교육공무원법」, 「유아교육법」 개정을 통해 법제화되었다. 수석교사는 '최고의 수업 전문가(Master Teacher)'로서 교사의 교수·연구 활동을 지원하고, 학생을 교육하는 고유한 직무가 명시되었다. 법령상 수석교사는 행정관리직으로의 이동이 제한되었으며, 오직 수업과 연구라는 교수 경로를 통해 전문성을 인정받는 직위로 자리매김하였다.

그러나 법제화 이후에도 순탄치만은 않았다. 교육부는 2012년 제도 시행 당시 '전국 학교에 수석교사를 한 명씩 배치하겠다.'라는 목표로 1만 명 임용을 발표했으나, 실제로는 첫해 1,131명이 임용되었고, 10여 년이 지난 2024년에는 전국 수석교사가 903명으로 오히려 감소하였다. 특히 경기도 교육청의 경우 2018년 이후 신규 임용을 중단하였다가 2022년 다시 선발을 재개하는 등, 제도의 운영은 교육 정책과 시·도교육청의 판단에 따라 크게 달라졌다.

해외 사례 역시 수석교사제 도입의 중요한 배경이 되었다. 싱가포르에서는 교사의 경력 개발을 교수 직렬과 행정 직렬로 명확히 구분하여, 수업에 헌신하는 교사가 'Master Teacher', 'Lead Teacher'로 성장할 수 있는 체계를 마련하였다. 이들은 후배 교사의 멘토로 활동하며 국가적 수준에서 수업 혁신을 이끈다. 영국 또한 1990년대 후반부터 'Advanced Skills Teacher(AST)' 제도를 도입해 우수 교사가 수업 혁신과 연구에서 선도적 역할을 하도록 했다. 한국의 수석교사제는 이러한 해외 사례를 벤치마킹하면서 발전해 온 제도라 할 수 있다.

아래의 도표는 한국 수석교사제와 해외 사례를 비교한 것이다.

구분	한국	싱가포르	영국(AST)
도입 시기	2011년 법제화	2000년대 초 확립	1998년 도입
직위 성격	교수 직렬, 관리직 이동 제한	교수·행정 이원화 경로 명확	우수 수업전문가 제도
주요 역할	수업·연구 지원, 교사 컨설팅, 학생 교육	멘토링, 교사 연수, 국가 수준 교육개혁 참여	수업 혁신, 연구 결과 확산, 교사 연수
제도 목적	수업 전문성 존중, 교직 풍토 개선	경력 경로 다양화, 수업 전문성 강화	학습조직화 촉진, 수업 개선

이처럼 수석교사제의 도입은 단순한 교원 인사제도의 변화가 아니라, **교사 전문성을 존중하는 교육 문화로의 전환**을 목표로 하고 있다.

2. 수석교사 관련 규정과 법령, 지침들

수석교사제는 단순한 행정적 제도가 아니라, 법령에 근거하여 운영되는 공적인 교직 제도이다. 따라서 제도의 근거와 규정을 명확히 이해하는 것은 현장에서 수석교사와 함께 일하게 될 신규·저경력 교사들에게 매우 중요한 일이다. 수석교사제는 「초·중등교육법」, 「교육공무원법」, 대통령령과 시행규칙, 그리고 교육부 지침과 연수 지침 등 다양한 법령 체계 속에서 구체화되어 있다.

1) 법적 근거와 기본 규정

가장 중요한 법적 근거는 「초·중등교육법」이다. 이 법 제19조는 교직원의 구분을 명시하면서 교장, 교감, 수석교사, 교사라는 네 가지 직위를 규정하고 있다. 즉, 수석교사는 교직 사회에서 독립된 하나의 직위로 법적으로 자리매김하고 있는 것이다. 이어 제20조에서는 수석교사의 임무를 '교사의 교수·연구 활동을 지원하며 학생을 교육하는 것'이라고 정의한다. 이 조항은 수석교사가 단순히 교사의 연장선이 아니라, 교육과 연구를 동시에 지원하는 특별한 역할을 맡고 있음을 보여준다.

또한 제21조에서는 수석교사 자격 요건을 규정하고 있다. 15년 이상의 교육 경력을 가진 교사 중에서 교수·연구 능력이 뛰어난 자를 대상으로, 대통령령이 정하는 연수를 이수하고 검정을 거쳐 자격증을 수여하도록 한 것이다. 이는 수석교사가 단순히 경력만으로 주어지는 직위가 아니라, 엄격한 검증과 연수를 통해 전문성이 공적으로 인정되는 자리임을 의미한다.

2) 하위 법령과 구체적 규정

「교육공무원법」과 「교육공무원임용령」에서는 수석교사의 자격, 임용, 재심사 등에 대한 세부 규정을 담고 있다. 예를 들어 임용령 제9조의 8은 '학교장은 수석교사의 원활한 활동을 지원하기 위하여 수업시간 수를 해당 학교별 교사 1인당 평균 수업시간 수의 2분의 1로 경감하되, 학교 여건 등을 고려하여 조정할 수 있다.'라고 규정한다. 이를 통해 수석교사가 단순히 학생 수업만 담당하는 것이 아니라, 교사 컨설팅, 연수, 연구 활동 등 다양한 지원 업무를 수행할 수 있도록 배려하고 있는 것이다.

또한 교육공무원법 제29조의 4는 수석교사가 최초 임용 이후 4년마다 재심사를 받아야 한다고 명시한다. 재심사에서는 업적 평가, 연수 실적, 건강 상태, 청렴성 등을 종합적으로 검토하며, 일정 기준(예: 총점 280점 이상)을 충족하지 못하면 재임용되지 못한다. 이처럼 수석교사는 단순히 한 번 임용되면 끝나는 자리가 아니라, 지속적인 전문성 유지와 자기 개발이 요구되는 자리이다.

아래의 도표는 수석교사 관련 주요 법령과 규정을 요약한 것이다.

법령 구분	주요 내용
초·중등교육법 제19조 제1항	교직원의 구분: 교장, 교감, 수석교사, 교사
초·중등교육법 제20조 제3항	수석교사의 임무: 교수·연구 활동 지원, 학생 교육
초·중등교육법 제21조 제3항	자격 요건: 15년 이상의 경력, 100여 시간 이상 자격연수 이수
교육공무원법 제6조의2	수석교사의 자격 규정
교육공무원법 제29조의4	임용권자: 교육부장관, 4년마다 재심사 수업 부담 경감 및 수당 지급, 교장·교감 자격 취득 제한
교육공무원임용령 제9조의7	수석교사의 임용제한 등: 승진임용이 아닌 수석교사 임용으로 규정, 재심사 및 업적평가 규정
교육공무원임용령 제9조의8	수업시수 해당 학교별 교사 평균 시수의 2분의 1로 경감, 연구활동비 지급

3) 직무 지침과 세부 역할

교육부는 제도 시행 초기부터 수석교사의 직무를 명확히 하기 위해 직무 안내서를 발간하였다. 2012년 권역별 연수 자료에 따르면, 수석교사의 직무는 크게 필수 직무와 보조 직무로 나뉜다. 필수 직무에는 수업, 교사 지원 활동, 신규 교사 및 교육실습생 지도, 교원 연수, 교과 연구회 활동, 연구 및 자료 개발이 포함된다. 예를 들어 수석교사는 자신의 수업을 전부 공개해야 하며, 이를 통해 동료 교사에게 모범적 수업을 제시한다. 또한 신규 교사의 멘토가 되어 교수·학습 과정을 함께 설계하고, 생활지도 컨설팅까지 제공한다.

보조 직무는 학교와 지역사회 상황에 따라 달라질 수 있다. 예컨대 학교 교육과정 수립 과정에 참여하여 교사들의 의견을 수렴하고, 학부모 대상 교육 프로그램에서 강사로 활동할 수도 있다. 이러한 보조 직무는 임용권자가 수석교사의 자율성과 책무성을 고려하여 결정하되, 본연의 역할과 관련된 범위에서만 허용된다.

4) 제도의 운영과 현장 적용 사례

법령과 지침이 현장에서 어떻게 작동하는지를 보여주는 사례가 있다. 한 중학교의 경우, 신규 교사가 학부모 상담에 어려움을 겪자 수석교사가 '찾아가는 생활지도 컨설팅'을 실시하였다. 상담 기법과 대응 전략을 알려주고 실제 사례를 공유함으로써, 신규 교사가 자신감을 얻을 수 있었다. 또 다른 사례로는 한 고등학교에서 수석교사가 교과 연구회를 이끌며, 에듀테크 기반 수업 자료를 개발하여 전 교사에게 보급한 경우가 있다. 이처럼 법령에서 규정한 직무는 단순한 문구에 그치지 않고, 실제 학교 현장에서 교사의 전문성 향상과 학생 교육에 직접적인 도움을 주는 활동으로 구현되고 있다.

3. 수석교사의 직무 특성과 다양한 역할

수석교사는 흔히 '최고의 수업 전문가(Master Teacher)'라고 불린다. 이는 단순히 좋은 수업을 보여주는 교사라는 의미에 그치지 않는다. 수석교사의 직무는 교사의 본연의 임무인 수업과 학생 교육을 기반으로 하되, 학교 현장에서 교사들이 전문성을 기르고 어려움을 해결할 수 있도록 돕는 지원자의 역할을 동시에 포함한다. 다시 말해, 수석교사는 학생을 가르치는 교사이면서도, 교사를 가르치는 교사라는 독특한 지위를 가진다. 이러한 특성은 수석교사의 직무가 가지는 가장 큰 차별점이자 가치를 드러낸다.

1) 직무의 본질, 수업과 교육

법령상 수석교사의 가장 중요한 직무는 학생을 교육하는 일이다. 그러나 일반 교사와 달리, 수석교사는 학교 내·외의 교원 및 전문직원들에게 모범이 되는 수업을 상시 공개하고, 이를 통해 교수·학습 방법을 공유하며 수업 혁신을 선도하는 것이다. 또한 수업시수는 교사 평균의 절반으로 줄어들지만, 이는 단순한 경감이 아니라, 남은 시간을 연구와 컨설팅에 투입하라는 의미다. 이처럼 수업 공개와 연구는 수석교사의 직무에서 가장 핵심적인 부분이라 할 수 있다.

2) 교사 지원자이자 컨설턴트

수석교사의 두 번째 중요한 역할은 교사 지원이다. 이는 '수업 및 생활지도 컨설팅'이라는 형태로 나타난다. 예를 들어 신규 교사가 수업 운영에 어려움을 겪을 때, 수석교사는 수업 전 계획 단계부터 마이크로 티칭, 수업 공개, 사후 피드백에 이르기까지 전 과정을 함께하며 구체적인 조언을 제공한다. 생활지도 영역에서도 수석교사는 학생 상담이나 학부모와의 관계에서 어려움을 겪는 교사를 대상으로 컨설팅을 실시할 수 있다. 이러한 활동은 단순히 경험을 나누는 차원을 넘어, 교사들이 전문적 역량을 체계적으로 개발할 수 있도록 돕는다는 점에서 큰 의의가 있다.

3) 멘토와 동반 학습자

특히 신규 교사 및 교육실습생을 지도하는 역할은 수석교사의 직무에서 중요한 비중을 차지한다. 학교 현장에서 막 발령받은 저경력 교사들은 수업 준비와 생활지도, 학부모 상담 등에서 많은 어려움을 경험한다. 이때 수석교사는 멘토로서 지속적으로 이들을 돕는다. 단순히 일회성 조언을 주는 것이 아니라, 교사의 성장을 장기적으로 지원하며 동반 학습자의 역할을 수행하는 것이다. 이를 통해 수석교사는 교사들의 심리적 안정감을 높이고, 학교 조직이 학습 공동체로 기능하도록 돕는다.

4) 연구자와 자료 개발자

수석교사는 교수학습 자료를 개발하고 이를 학교 내·외의 교원 및 전문직원들에게 보급하는 역할도 수행한다. 급격히 변화하는 교육 환경 속에서, 수업에 활용할 새로운 교수법이나 자료를 개발하는 일은 모든 교사에게 쉽지 않은 과제다. 수석교사는 자신이 연구한 결과물을 공유하고, 이를 학교와 지역 단위로 확산시켜 교직 사회의 전문성을 높인다. 예컨대 한 고등학교 수석교사가 인공지능 기반 수업 설계 자료를 제작해 교사들에게 배포한 사례는 단위 학교 차원을 넘어 지역사회 전체의 수업 질 향상으로 이어진다.

5) 학교 조직의 조정자

교장·교감이 학교 행정과 교무에 전문성을 갖춘 학교 관리자의 역할을 수행한다면, 수석교사는 수업 및 교사·학생 교육에 전문성을 갖춘 교수직의 역할을 수행한다. 이는 교직 사회가 행정 중심에서 교수 중심으로 균형을 맞추는 데 중요한 의미를 가진다. 수석교사는 교수직의 대표로서 관리자와 교사 사이에서 가교 역할을 하며, 학교 교육과정 및 교내 각종 위원회 활동에서 의견을 제시한다.

6) 다양한 역할의 실제

현장에서는 수석교사가 단순히 정해진 직무만 수행하는 것이 아니라, 학교의 특성과 교사의 요구에 따라 매우 다양한 역할을 맡는다. 예를 들어 지역 단위 연수에서 강사로 활동하며, 생활지도와 학급운영 노하우를 전파하거나 교내 교과 연구회를 주도하며 에듀테크 기반 수업을 확산시키고, 학부모 대상 교육 프로그램의 강사로 나서 학교와 지역사회를 연결하는 등 자신만의 브랜드를 가지고 다양한 활동을 수행한다.

아래 도표는 수석교사의 직무를 정리한 것이다.

주요 직무	구체적 내용
수업 및 교육	자신의 수업 전부 공개, 평균 시수 50% 경감
교사 지원	수업·생활지도 컨설팅, 신규 교사 멘토링
연구·자료 개발	교수학습 자료 연구 및 보급, 교과 연구회 주도
연수	교내 연수 기획 및 강의, 지역 연수 강사 활동
교육과정 참여	학년도 초 교육과정 수립 참여, 교사 의견 반영
학부모 교육	학부모 대상 강연, 상담 프로그램 운영
학교 조직 지원	교내 위원회 활동, 관리자–교사 간 가교 역할

7) 교사 집단에 따른 기대의 차이

설문조사와 면담조사 결과, 교사 집단에 따라 수석교사에게 기대하는 역할은 다르게 나타났다. 저경력 교사들은 학생 생활지도와 상담, 에듀테크 활용 수업에 대한 지원을 가장 원했다. 반면 중경력 교사들은 교과 전문성과 교수법 개선에 대한 지도를 기대했고, 고경력 교사들은 학교폭력 예방, 학부모 상담, 정책 변화 대응 등에 대한 수석교사의 역할을 요구했다. 이는 수석교사가 학교 현장에서 일률적인 역할만 수행하는 것이 아니라, 교사 집단의 요구에 따라 유연하게 대응해야 함을 보여준다.

〈사례 소개〉

- 사례 1. 신규 교사 멘토링

  한 초등학교에서 신규 교사가 학급 운영에 어려움을 겪자, 수석교사가 한 학기 동안 정기적으로 수업을 참관하고 생활지도 상담을 지원하였다. 그 결과 신규 교사는 점차 자신감을 얻고, 학급 운영 능력이 눈에 띄게 향상되었다.

- 사례 2. 지역 단위 수업 혁신 확산

  한 고등학교 수석교사는 AI 기반 학습 도구를 활용한 수업 모델을 개발하고 이를 교내 공개 수업으로 선보였다. 이후 지역 연수 강사로 참여하여 다른 학교에도 확산시킴으로써 교육 현장의 혁신을 이끌었다.

4. 수석교사의 발전 방향

수석교사제는 2011년 법제화 이후 14년 넘게 운영되어 오면서 교직 사회에 일정한 긍정적 효과를 남겼다. 교사 전문성을 존중하는 풍토 조성, 신규 교사 멘토링, 수업 혁신과 같은 변화는 수석교사의 존재가 있었기에 가능했다. 그러나 동시에 직무의 모호성, 승진 제한, 교사와의 갈등 문제 등 여러 한계가 반복적으로 제기되었다. 수석교사제의 근본 목적은 '수업을 잘하는 교사가 존중받는 풍토'를 정착시키는 것이다. 그러나 여전히 우리나라 교직 문화는 관리직 중심으로 기울어져 있으며, 교사들의 성공 경로가 교감·교장으로 이어지는 승진 체계에 지나치게 의존하고 있다. 따라서 수석교사가 단순히 특별한 직위가 아니라, 교사 전문성을 인정받는 대안적 경력 경로로서 존중받아야 한다.

해외 사례를 살펴보면 수석교사제가 나아갈 방향을 제시하는 중요한 참고점이 된다. 싱가포르의 경우 교사의 경력 개발을 교수 직렬과 행정 직렬로 명확히 구분하여, 관리직 승진을 원치 않는 교사도 충분히 전문성을 발휘하며 성장할 수 있는 제도를 마련하였다. 영국의 경우도 AST(Advanced Skills Teacher) 제도를 통해 우수 교사가 수업 혁신과 연구를 이끌도록 하였으며, 이들이 일정 기간 후에도 전문성을 유지하도록 체계적인 지원을 제공하였다. 이에 비해 우리나라의 수석교사제는 제도의 취지에도 불구하고 여전히 관리직 중심의 인사문화 속에서 '한정된 선택지'로 인식되고 있다. 따라서 향후 발전 방향은 해외 사례처럼 수석교사의 직무를 기존의 학교 업무가 아닌 교사 수업 개선 및 역량 육성을 위한 수업 장학(수업 컨설팅) 교수직으로 이원화하는 등 수업 중심 경력경로를 제도적으로 강화하고, 국가 차원에서 수석교사의 전문성을 지속적으로 인정하고 지원하는 방식으로 나아가야 한다.